프로바둑강좌 · 고급이상 4

귀와 변의 사활 작전

王座 加藤正夫 지음

프로바둑연구회 편

太乙出版社

머 리 말

우리는 바둑을 두면서 흔히 예기치 않게 다가오는 '사활(死活)'의 싸움에서 당황하게 되는 경우가 많다.

바둑은 곧잘 두면서, 또 경륜도 그런대로 쌓고 있는 전문기사들도 때로는 시야가 흐려 앞을 내다보지 못하는 경우가 허다하다. 단순한 정석(定石)만을 공부한 기사일수록 이러한 실수가 많은 것 같다.

사실, 정석(定石)이란 무궁무진한 바둑의 전략 중에서도 가장 단순하고 정형적(定型的)인 것만을 예로 삼은 것이라 해도 과언이 아니다. 바둑의 진수는 다름아닌 정석에의 기발한 변화에 있다고 해도 좋을 것이다.

초보의 단계를 넘어서서 어느 정도 중급(中級) 또는 고급(高級)의 단계, 그리고 프로 유단자(有段者)의 전문단계로 넘어가면서부터는 더욱 바둑의 오묘함과 수단(手段)의 많음을 실감할 것이다.

분명히 죽었다고 생각한 돌이 기사회생하는 경우라든지, 틀림없이 살았다고 안심했던 돌이 갑자기 회생불능의 상태로 떨어지는 경우를 흔히 체험할 수 있으리라 믿는다.

바둑은 특히 '한 수(手)' 잘못 둠으로 인하여 전 국면(局面)에 암운(暗雲)이 깔리게 만들 수도 있다.

이 책은 주로 바둑의 귀와 변에 있어서의 사활(死活)에 관한 문제를 중심으로 간략·정확하게 도해(圖解)로써 해설하였다. 주로 고급(高級)으로 향하는 단계에 있는 독자 여러분에게 큰 도움이 되리라 확신한다.

저 자 씀

차　　례*

제1장

귀에서의 변화

〔제 1 형〕

* 1 도 흑선

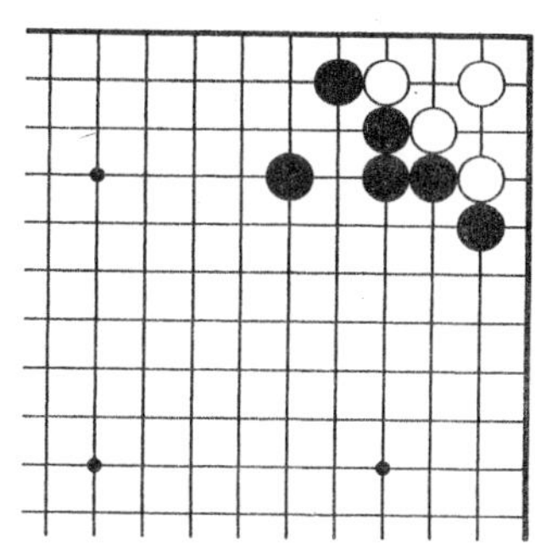

* 2 도 흑선

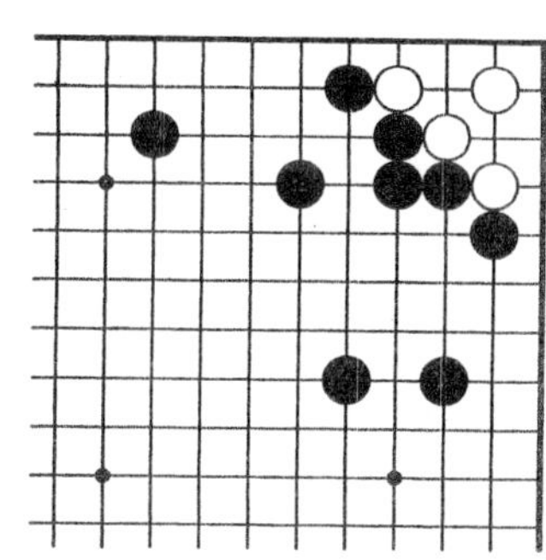

* 3 도 흑선

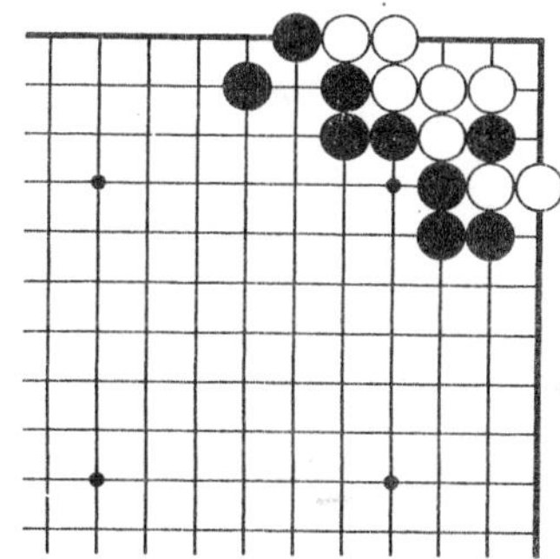

* 4 도 흑선

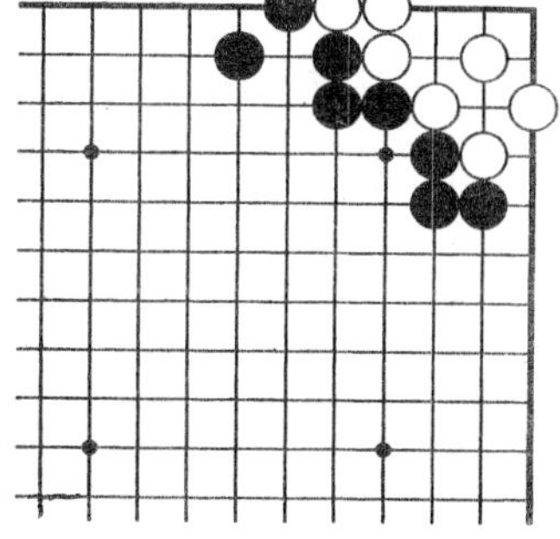

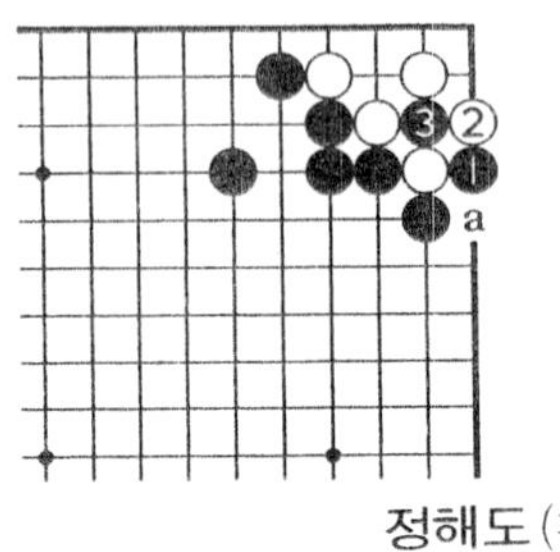
정해도(패)

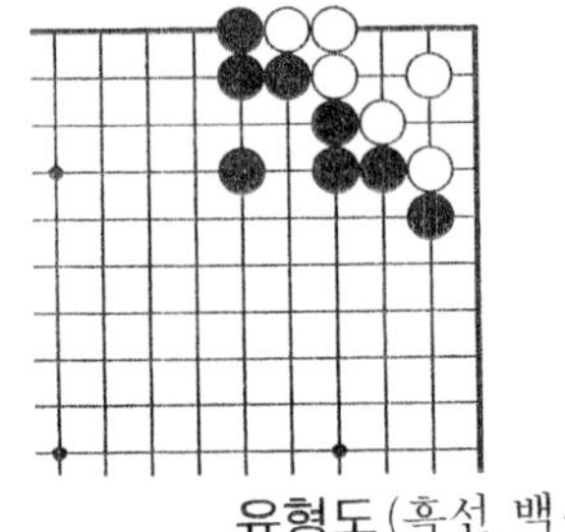
유형도(흑선 백사)

〈제 1 형 1 도〉 흑은 일단, a로 이어 패로 싸울 여지가 있다. 참조=동형 2 도.

유형도 결과는 귀곡사.

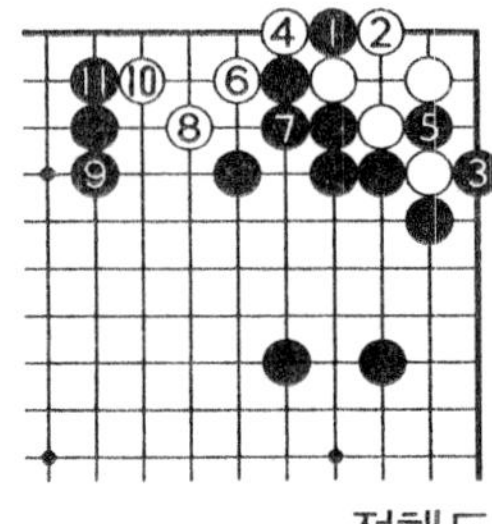
정해도(백사)

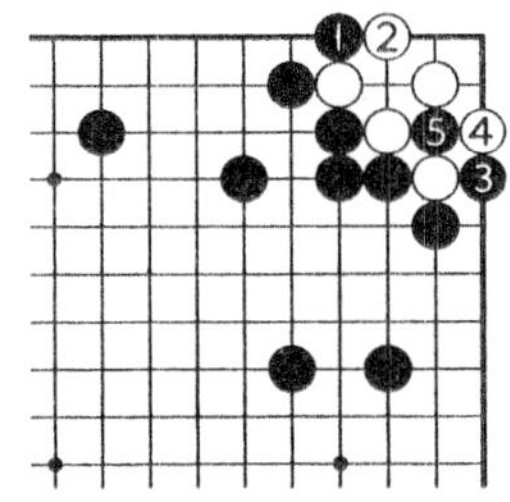
변화도(양패로 죽음.

〈제 1 형 2 도〉 **정해도** 주위의 상황에 따른다. 취하는 것이 성립을 한다. 참조=동형 1 도.

변화도 백 4 는 무리이다. 양패로 죽는다.

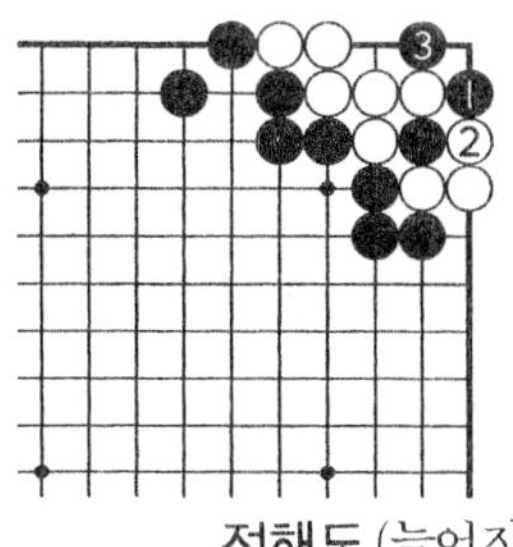

정해도(늘어진 패)

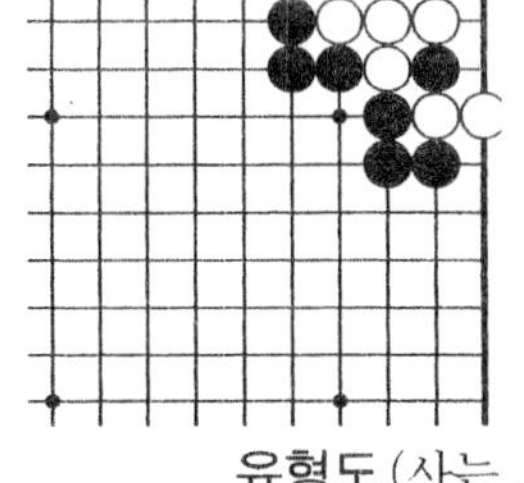
유형도(사는 모양)

〈제 1 형 3 도〉 정해도 흑 1 이 급소. 백 2 에는 흑 3 으로 패를 만든다.

유형도 사활형의 유형을 표시.

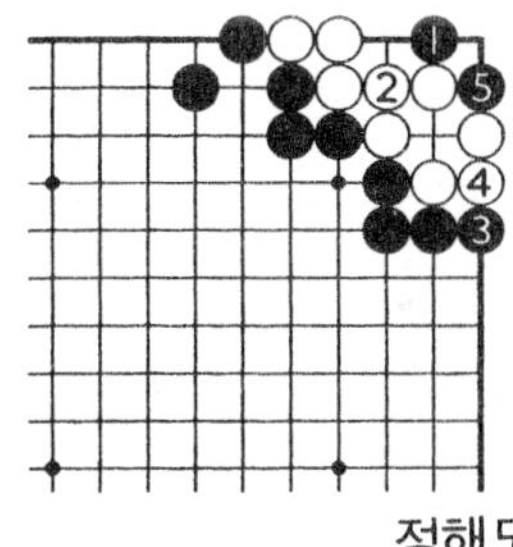

정해도(패)

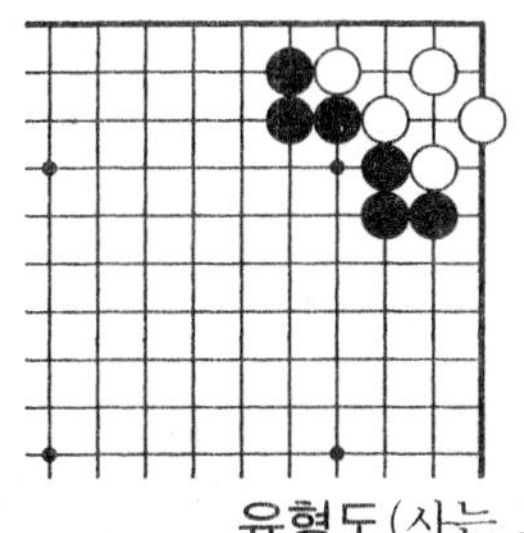
유형도(사는 모양)

〈제 1 형 4 도〉 정해도 흑1, 3, 5가 연속타로 패.

유형도 사활형의 유형을 표시.

＊5도 흑선

＊6도 흑선

7도 흑선

〔제 2 형〕

＊1도 흑선

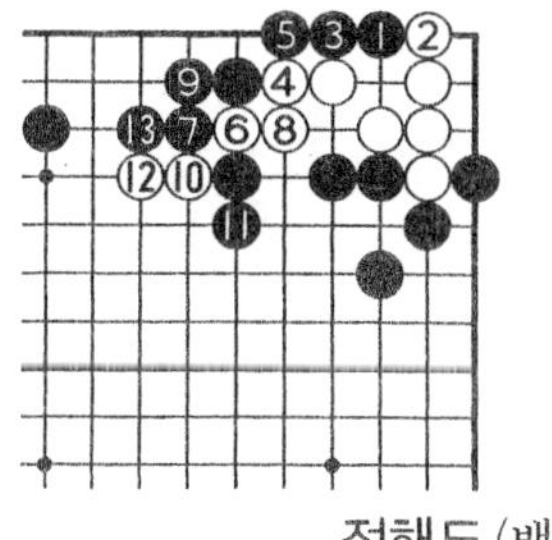

정해도(백사)

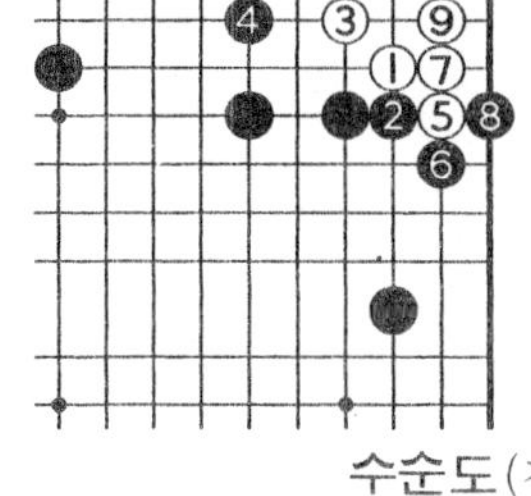

수순도(정석)

〈제 1 형 5 도〉 **정해도** 본도는 정석으로 주위의 상황에 따라 다르다. 백 6 의 강수도 흑13까지 불발.

수순도 본도는 쌍방 서로 주의를 요하는 형.

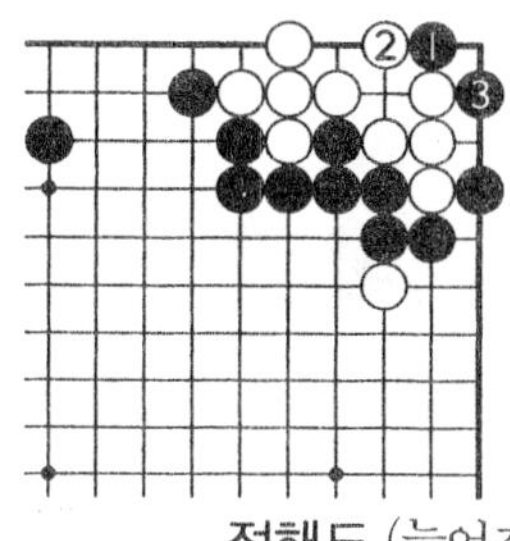

정해도 (늘어진 패)

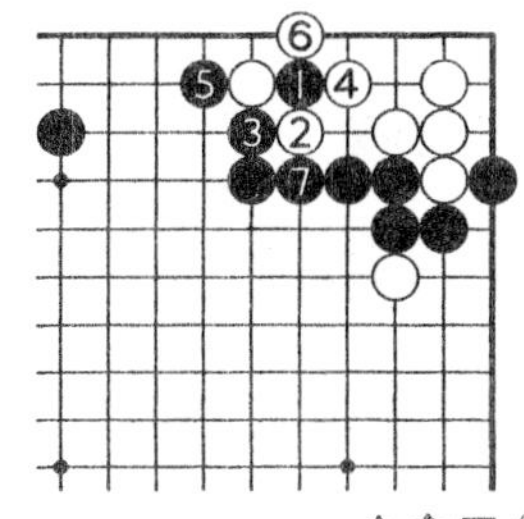

수순도(상형)

〈제 1 형 6 도〉 **정해도** 흑 1 이 급소이며 결과는 흑 3 으로 늘어진 패. 참조=제12 형17도.

수순도 흑 1 이하 7 은 후수가 불가피. 시기 선택이 중요하다.

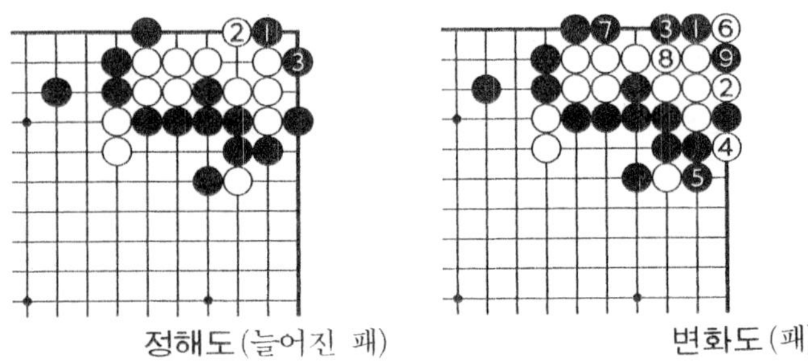

정해도(늘어진 패)

변화도(패)

〈제 1 형 7 도〉 정해도 흑 1 이 급소. 백 2 에 응수하여 늘어진 패.

변화도 흑 1 에 백 2 는 무리. 본패이다.

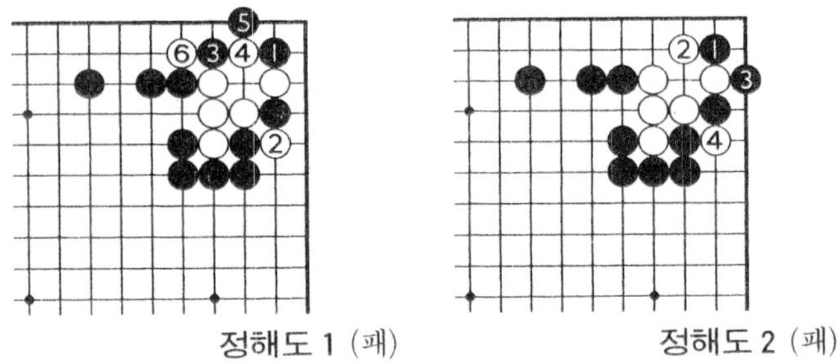

정해도 1 (패)

정해도 2 (패)

〈제 2 형 1 도〉 정해도 1 흑 1 이하 6 까지 쌍방 최선의 응접. 패가 난다.

정해도 2 흑 1 에 백 2 는 흑 3 으로 패.

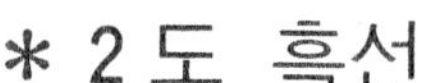

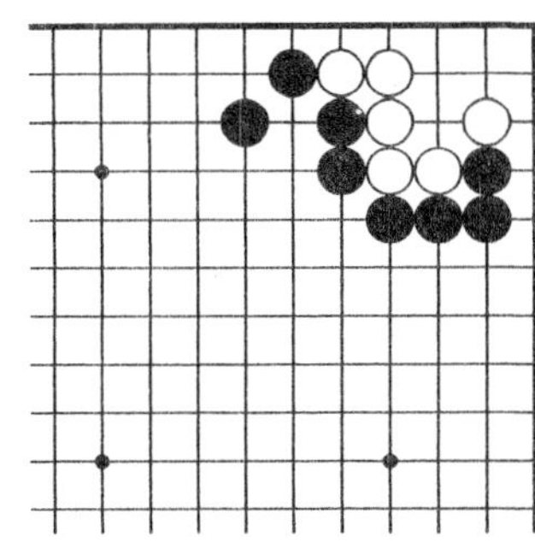

* 3 도 흑선

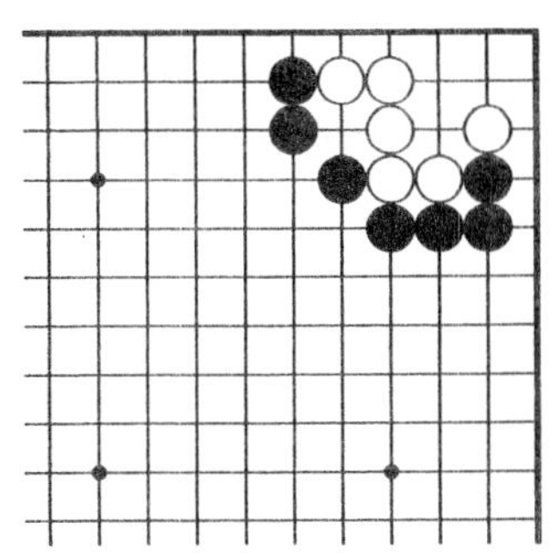

* 4 도 흑선

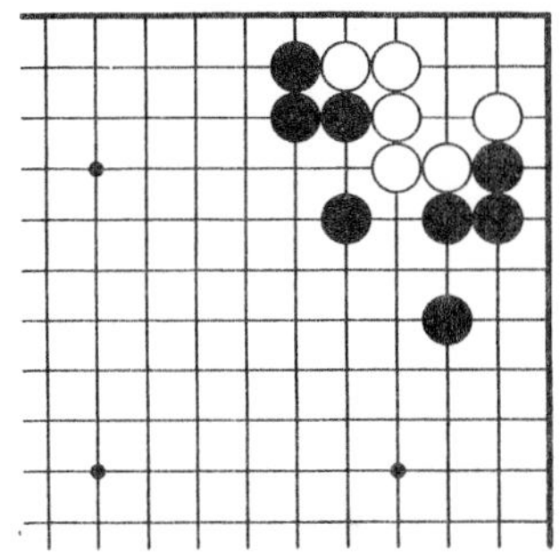

* 5 도 흑선

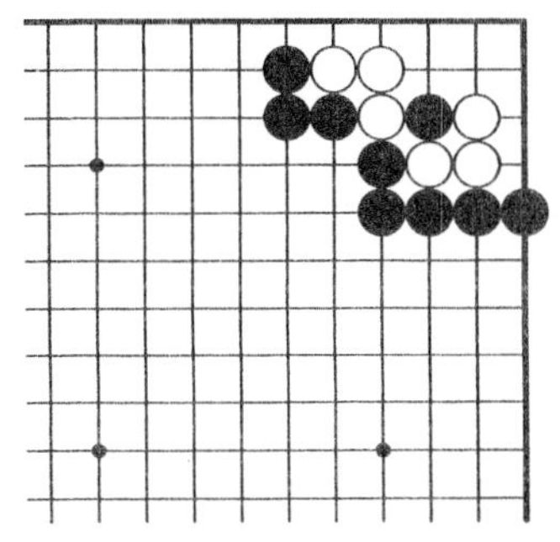

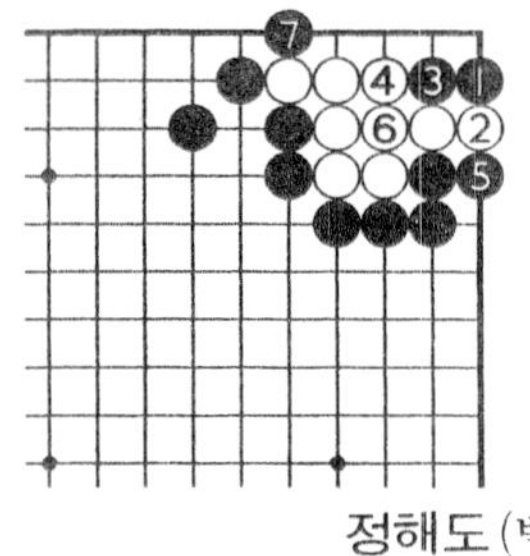

정해도(백사)

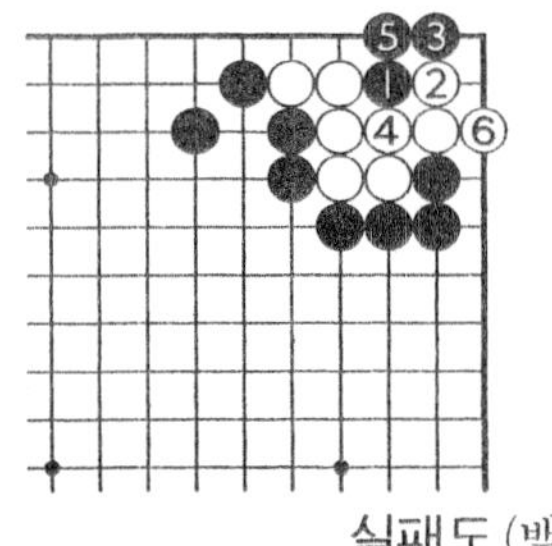

실패도(백활)

〈제 2 형 2 도〉 정해도 흑 1 에서 5,7까지 자충의 형으로 공략. 참조=동형 3 도

실패도 흑 1 은 좋지않은 수. 백 2 이하 6 으로 산다.

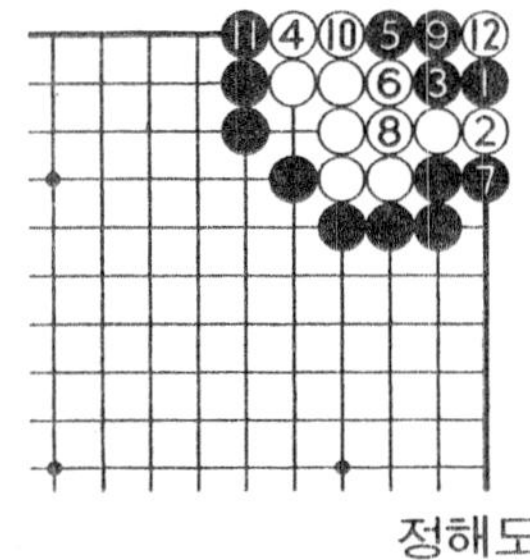

정해도(패)

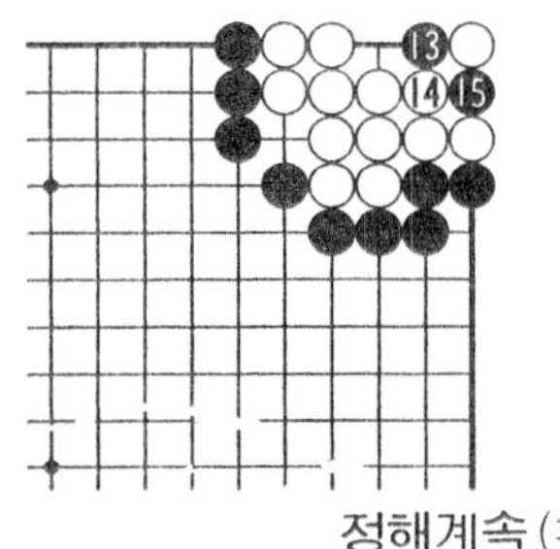

정해계속(패)

〈제 2 형 3 도〉 정해도 흑 1 이하의 수순이 패로 최선. 참조=동형 4 도.

정해계속 흑13에 백14로 응수하여 패가 난다.

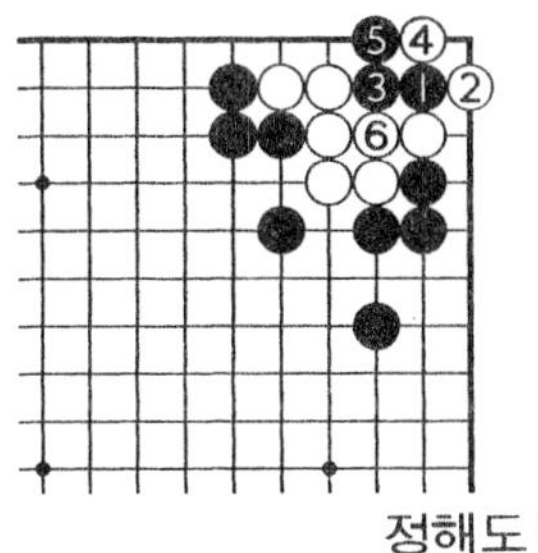

정해도(패)

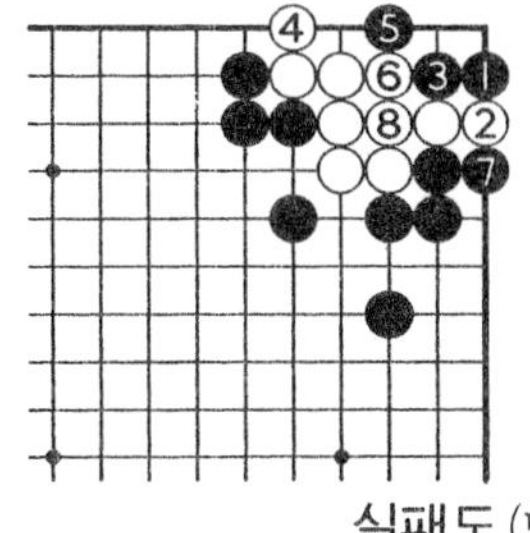

실패도(백활)

〈제 2 형 4 도〉 **정해도** 흑 1 이 급소. 백은 2,4로 패로 응수하여 좋지 않다. 참조=동형 2 도. 3 도.

실패도 흑 1 의 직접 치중은 백이 사는 수가 성립한다.

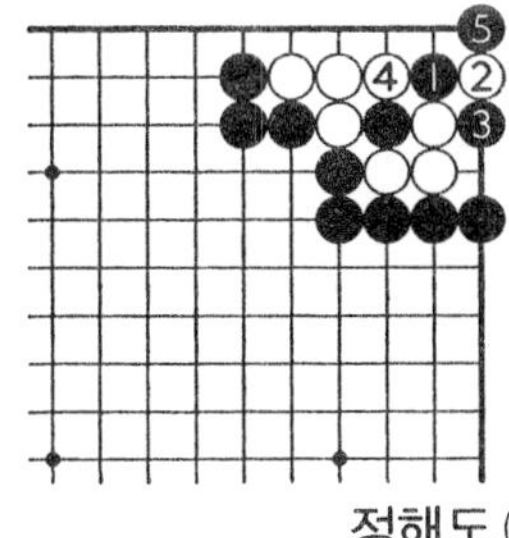

정해도(백사)

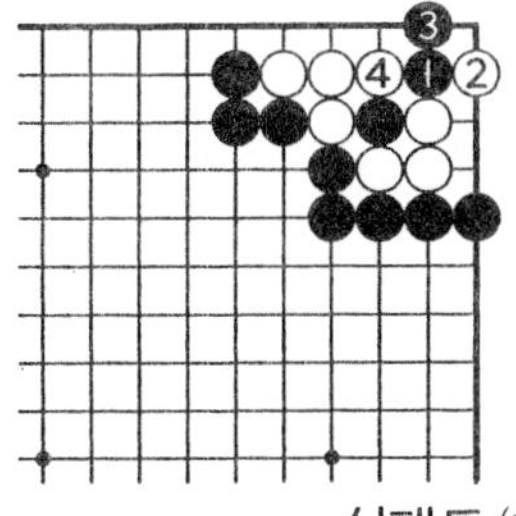

실패도(백활)

〈제 2 형 5 도〉 **정해도** 흑1,3의 수순이 백점으로 자충의 형태.

실패도 흑 3 은 공략의 착오. 백 4 로 산다.

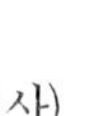

6 도 흑선

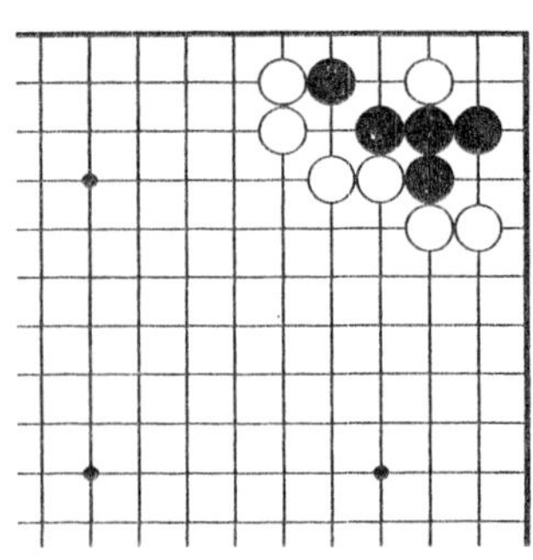

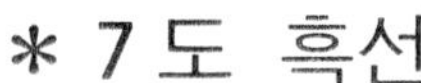

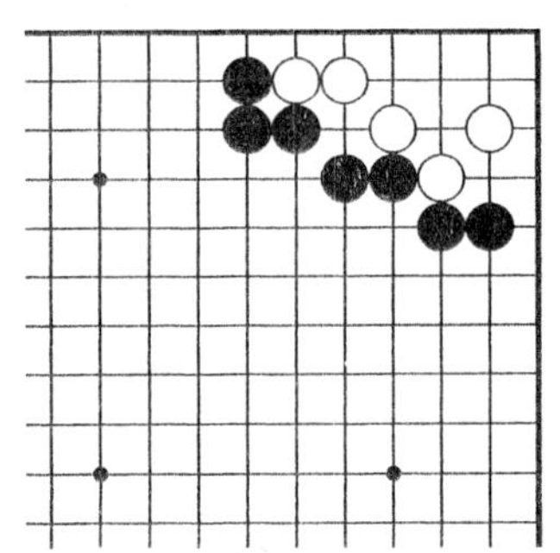

* 8 도 흑선 (빅)

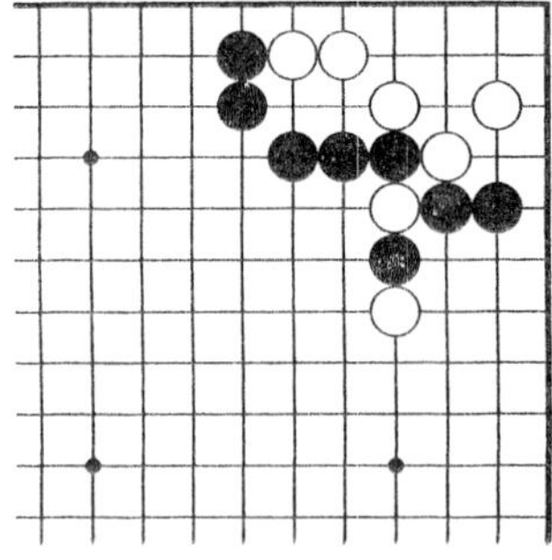

9 도 흑선

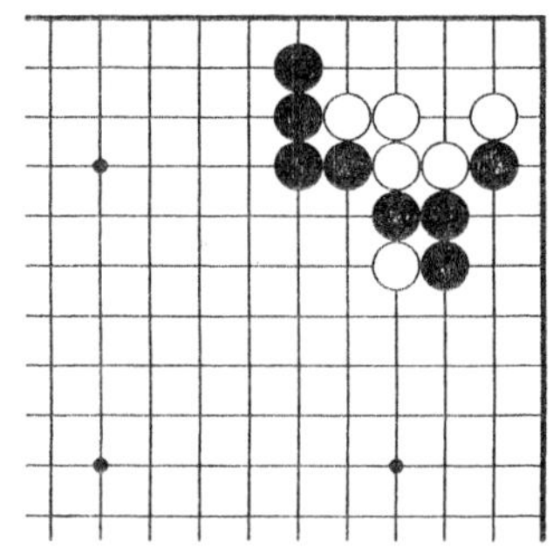

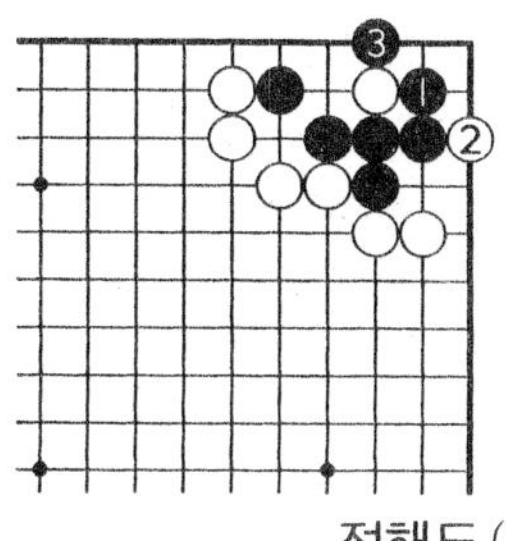

정해도(흑활)

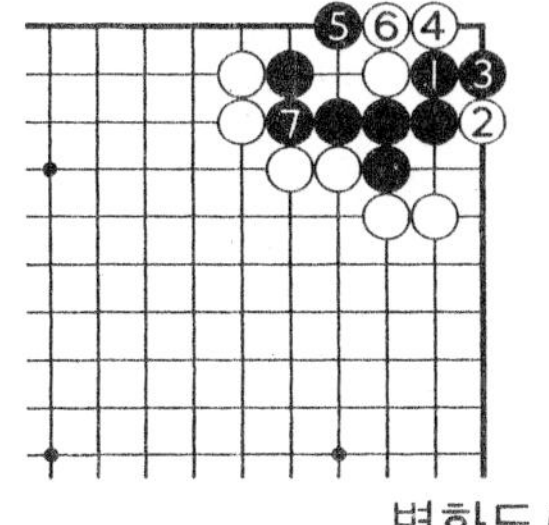

변화도(빅)

〈제 2 형 6 도〉 정해도 흑 1 이 요착. 백 2 에는 흑 3 으로 두 눈을 확보한다. 참조=제14형31도.

변화도 실전에서 백 4 이하 6 은 시기를 잘 선택하여야 한다.

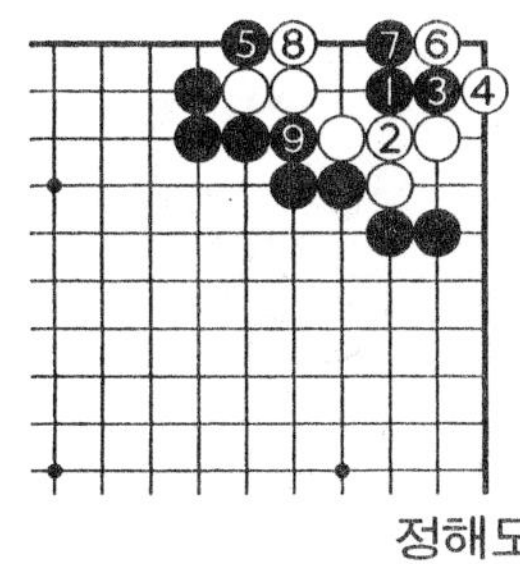

정해도(패)

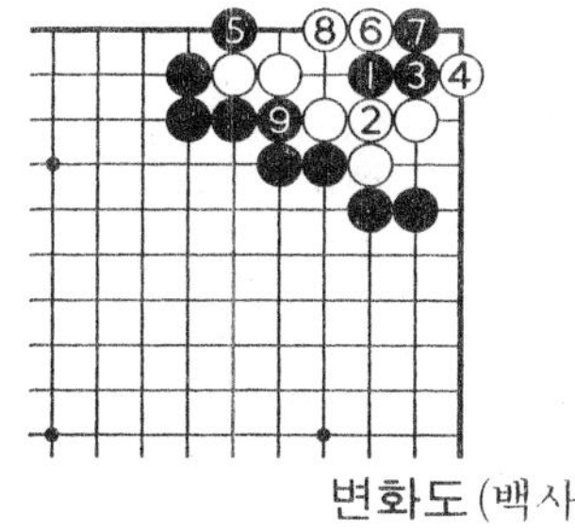

변화도(백사)

〈제 2 형 7 도〉 정해도 흑 1 이하 9 까지 쌍방 최선의 응접. 패가 난다. 참조=제17형 6 도.

변화도 백 6 은 무리수. 참조=제17형 7 도.

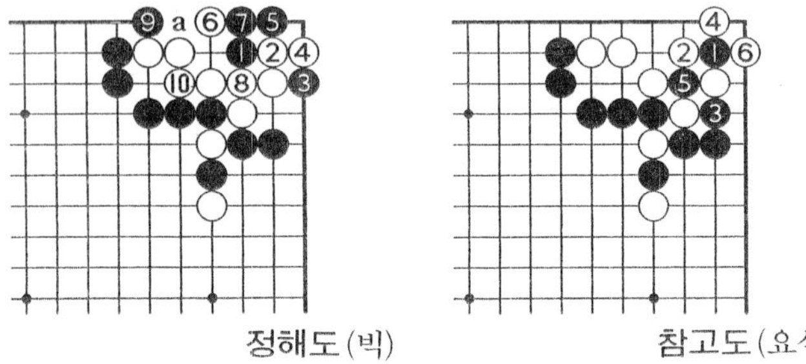

정해도(빅) 참고도(요석)

〈제 2 형 8 도〉 정해도 백 2 로 8 은 흑 2, 백 4, 흑 9, 백 5, 흑 7, 백a, 흑10으로 패. 참조=제17형 6 도.

참고도 실전에서는 흑은 본도를 선택하는 것이 유력.

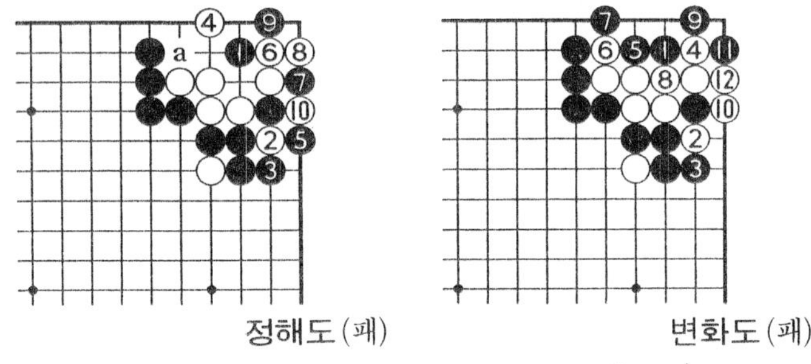

정해도(패) 변화도(패)

〈제 2 형 9 도〉 정해도 본도의 다음에 흑이 패를 피하면 백a로 빅. 백 2 로 4 는 흑 2 로 백사.

변화도 흑 3 에 백4 는 흑 5 이하의 패.

10도 흑선

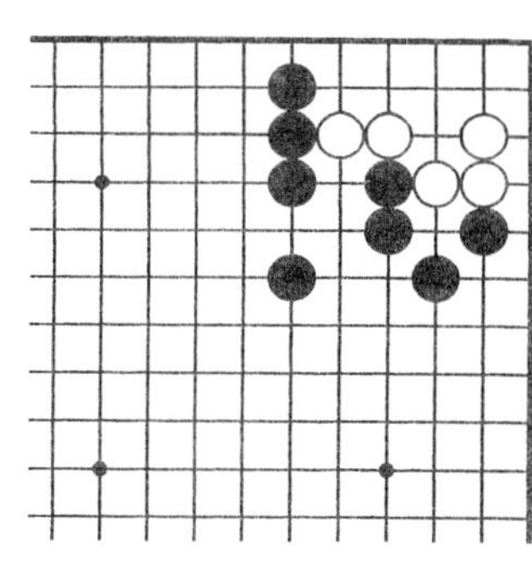

11도 사는 모양

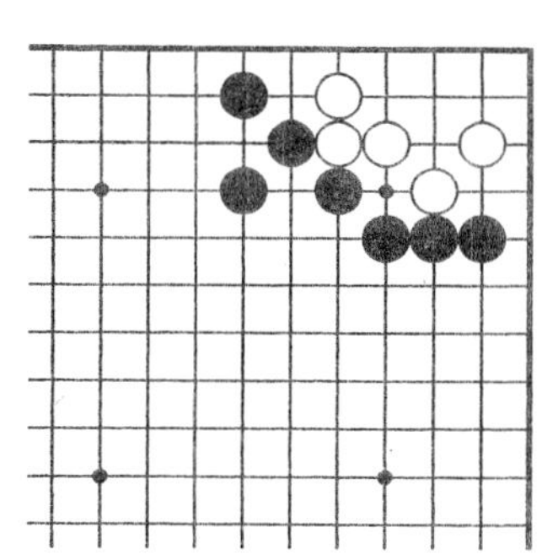

12도 흑선

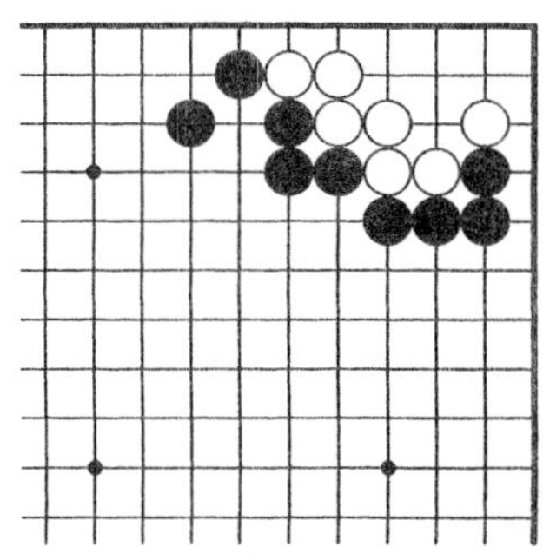

13도 흑선

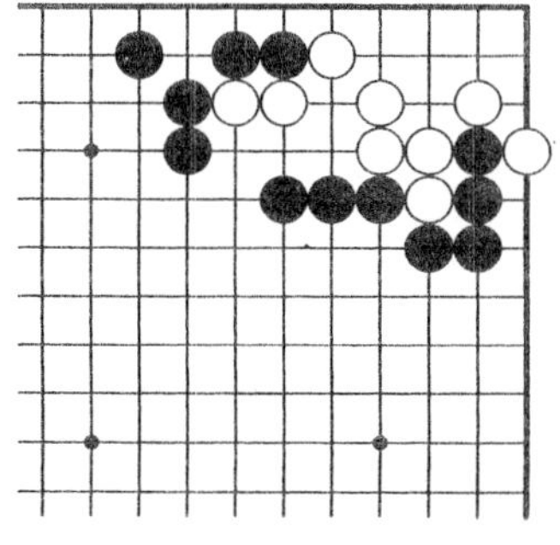

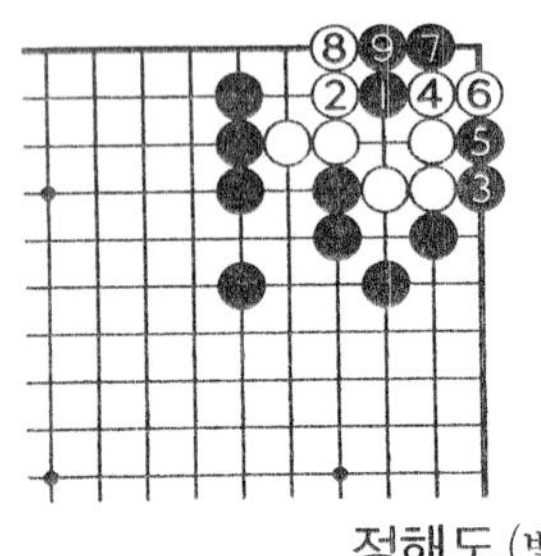

정해도(백사)

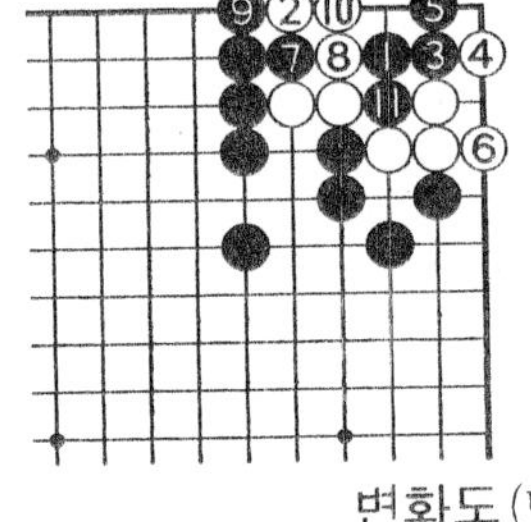

변화도(백사)

〈제 2 형10도〉 정해도 흑 1 이 급소. 백 2 에는 흑 3 에서 9 까지, 3 점을 키운다.

변화도 흑 1 에 백 2 는 흑 3 이하 11까지 백사.

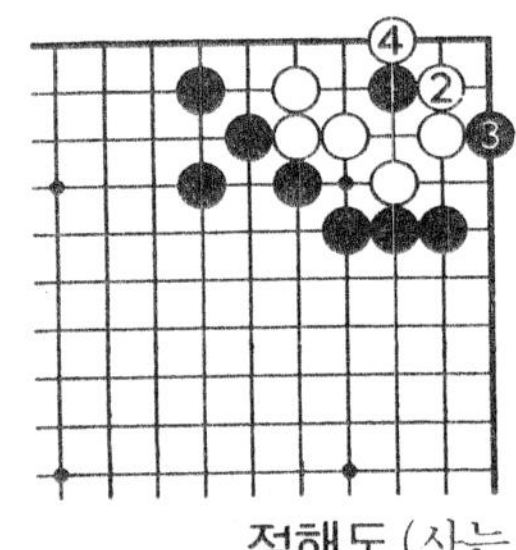

정해도(사는 모양)

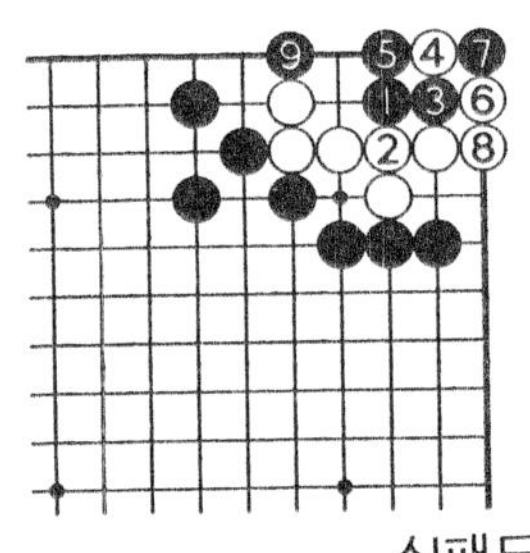

실패도(패)

〈제 2 형11도〉 정해도 흑 1 에는 백 2 가 요착. 백 4 로 사는 모양. 참조=동형 6 도.

실패도 백 2 는 응수착오.

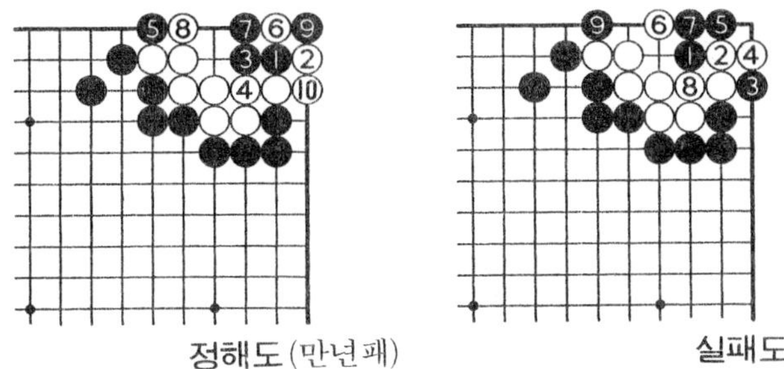

정해도(만년패)

실패도(빅)

〈제 2 형12도〉 정해도 흑 1 이하 9 로 움직여 만년패. 참조=제17형 6 도.

실패도 흑 1 의 수는 본도에서는 적합하지가 않다.

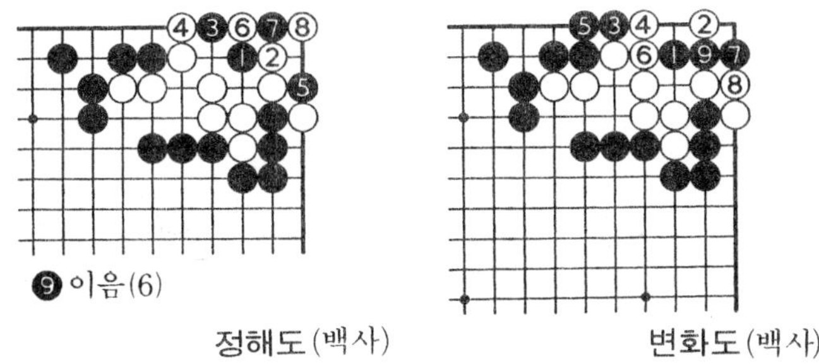

❾ 이음(6)

정해도(백사)

변화도(백사)

〈제 2 형13도〉 정해도 흑 1 이 급소. 백 2 에는 흑 3 이 호수. 이하 흑 9 까지 백은 활로가 없다.

변화도 흑 1 에 백 2 는 흑 3 이하 9 로 흑사.

14도 흑선

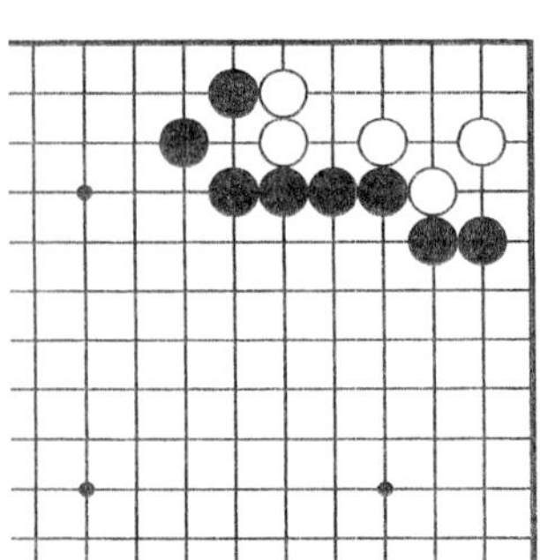

15도 흑선

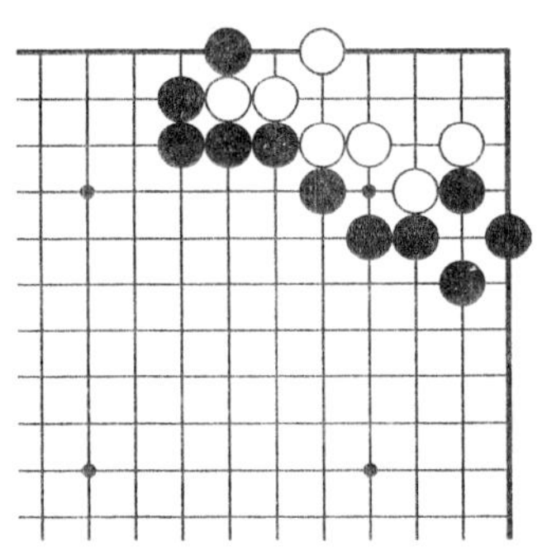

16도 흑선

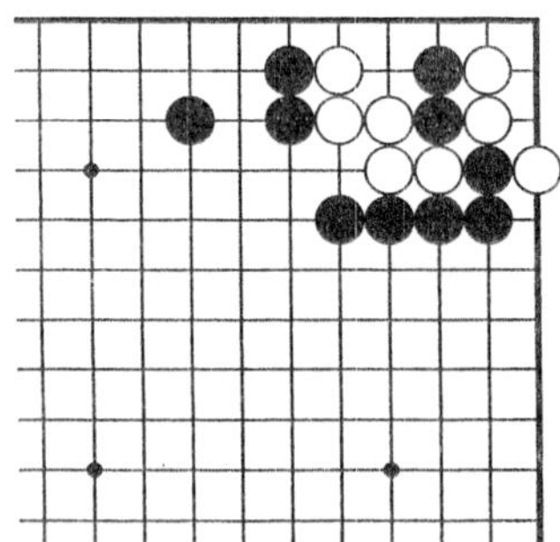

17도 흑선

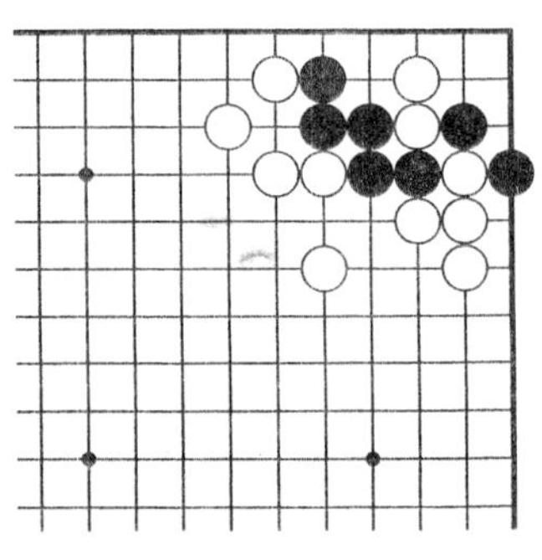

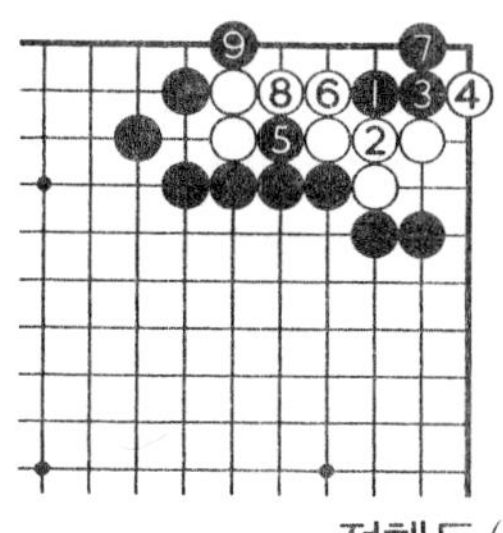

정해도(백사)

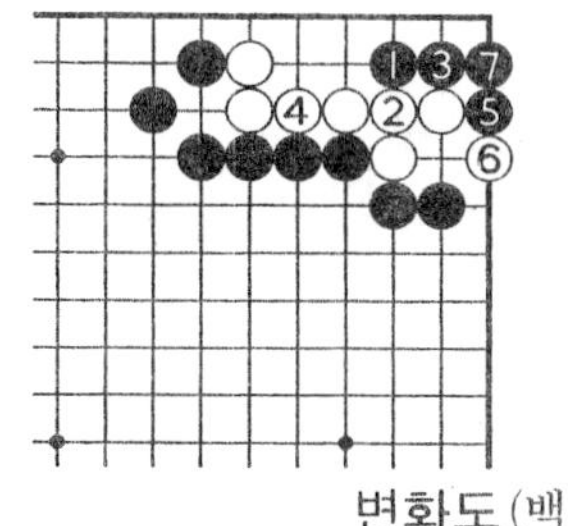

변화도(백사)

〈제 2 형14도〉 정해도 흑 1 이 급소. 백 2 에는 흑 3 이하 9 의 수순으로 눈을 빼앗는다.

변화도 흑 3 에 백 4 는 흑 5,7 로 백사.

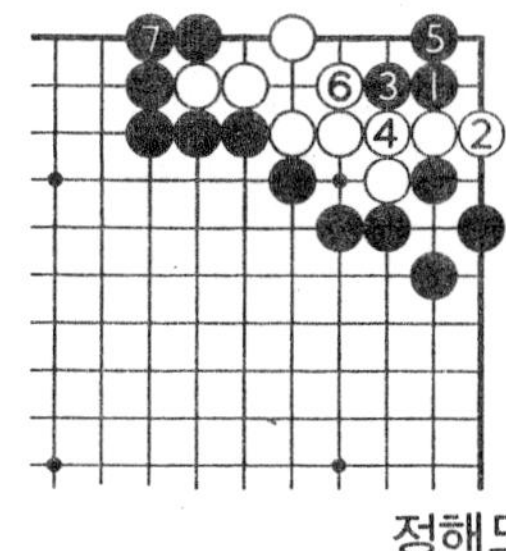

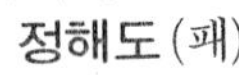

정해도(패)

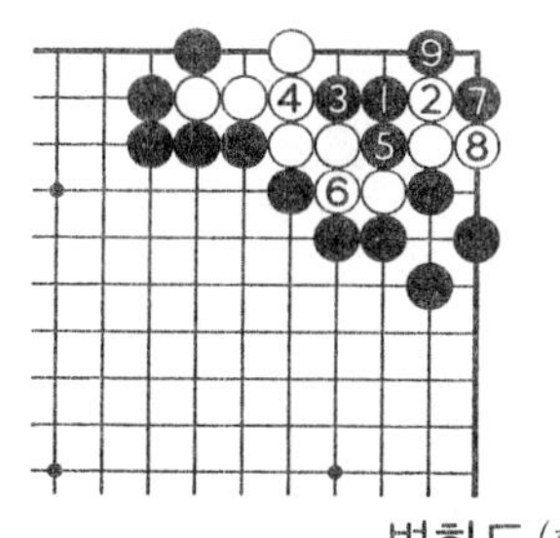

변화도(패)

〈제 2 형15도〉 정해도 흑 1 이하 7 까지로 패가 난다. 수순 중 흑 5 가 요착.

변화도 흑 1 에 백 2 는 흑 3 에서 9 까지 패.

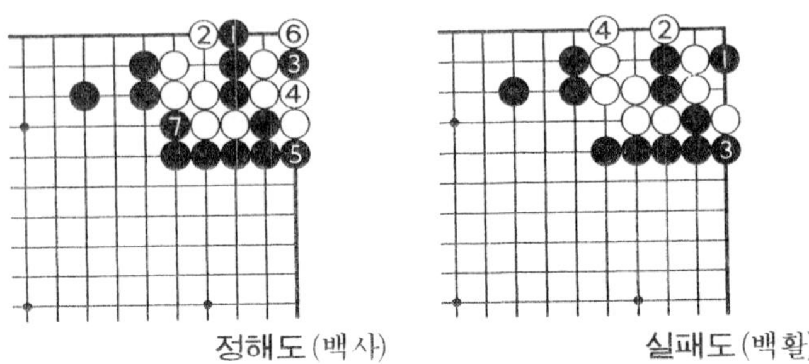

〈제 2 형16도〉 정해도 흑 1 이하 7 로 움직여 자충을 유도. 참조=동형17도.

실패도 흑 1 은 수순착오. 백2,4가 호수.

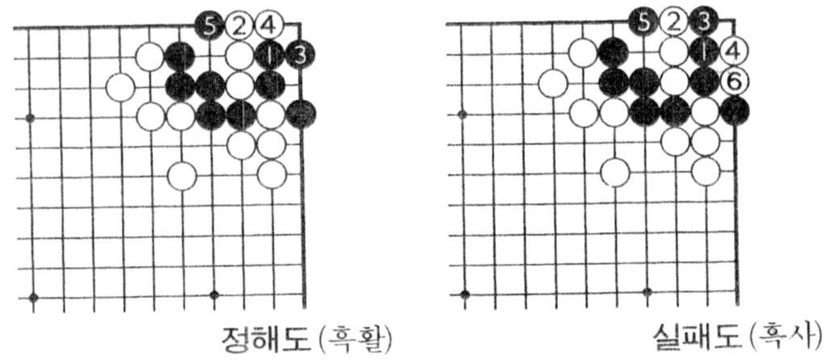

〈제 2 형17도〉 정해도 흑 3 이 교묘하게 사는 모양. 흑 3 으로 5 는 악수. 백 3 으로 패.

실패도 흑 3 은 악수. 백 4 의 묘수가 성립.

18도 흑선

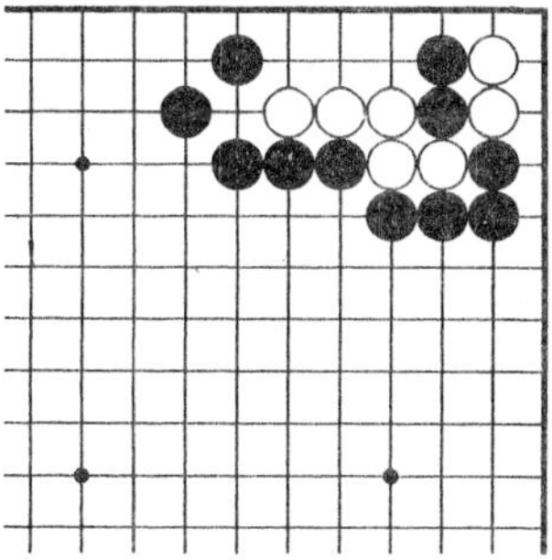

19도 흑선

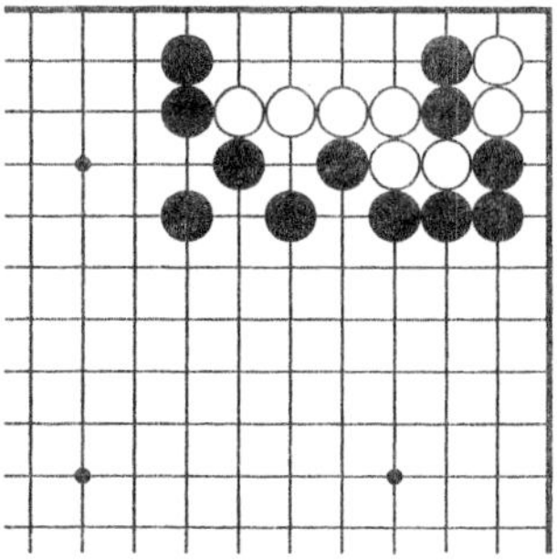

〔제 3 형〕

20도 흑선 (빅)

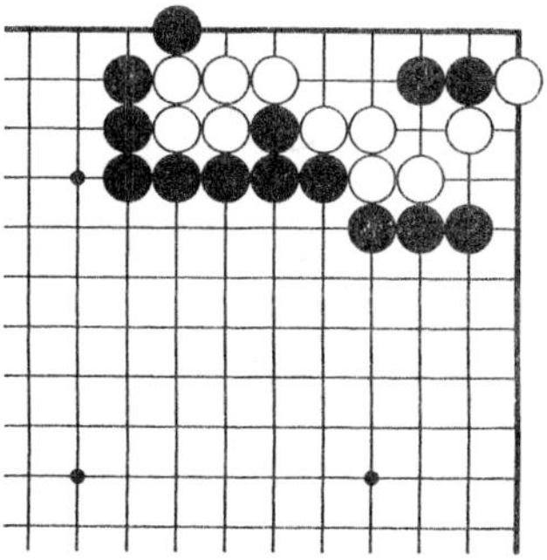

1 도 흑선

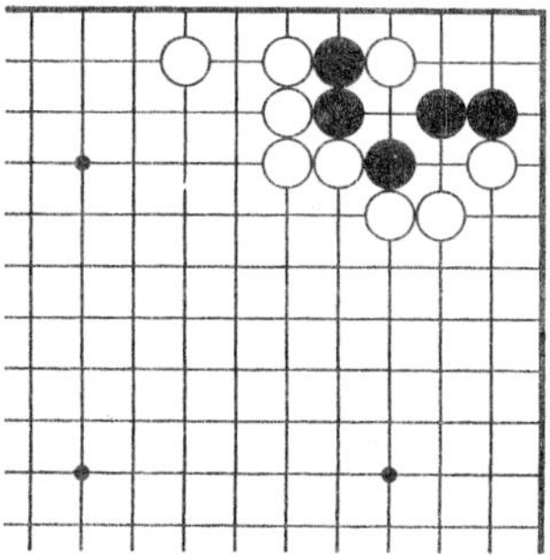

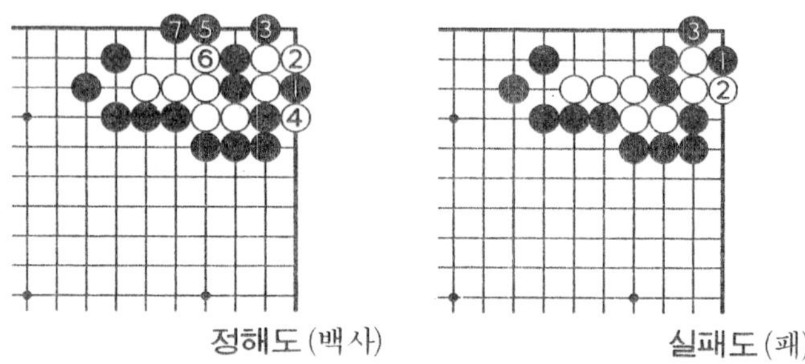
정해도(백사) 실패도(패)

〈제 2 형18도 〉 정해도 흑 1 에서 7 까지 사는 수가 없다. 참조=수순13도.

실패도 흑 1 의 맥은 본도에서는 적합하지 않다.

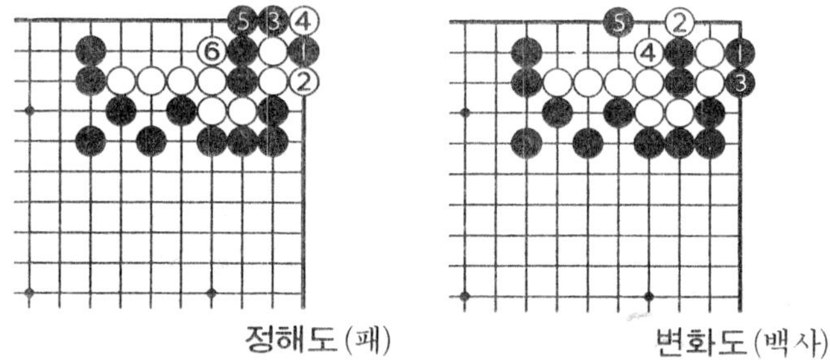
정해도(패) 변화도(백사)

〈제 2 형19도〉 정해도 흑 1 이 급소. 백은 2,4로 패로 응수한다.

변화도 흑 1 에 백 2 는 흑 3,5로 되어 백사.

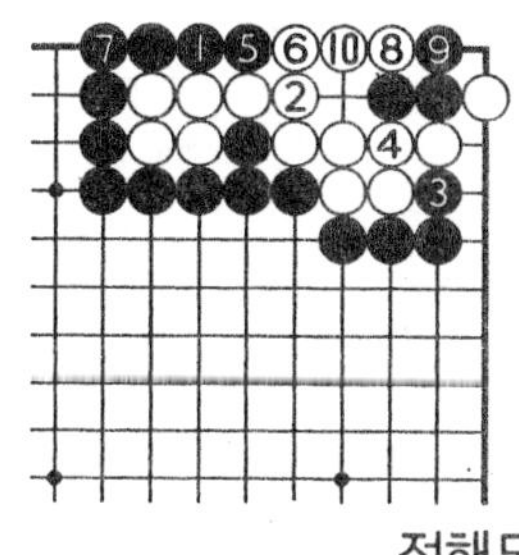
정해도(빅)

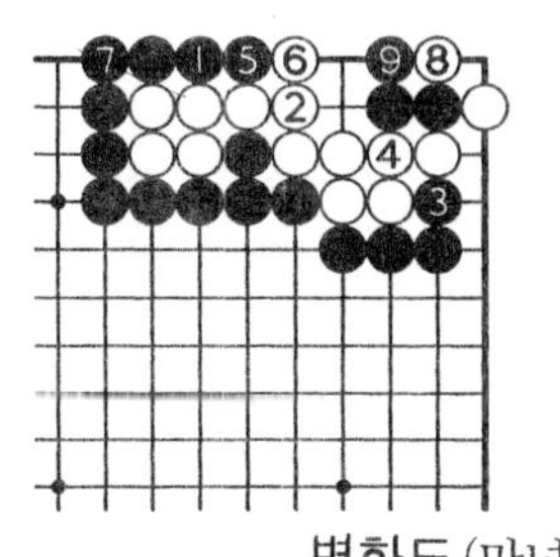
변화도(만년패)

〈제 2 형20도〉 정해도 흑 1 에서 9 까지 움직여 빅을 만든다. 수순중 8 이 요착.

변화도 백 8 은 응수착오.

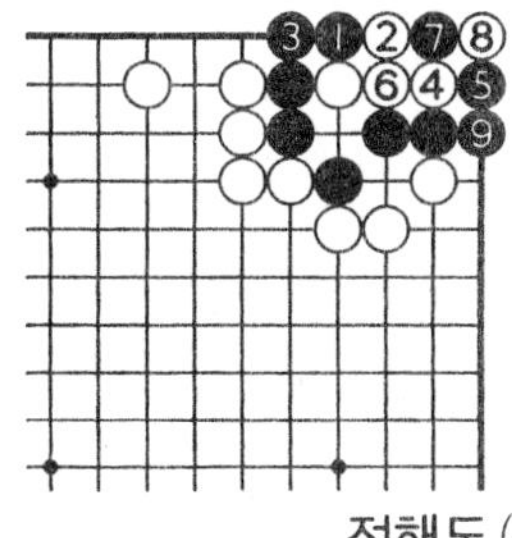
정해도(흑활)

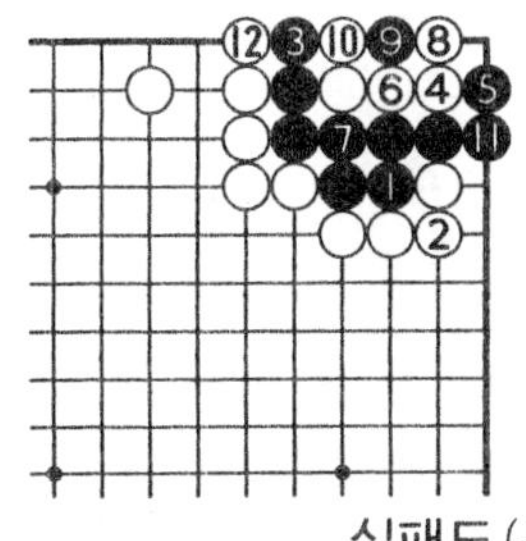
실패도(흑사)

〈제 3 형 1 도〉 정해도 흑 1 의 젖힘이 좋은 수. 흑 9 가 유효하여 사는 모양. 참조=동형 4 도.

실패도 흑1,3은 무리. 참조=동형 3 도.

* 2도 흑선

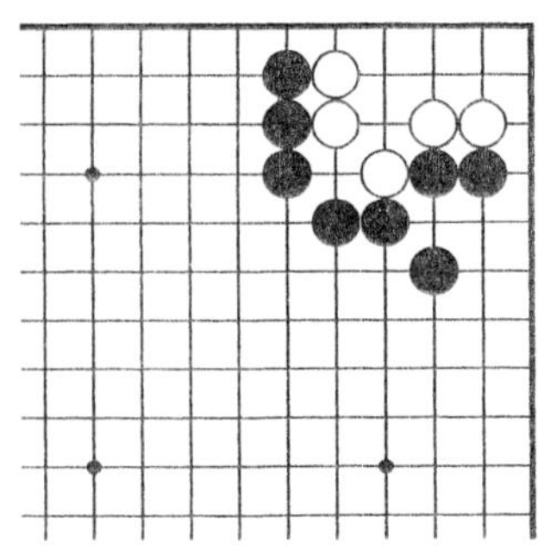

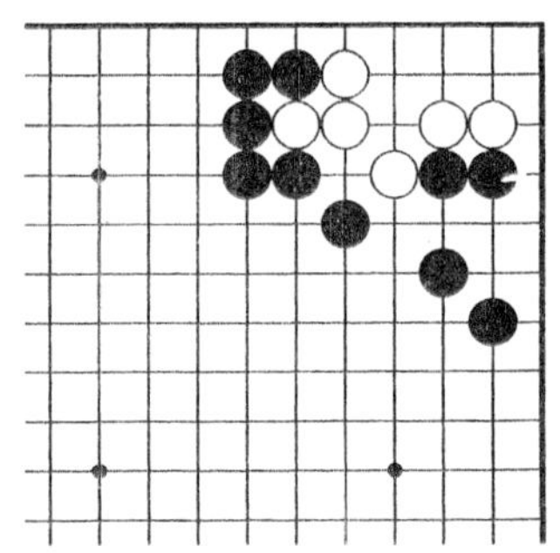

* 4도 흑선

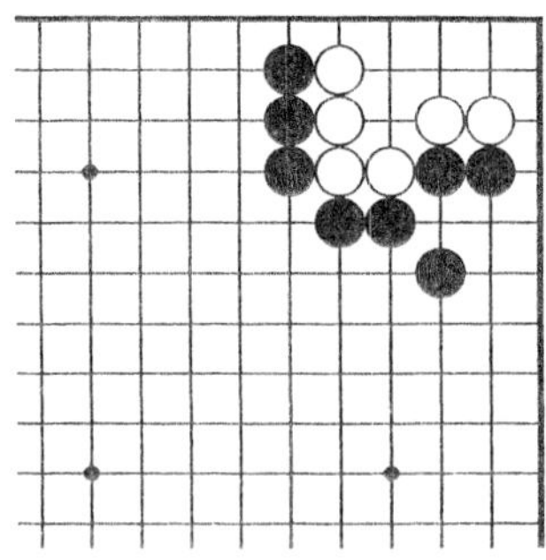

5도 사는 모양

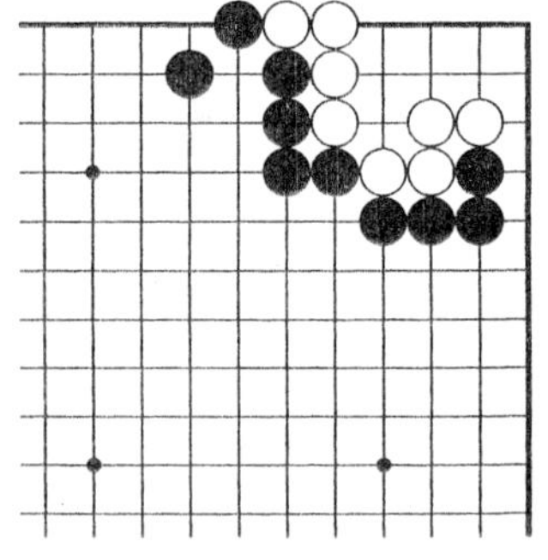

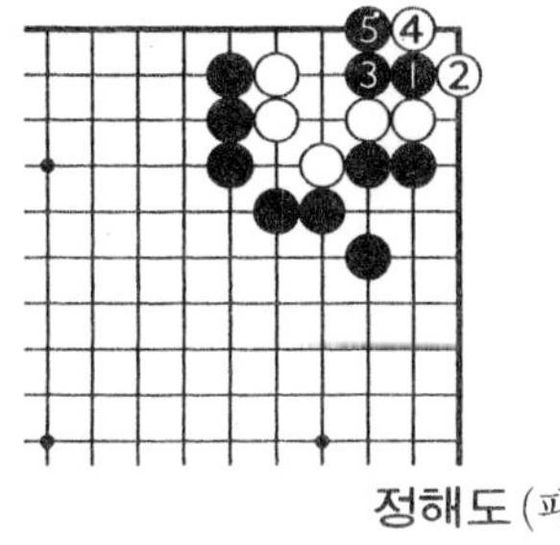
정해도(패)

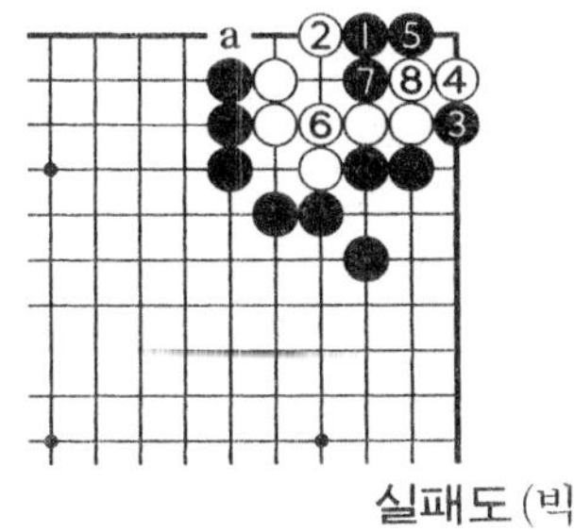

실패도(빅)

〈제 3 형 2 도〉 **정해도** 흑 1 이하 5 까지 쌍방 최강의 응접. 패가 난다. 참조=동형 3 도.

실패도 흑 1 은 이맥. 백 6 으로 7 은 흑a 로 백사.

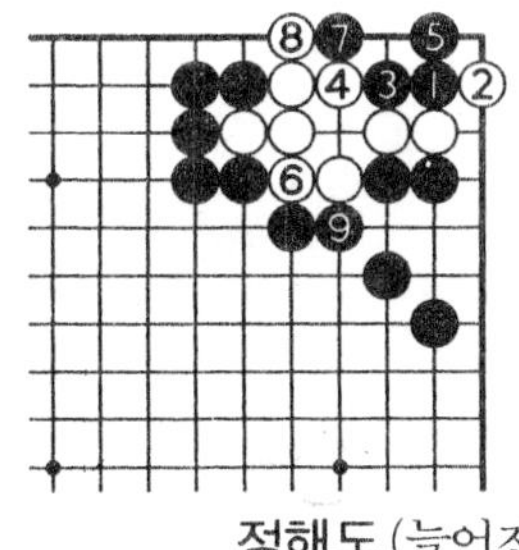
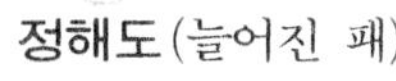
정해도(늘어진 패)

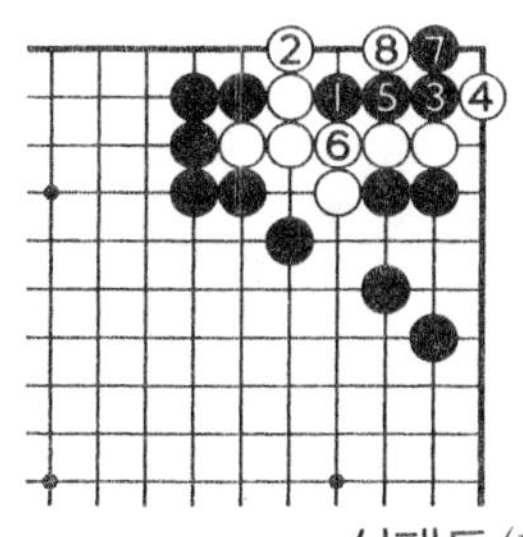
실패도(백활)

〈제 3 형 3 도〉 **정해도** 흑 1 이 급소. 결과는 백 8 까지 늘어진 패. 참조=동형 1 도. 2 도.

실패도 흑 1 이하 7 은 백 8 의 수가 성립.

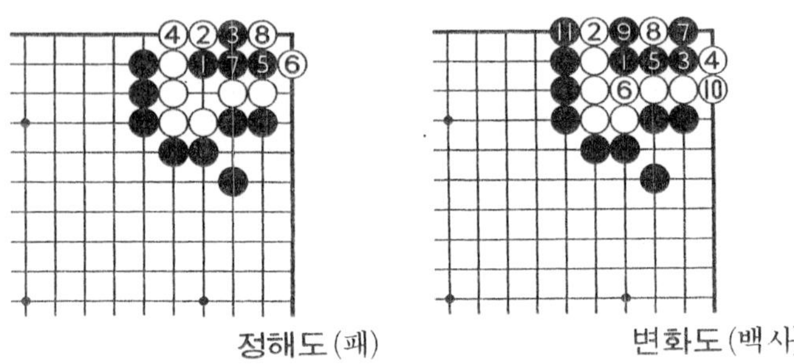

정해도(패) 변화도(백사)

〈제 3 형 4 도〉 정해도 흑 1 에 5 는 수순착오. 백 6, 흑 1 백 7 로 산다. 참조=동형 1 도.

변화도 흑 1 에 백 2 는 흑 3 이하 11까지 백사.

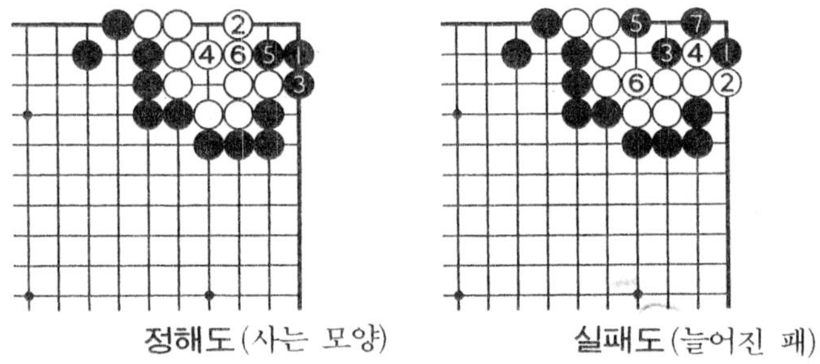

정해도(사는 모양) 실패도(늘어진 패)

〈제 3 형 5 도〉 정해도 흑 1 에는 백 2 에서 6 의 응접으로 사는 모양. 흑 1 로 5 는 백 6, 흑 3, 백 1 로 산다.

실패도 백 2 는 무리. 결과는 늘어진 패.

6 도 흑선

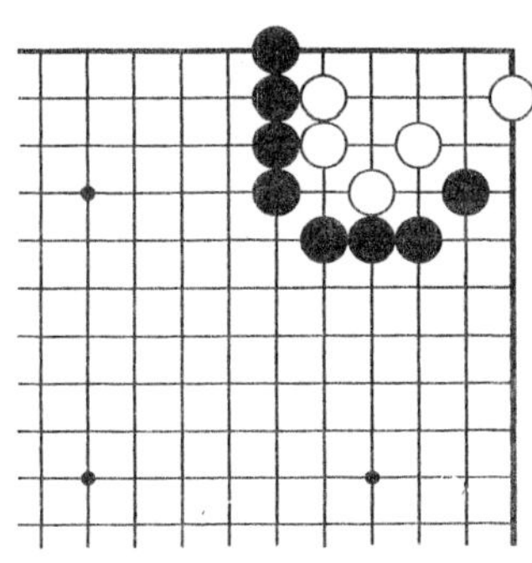

7 도 흑선

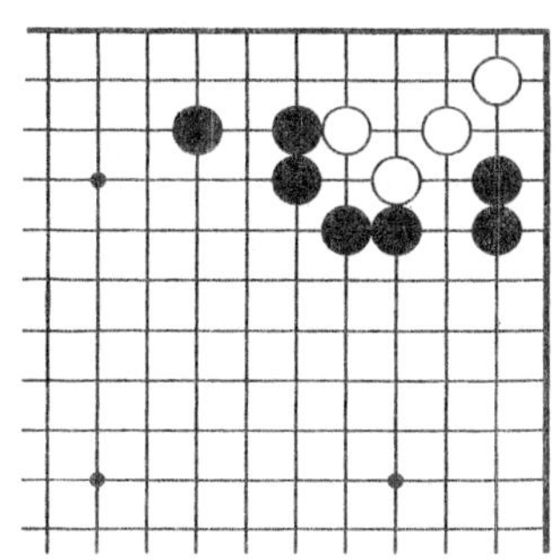

8 도 흑선

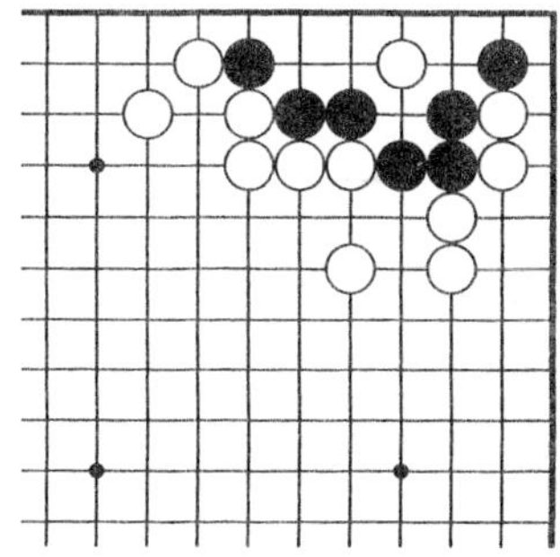

9 도 흑선

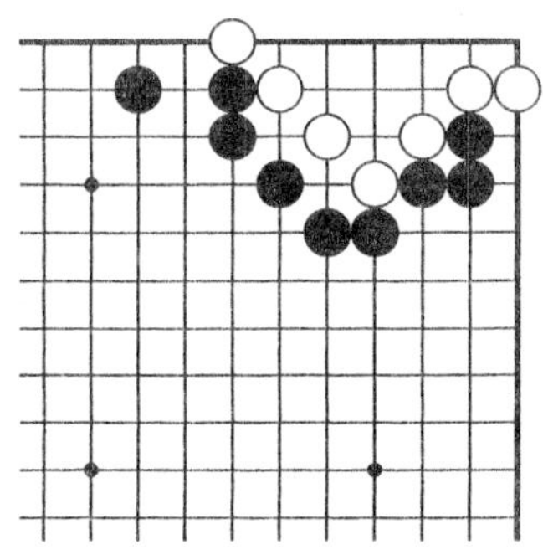

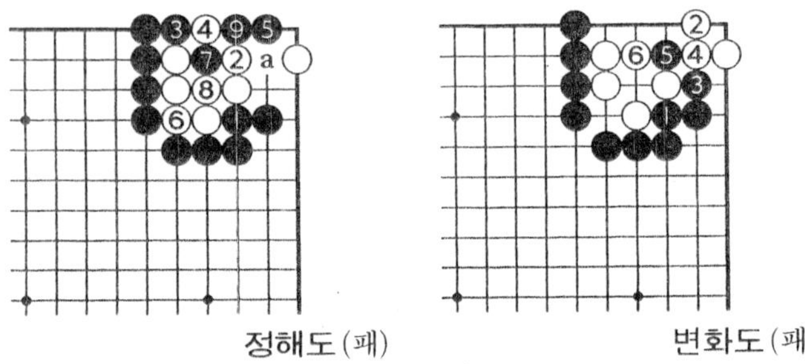
정해도(패) 변화도(패)

〈제 3 형 6 도〉 정해도 흑 1 이 교묘한 수. 이하 흑 9 다음 백a 로 본패. 백이 따내면 늘어진 패.

변화도 흑 1 에 백 2 는 흑 3,5로 패.

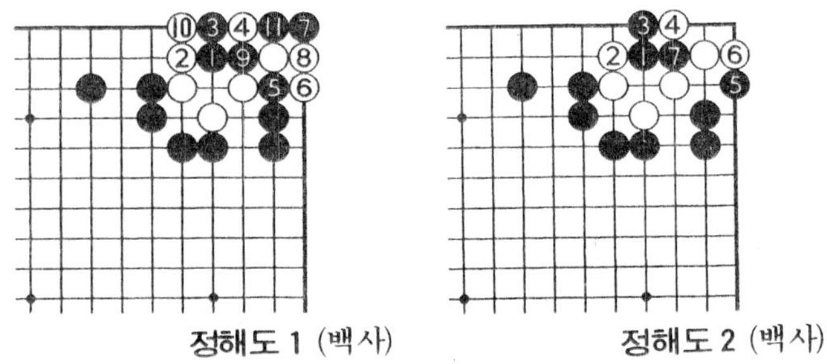
정해도 1 (백사) 정해도 2 (백사)

〈제 3 형 7 도〉 정해도 1 흑 1 이 급소. 백 2 에는 흑 3 에서 11까지의 수순으로 5 궁을 유도.

정해도 2 본도는 1의 치중수로 성립한다.

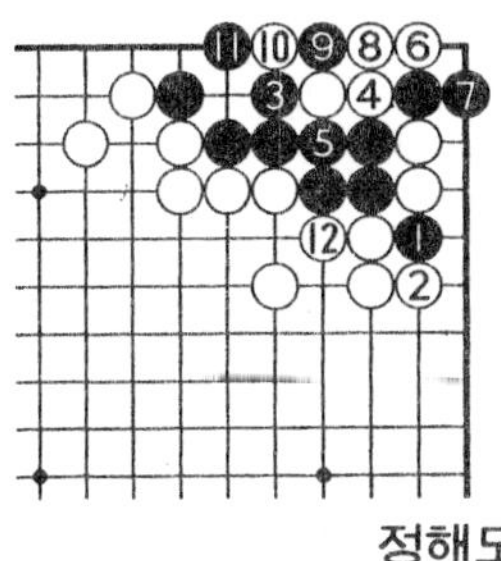
정해도(패)

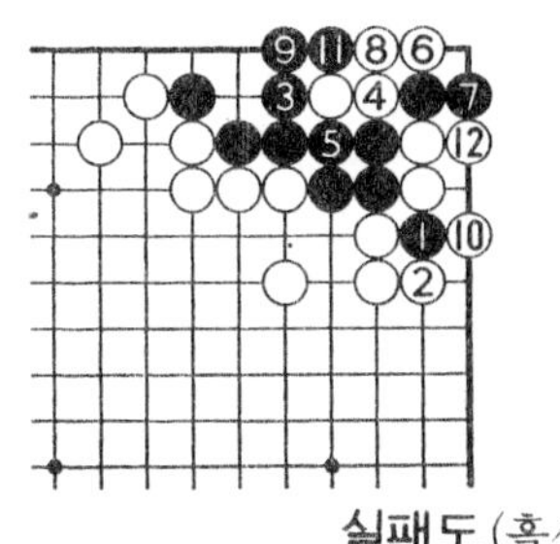
실패도(흑사)

〈제 3 형 8 도〉 정해도 흑 1 이하 백12까지 쌍방 최강의 응접으로 패가 난다.

실패도 흑 9 는 악수. 후절수로 죽는다.

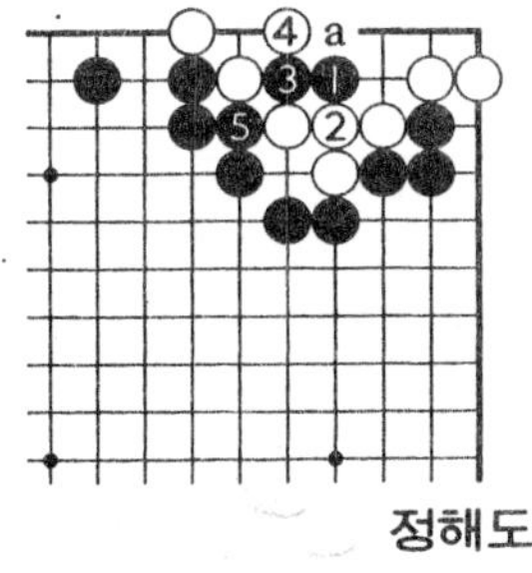

정해도(패)

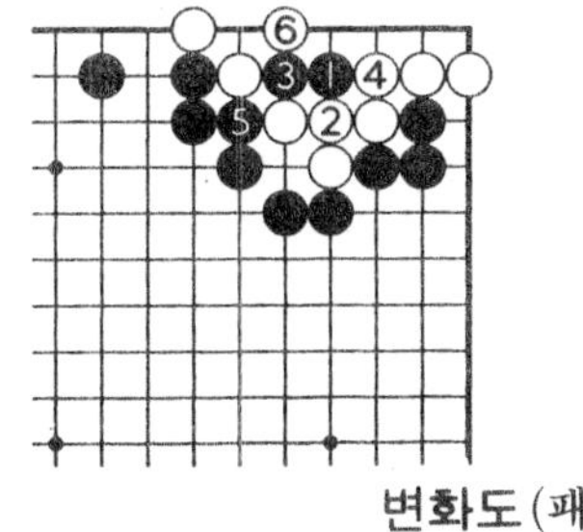
변화도(패)

〈제 3 형 9 도〉 정해도 흑 1 이 급소. 흑3,5로 패가 난다. 흑 5 로 a는 백 5 로 산다.

변화도 흑 3 에 백 4 는 동형반복.

10도 흑선

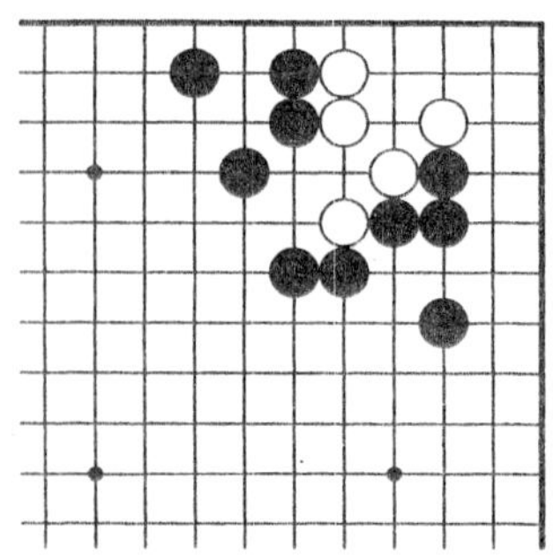

11도 사는 모양

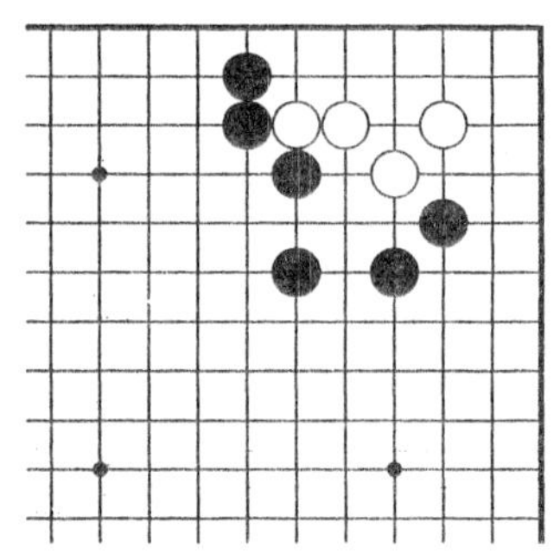

12도 흑선

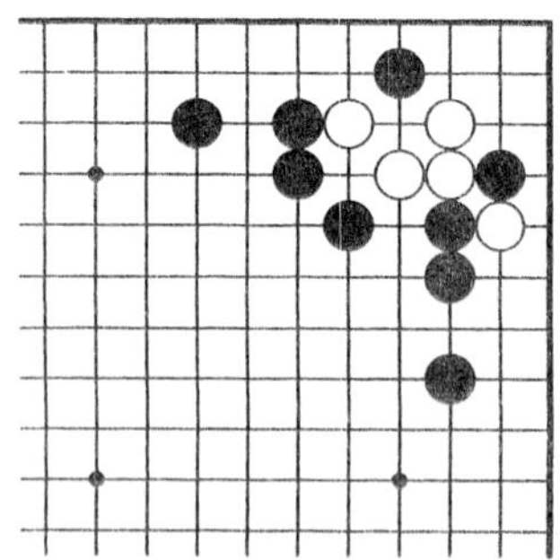

13도 흑선

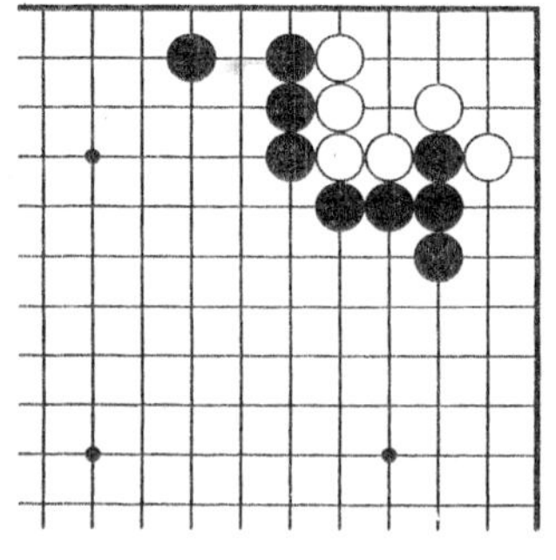

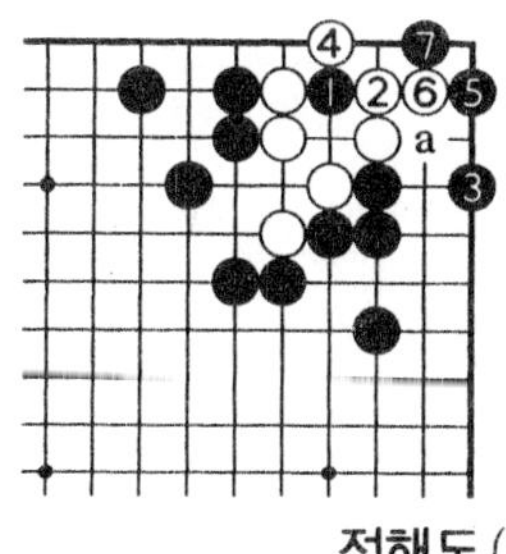
정해도(백사)

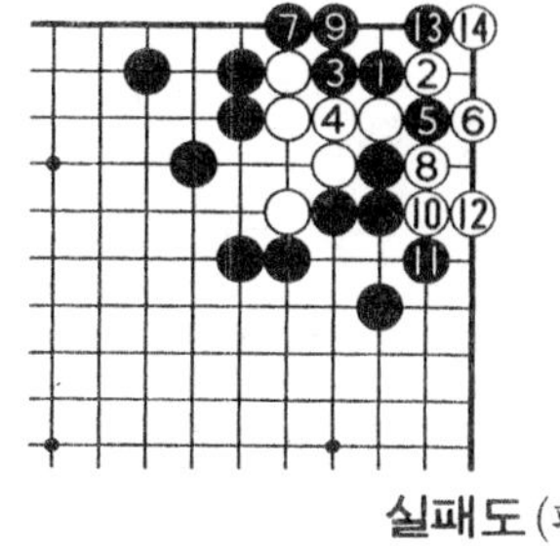
실패도(패)

〈제 3 형10도〉 정해도 흑1,3이 교묘한 수. 이하 흑7 까지 흑1 로 6 은 백a 흑2 백1 이하로 패.

실패도 흑1 은 악수. 패를 피할 수 없다.

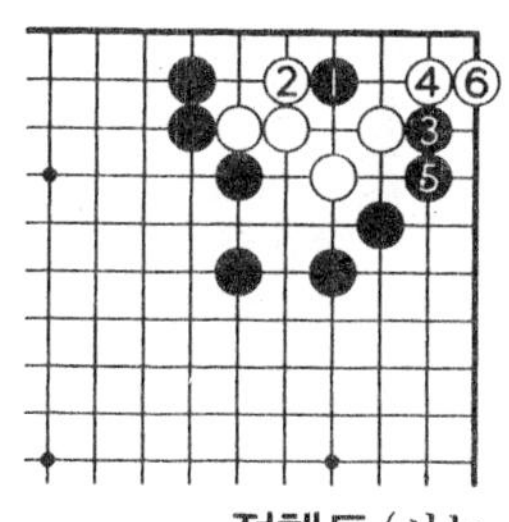
정해도(사는 모양)

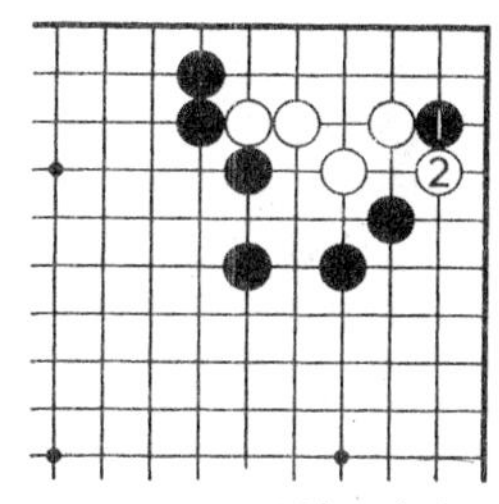
변화도(사는 모양)

〈제 3 형11도〉 정해도 흑1 에는 백2 에서 6 까지의 응접으로 백은 사는 모양.

변화도 흑1 은 무리. 백2 로 사는 모양.

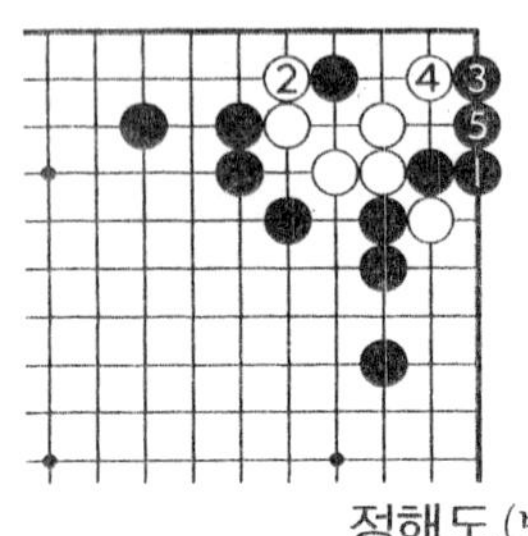

정해도(백사)

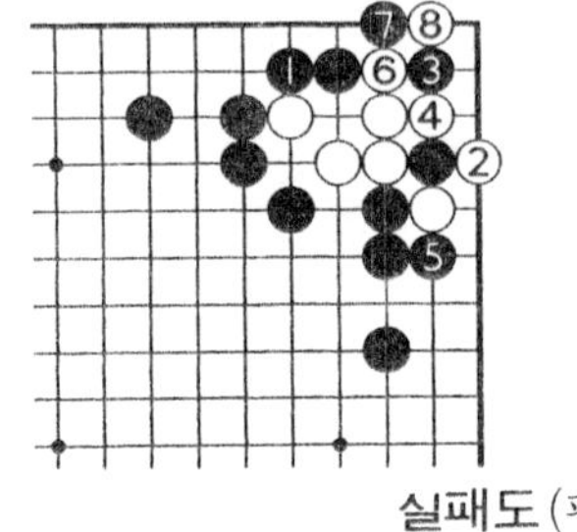

실패도(패)

〈제 3 형12도〉 정해도 흑 1 로 뻗음이 교묘한 수. 백의 저항 수단을 봉쇄한다. 이하 흑 5 까지로 백사.

실패도 흑 1 은 수순이 나쁘다. 백 2 이하의 패.

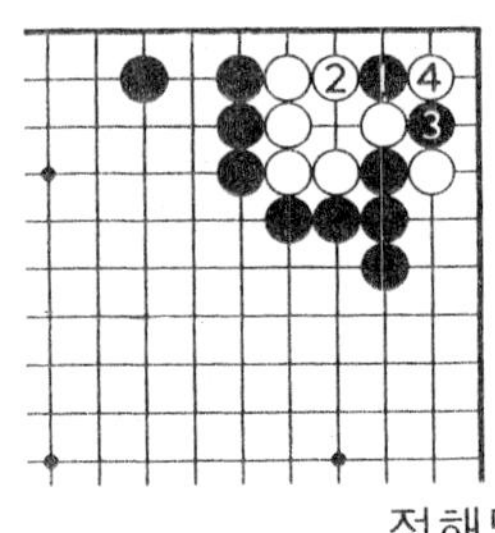

정해도(패)

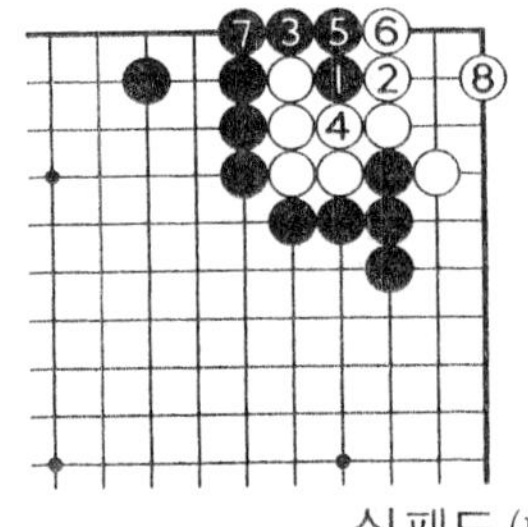

실패도(백활)

〈제 3 형13도〉정해도 흑 1 이 급소. 백은 2, 4 의 패로 응수한다.

실패도 흑 1 에서 7 까지는 공략의 착오.

14도 흑선

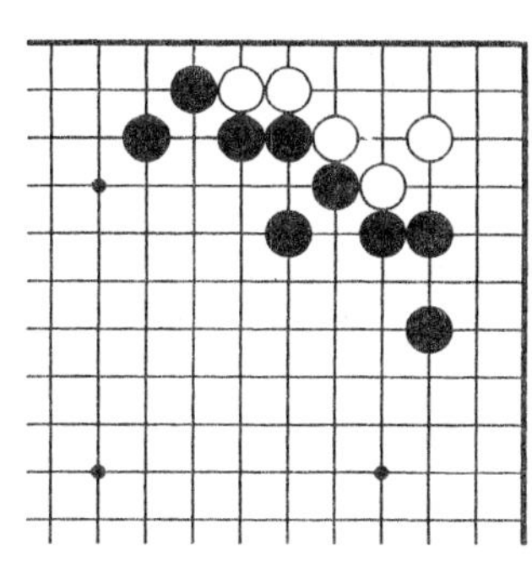

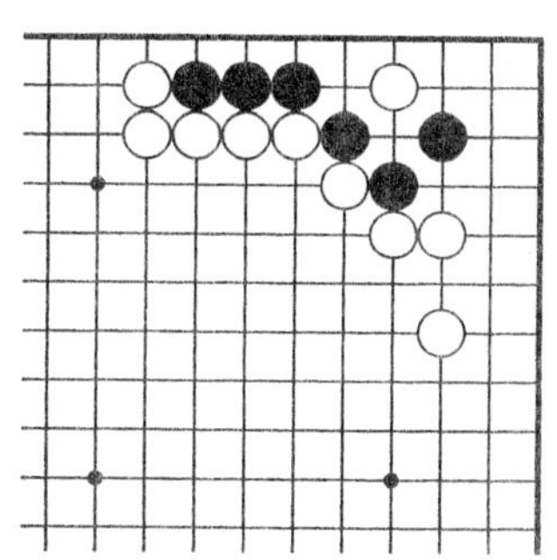

〔제 4 형〕

* 1 도 흑선

2 도 흑선

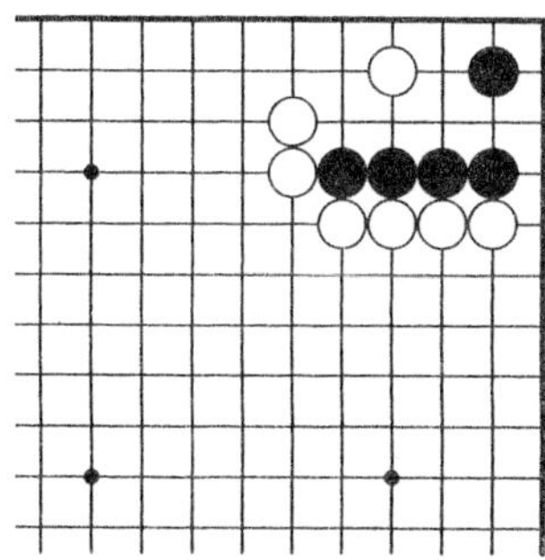

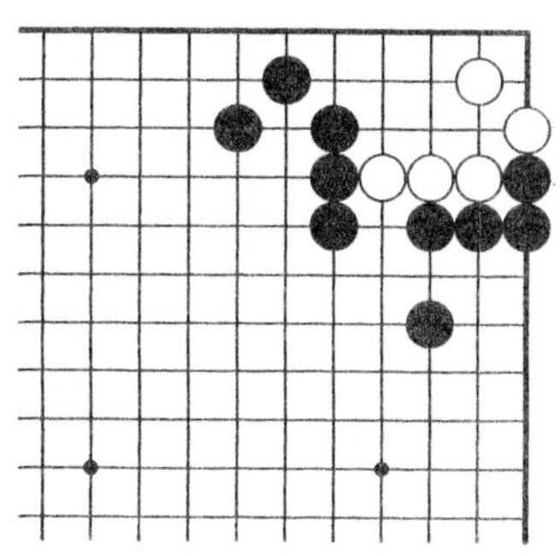

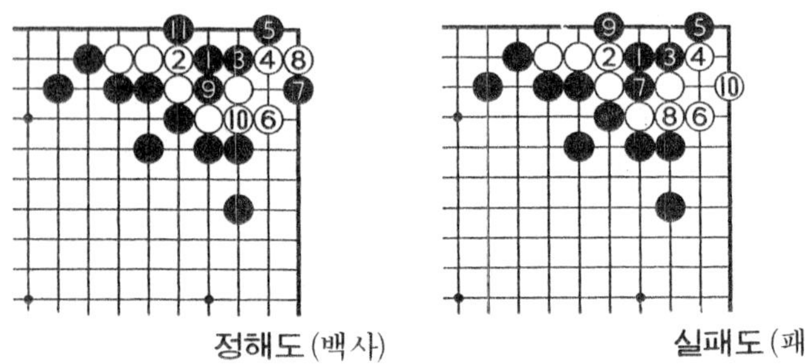

정해도(백사)　　　　실패도(패)

〈제 3 형14도〉 정해도 흑 1 이 급소. 백 2 에는 흑 3 에서 11 까지의 수순으로 자충을 유도.

실패도 백 6 에 흑 7 은 악수. 패가 난다.

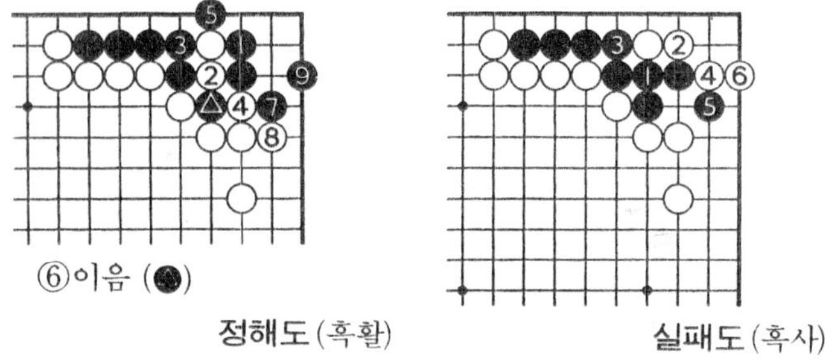

⑥이음 (▲)

정해도(흑활)　　　　실패도(흑사)

〈제 3 형15도〉 정해도 흑 1 로 3 은 백 2, 흑 4, 백 1 이하의 2 단패. 참조=제19형14도.

실패도 흑 1 은 어리석은 수. 백 2 로 대항하여 좋지 않다.

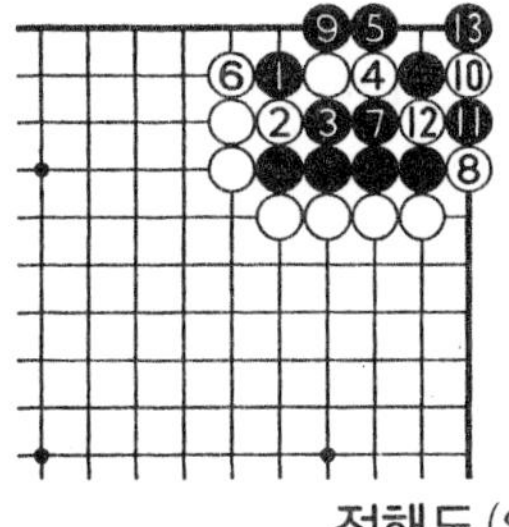

정해도(양패)

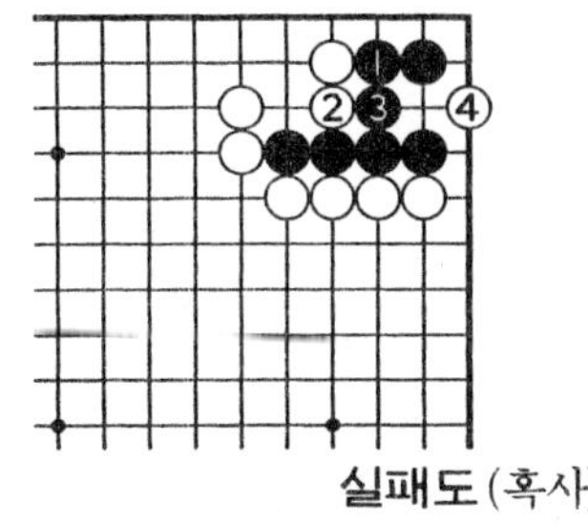

실패도(흑사)

〈제 4 형 1 도〉 정해도 흑 1 이하 13까지 쌍방 최강의 응접. 양패가 난다.

실패도 흑 1 은 무책. 백2,4로 흑사.

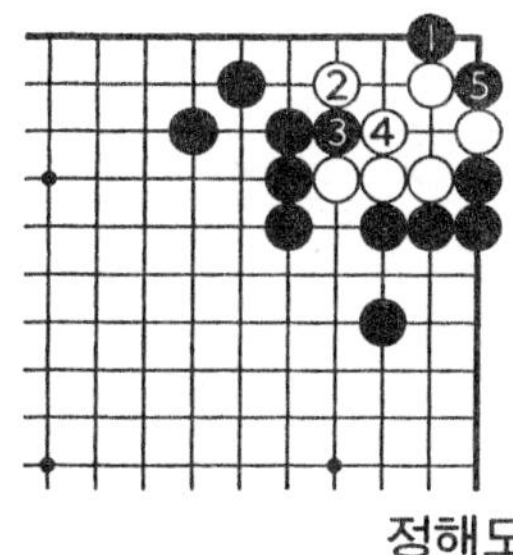

정해도(패)

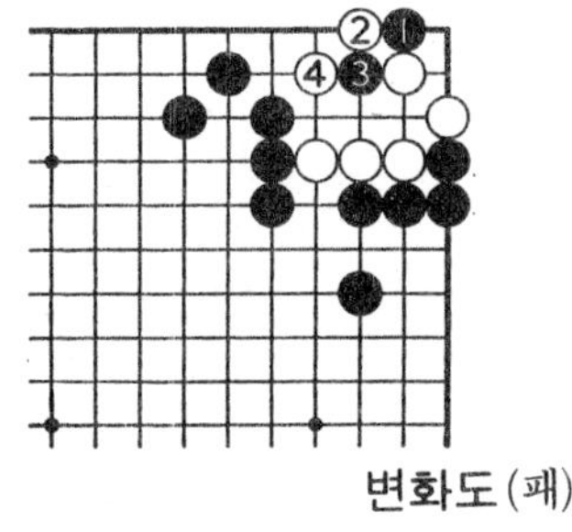

변화도(패)

〈제 4 형 2 도〉 정해도 흑 1 이 급소. 백 2 에는 흑 3 에서 5 까지 귀에서 패.

변화도 흑 1 에 백 2 는 흑 3, 백 4 로 패.

3 도 흑선

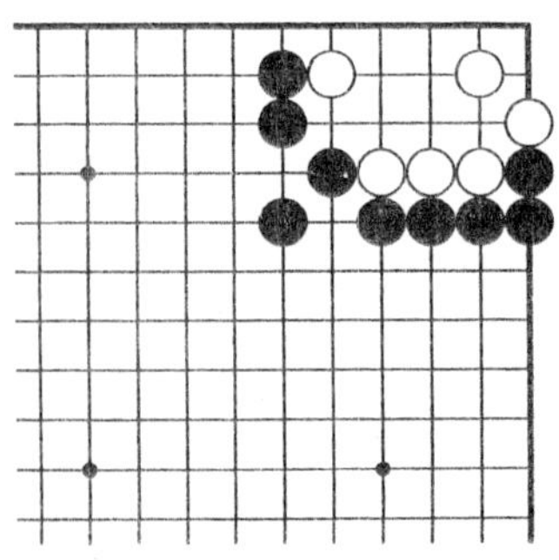

4 도 흑선

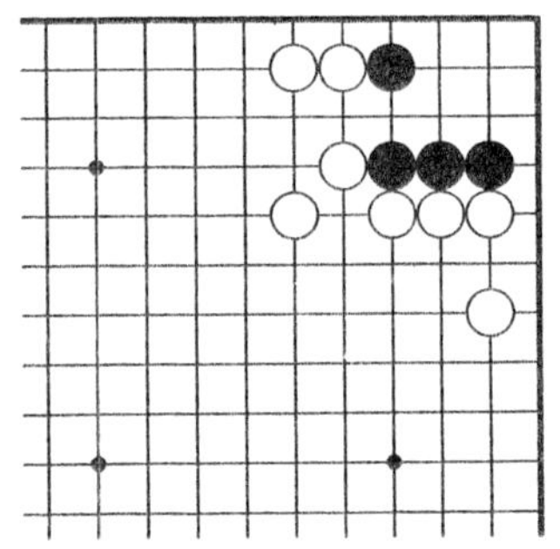

5 도 흑선

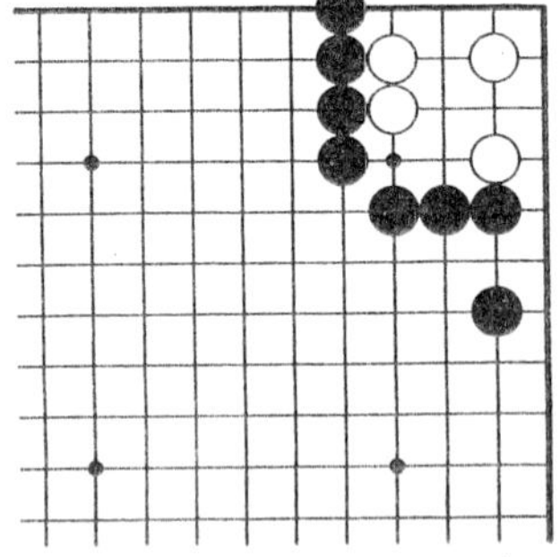

6 도 흑선

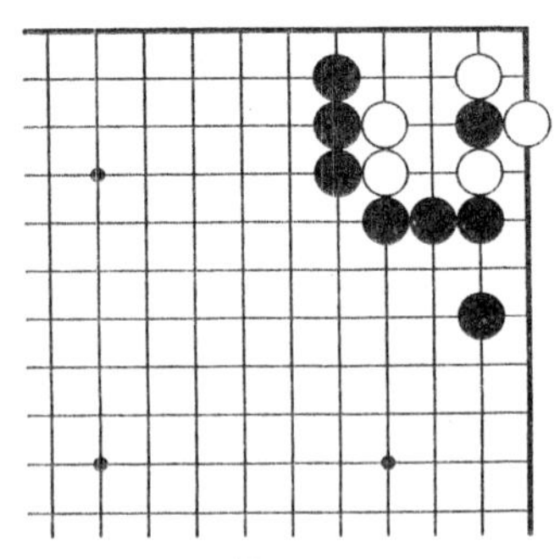

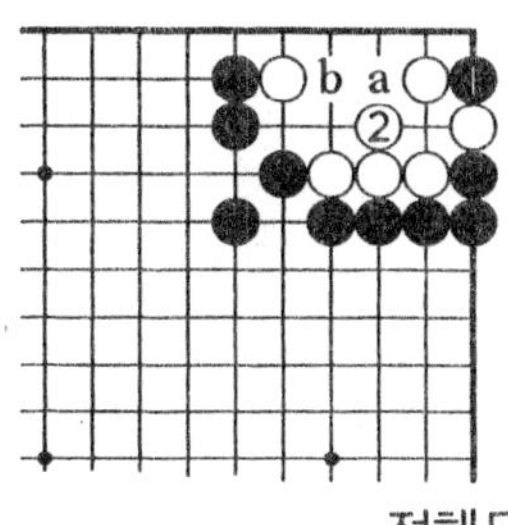

정해도(패)

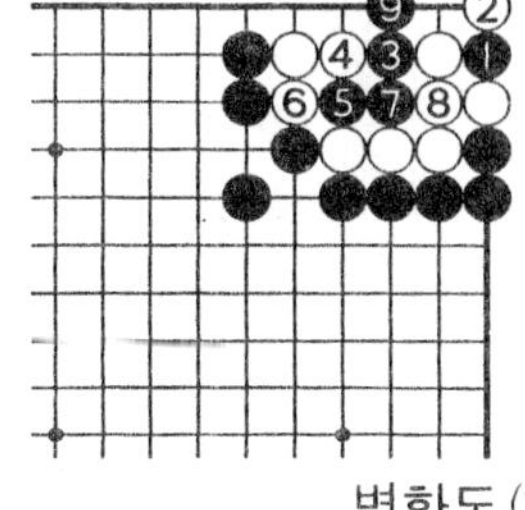

변화도(백사)

〈제 4 형 3 도〉 정해도 흑 1 이 묘수. 백은 패로 응수한다. 흑 1 로 a 는 백b 이하로 산다.

변화도 백 2 는 응수 착오. 이하 9 까지 백사.

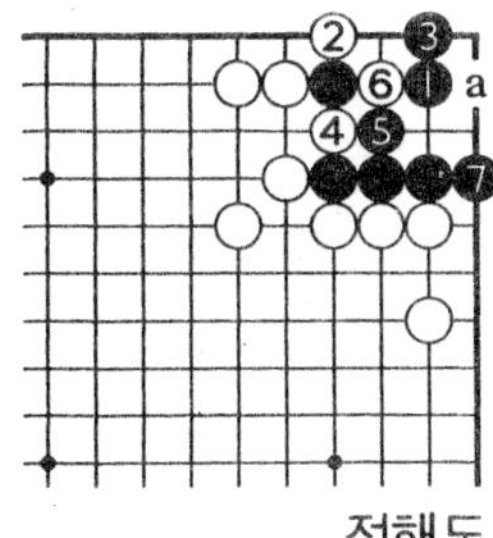

정해도(흑활)

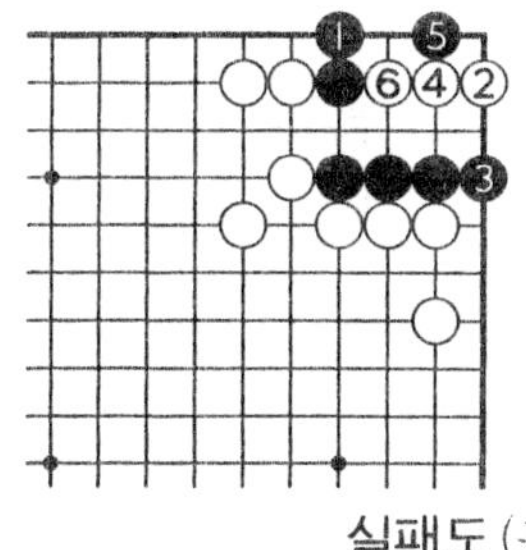

실패도(흑사)

〈제 4 형 4 도〉 정해도 흑1,3이 요착. 흑 1 로 3 은 백 7, 흑 a, 백 6 까지 패.

실패도 흑 1 은 악수. 백 2 에서 6 까지 흑사.

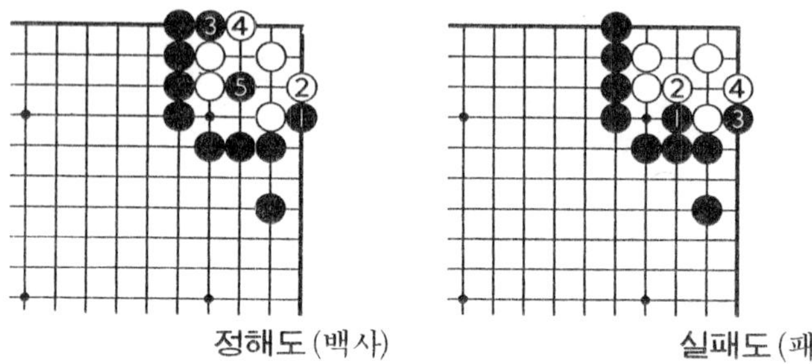

정해도(백사)　　　　실패도(패)

〈제 4 형 5 도〉 정해도 흑 1 에서 5 까지의 수순이 모양의 허술함을 찌른 자충.

실패도 흑1,3 은 패.

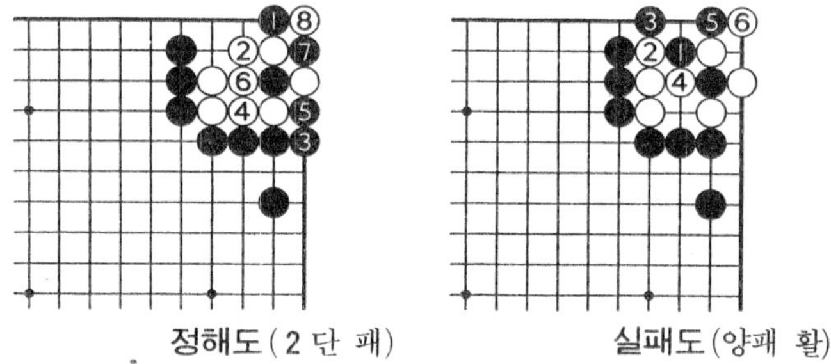

정해도(2 단 패)　　　　실패도(양패 활)

〈제 4 형 6 도〉 정해도 흑 1 이 급소. 백 2 에는 흑 3 이 호수. 결과는 흑 7 까지 2 단 패.

실패도 흑 1 에서 5 는 공략착오.

7 도 흑선

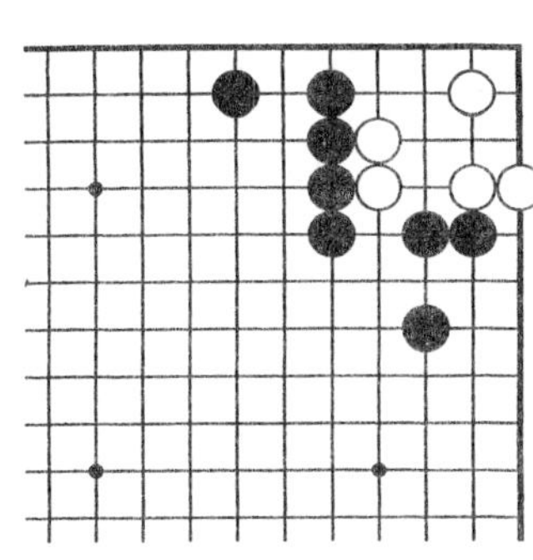

8 도 흑선

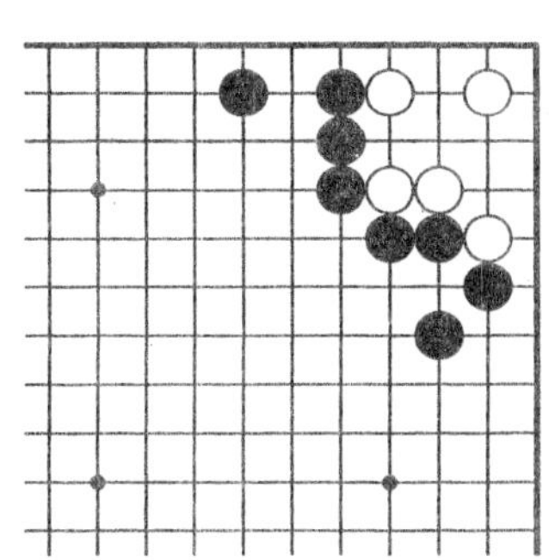

9 도 흑선

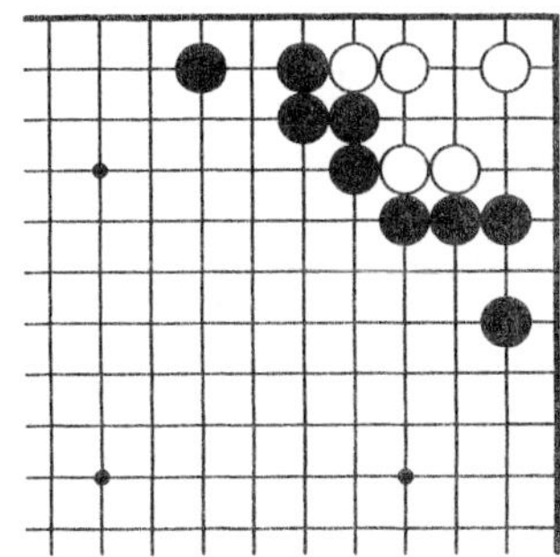

10도 사는 모양

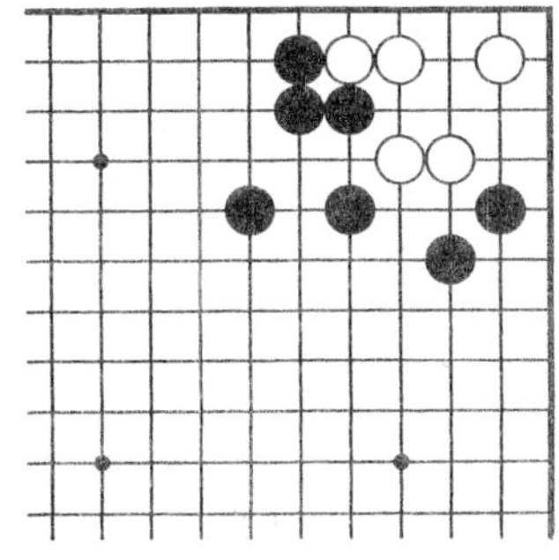

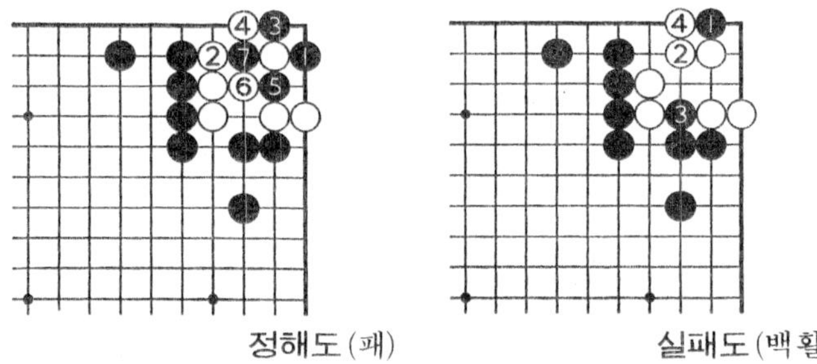

정해도 (패)　　　　　실패도 (백 활)

〈제 4 형 7 도〉 정해도 흑 1 이 급소. 이하 7 까지 쌍방 최강의 응접. 패가 난다.

실패도 흑 1 은 수순 나쁘다. 백2,4로 산다.

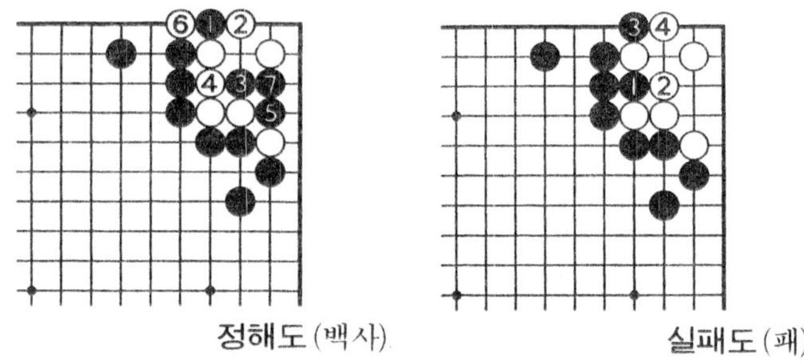

정해도 (백사)　　　　　실패도 (패)

〈제 4 형 8 도〉 정해도 흑1,3이 호 수순. 흑 7 까지 백은 활로가 없다.

실패도 흑1,3 은 패가 난다.

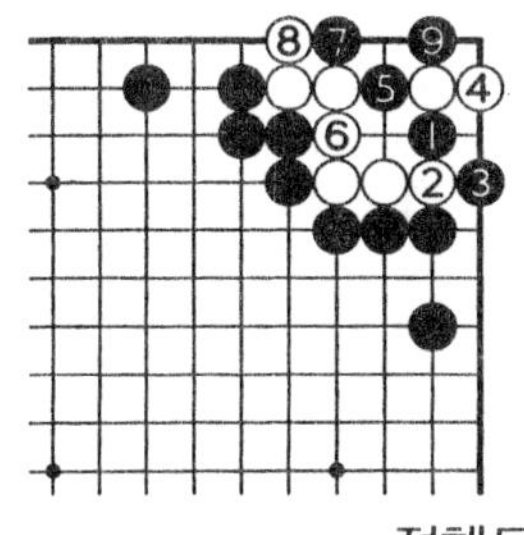

정해도 (패)

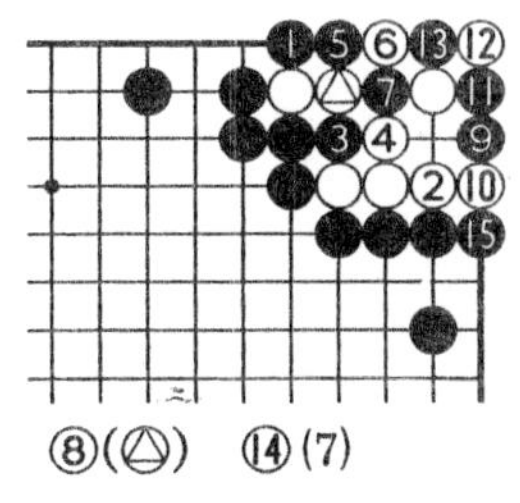

실패도 (늘어진 패)

〈제 4 형 9 도〉 **정해도** 흑 5 가 교묘한 수. 흑 1 로 4 는 백 1 로 산다. 참조=동형10도.

실패도 흑 1 에서 15까지 늘어진 패가 난다.

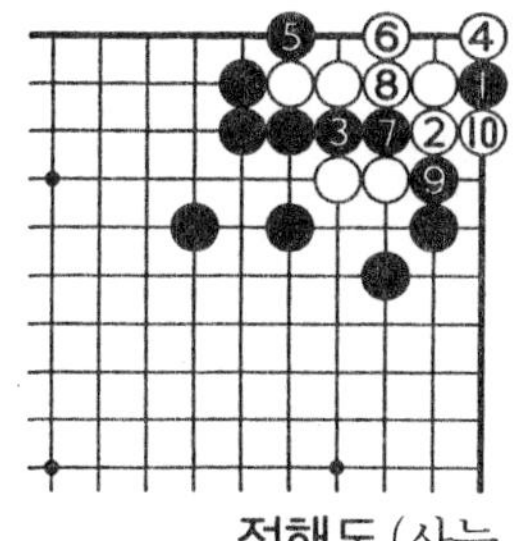

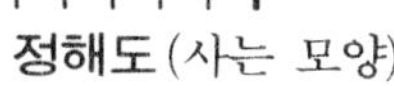

정해도 (사는 모양)

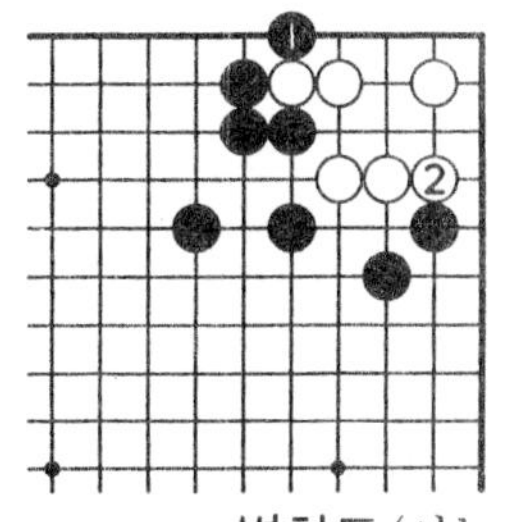

변화도 (사는 모양)

〈제 4 형10도〉 **정해도** 흑 1 에는 백 2 에서 10까지의 응접. 백은 사는 모양.

변화도 흑 1 의 젖힘은 백 2 로 산다. 참조=동형 9 도.

*11도 흑선

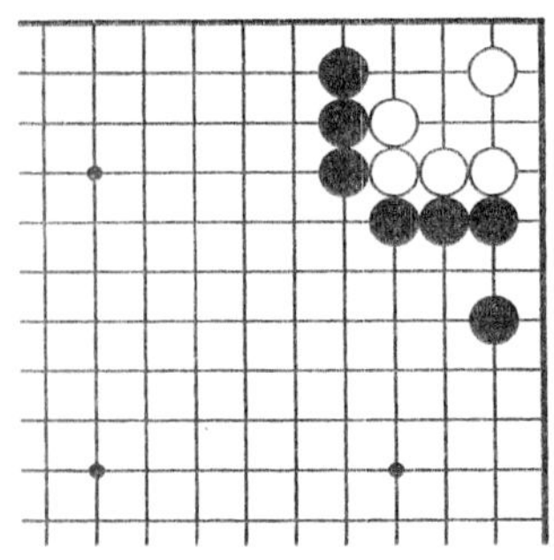

*12도 흑선

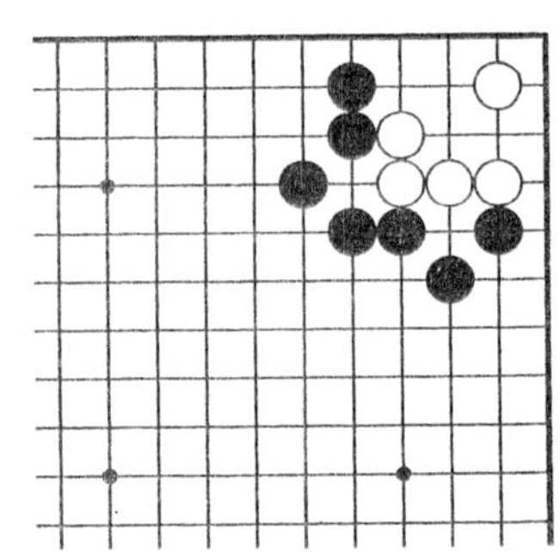

*13도 사는 모양

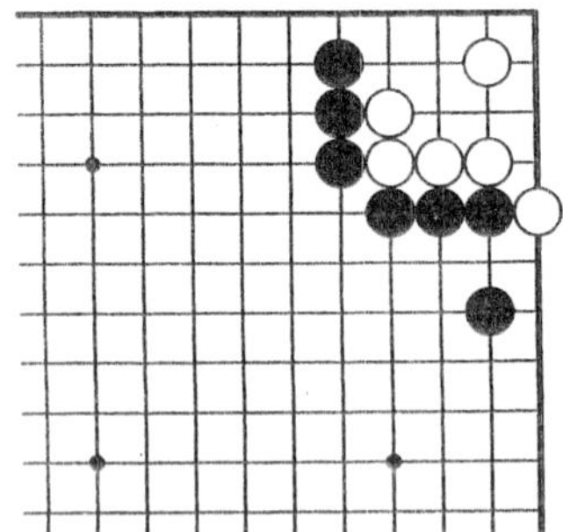

*14도 흑선

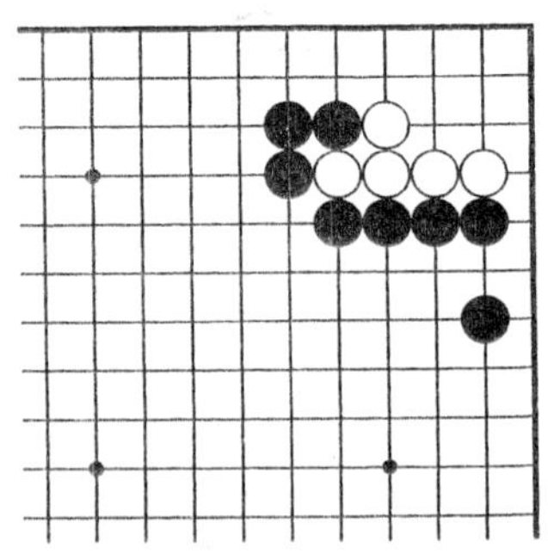

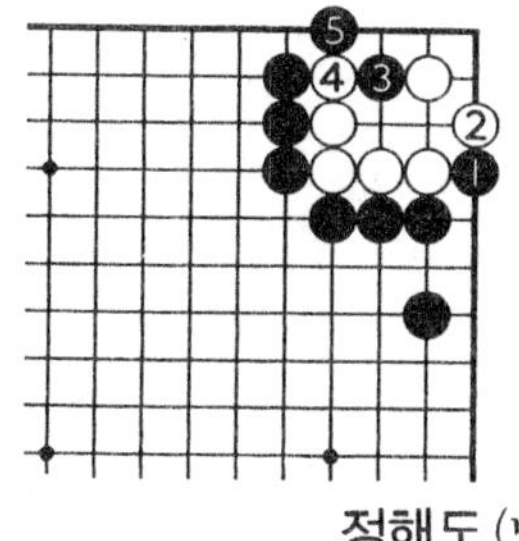
정해도(백사)

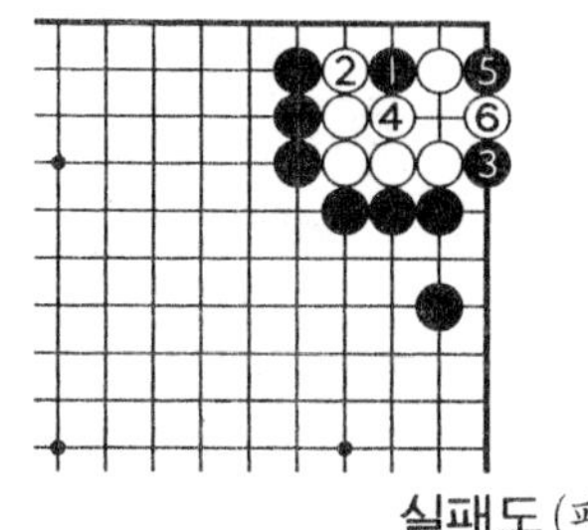
실패도(패)

〈제 4 형11도〉 **정해도** 흑1,3의 수순이 중요. 흑 5 로 백사. 참조=동형12도. 13도. 26형 5 도.

실패도 흑 1 은 수순착오. 백 4 가 호수.

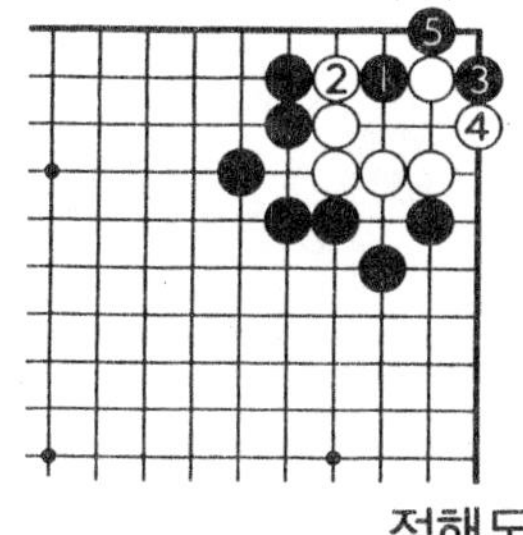

정해도(패)

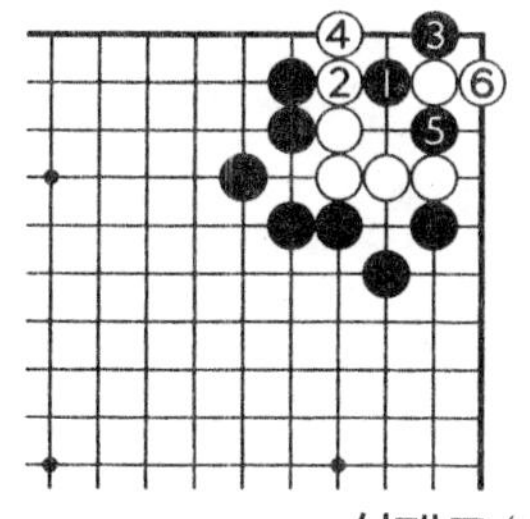
실패도(백활)

〈제 4 형12도〉 흑1,3이 교묘. 백 4 까지 패의 응수가 최선. 참조=동형11도.

실패도 흑 3 은 악수. 백4,6으로 산다.

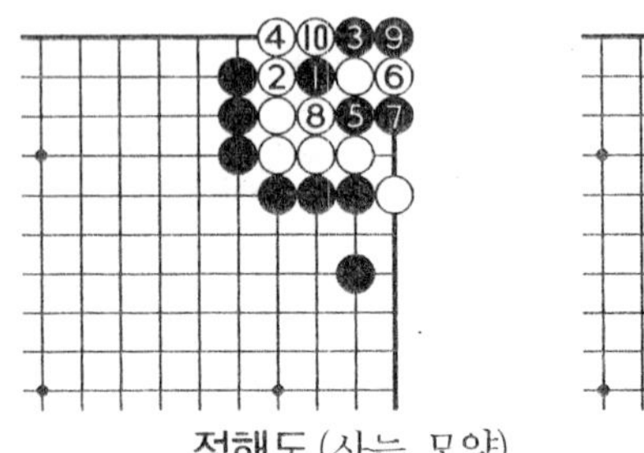

정해도(사는 모양)

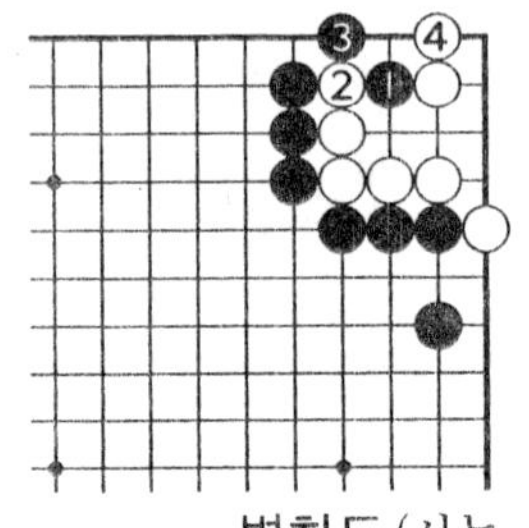

변화도(사는 모양)

〈제 4 형13도〉 정해도 흑 1 에는 백 2 에서 10까지 응접으로 산다. 참조=동형11도, 제26형19도.

변화도 백 2 에 흑 3 은 백 4 로 산다.

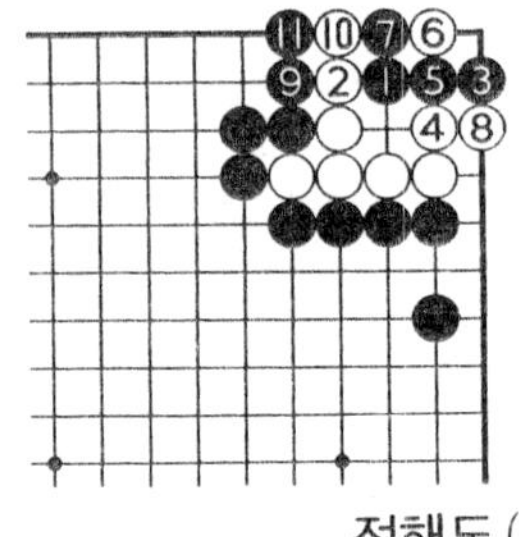

정해도(백사)

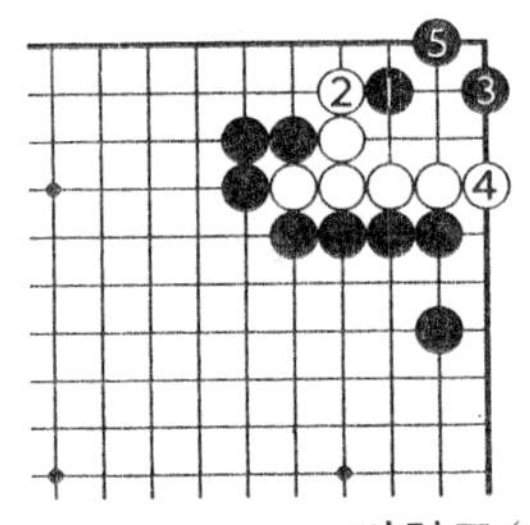

변화도(백사)

〈제 4 형14도〉 정해도 흑1,3이 수순. 백은 사는 수 없다. 참조=동형18도, 제26형13도.

변화도 흑 3 에 백 4 는 흑 5 로 백사.

*15도 사는 모양

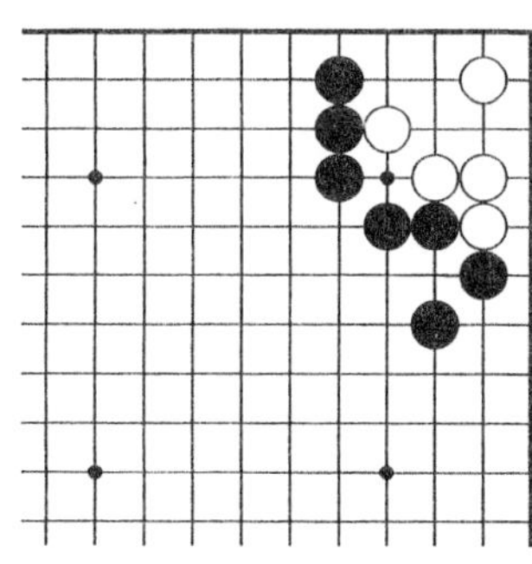

*16도 흑선

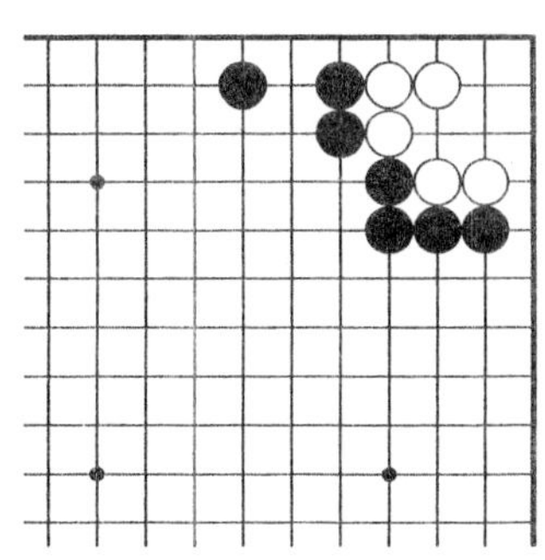

*17도 사는 모양

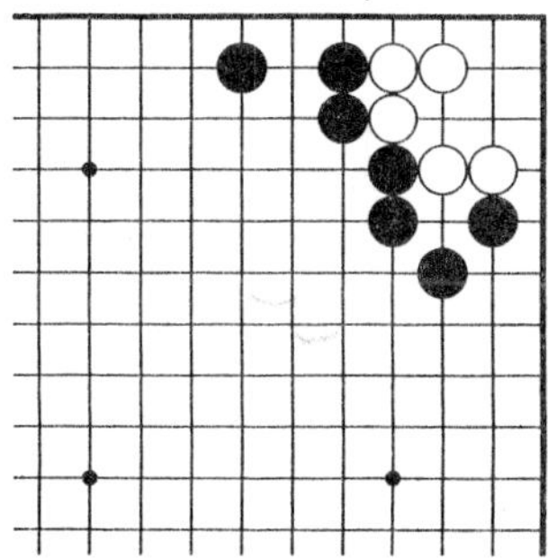

18도 흑선

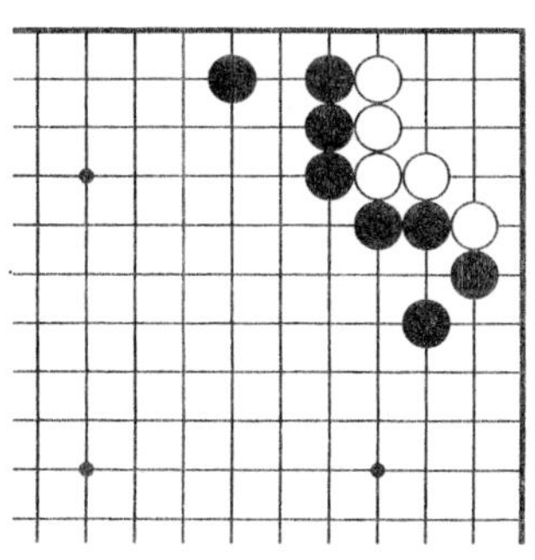

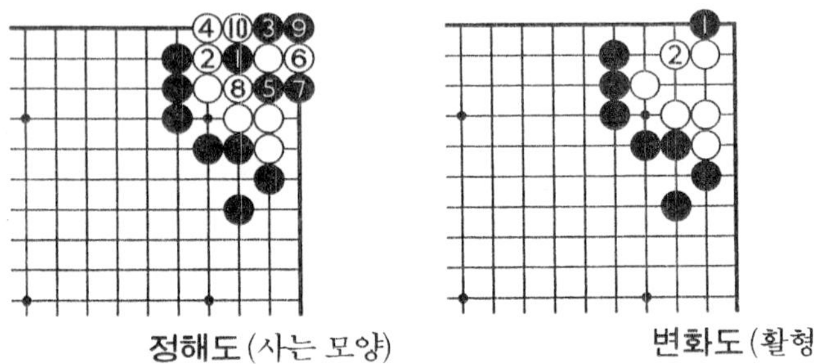

정해도 (사는 모양) 변화도 (활형)

〈제 4 형15도〉 정해도 흑1 에는 백 2 이하 10까지 응접. 백의 사는 모양.

변화도 흑 1 에는 백 2 가 요착. 사는 모양.

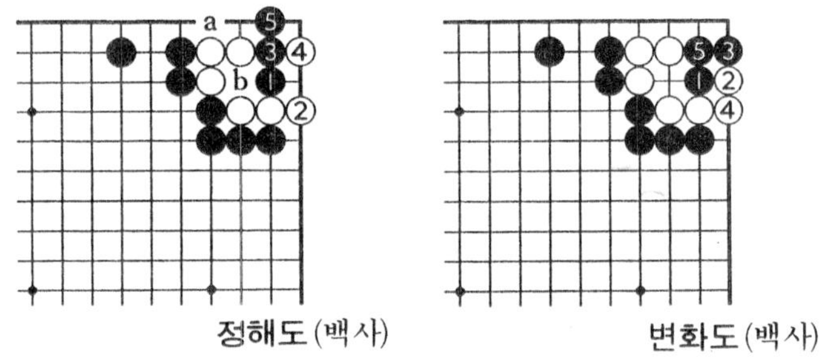

정해도 (백사) 변화도 (백사)

〈제 4 형16도〉 정해도 흑 1 에서 5 까지 백사. 백 4 로 5 는 흑 4, 백a, 흑b로 백사. 참조=동형17도.

변화도 흑 1 에 백 2 는 흑3,5로 백사.

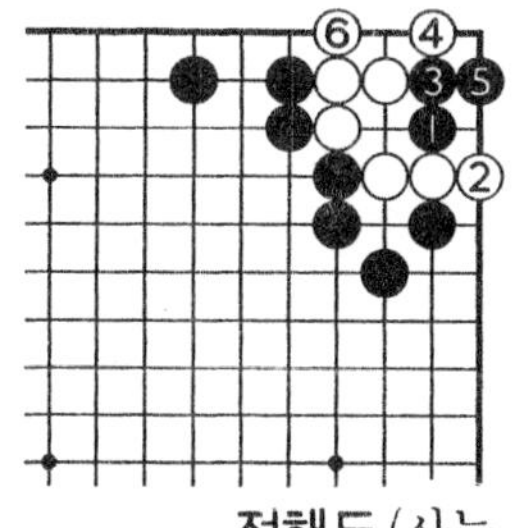

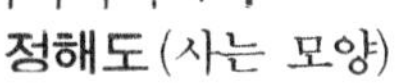

정해도(사는 모양)

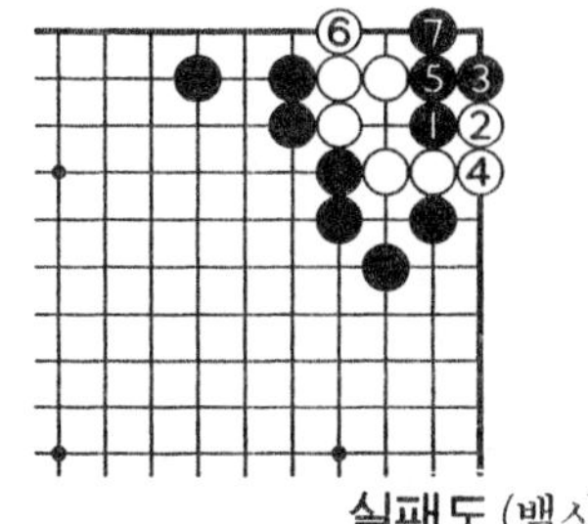

실패도(백사)

〈제 4 형17도〉 **정해도** 흑 1 에는 백 2 가 요착. 백 6 까지 사는 모양. 참조=동형16도. 제26형11도.

실패도 백 2 는 응수착오. 흑 7 까지 백사.

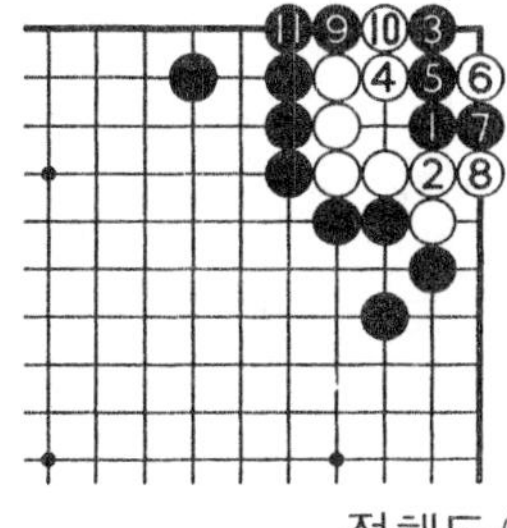

정해도(백사)

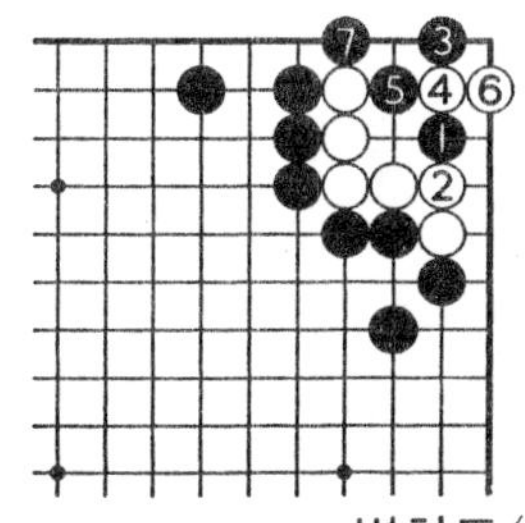

변화도(백사)

〈제 4 형18도〉 **정해도** 흑1,3의 맥으로 공략한다. 참조=동형14도, 제28형19도.

변화도 흑 3 에 4 는 흑5,7로 백사.

19도 흑선

20도 흑선

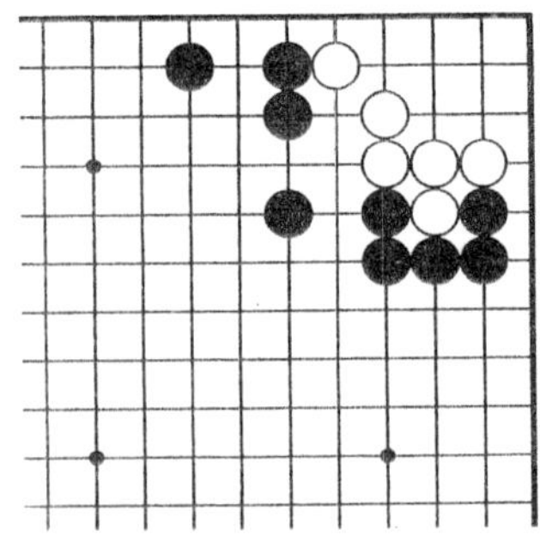

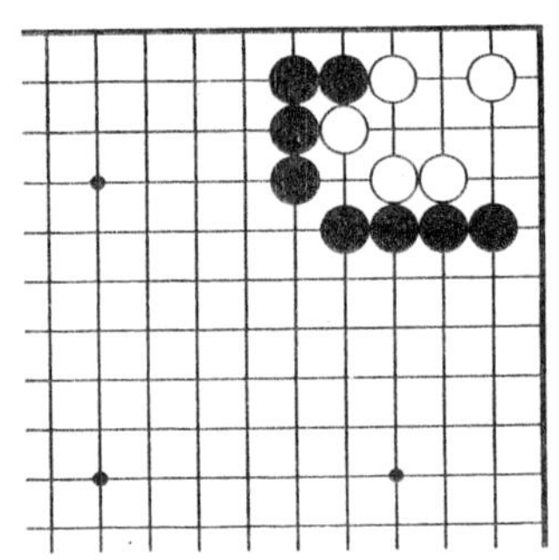

＊21도 흑선

22도 흑선

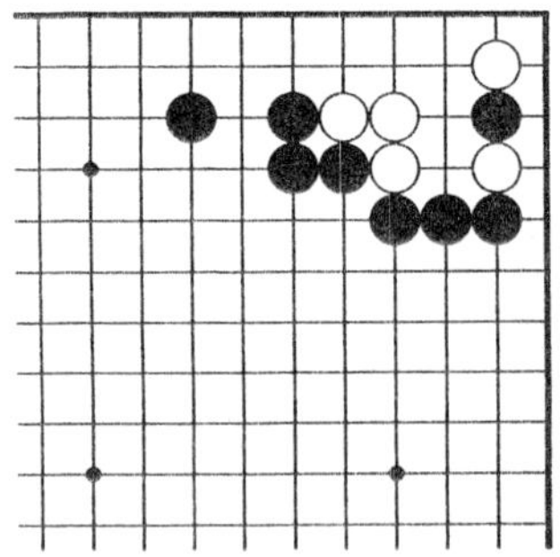

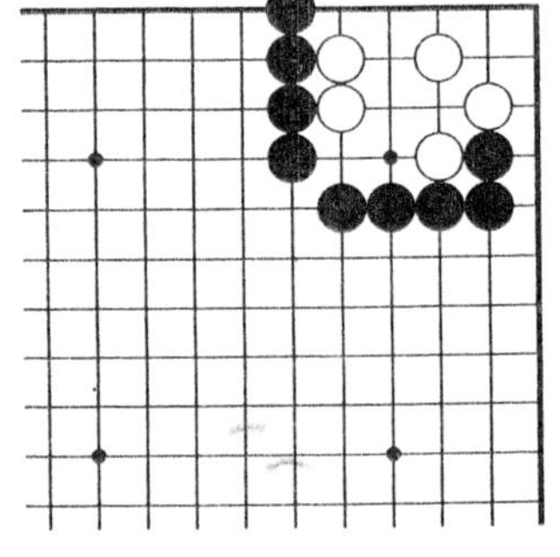

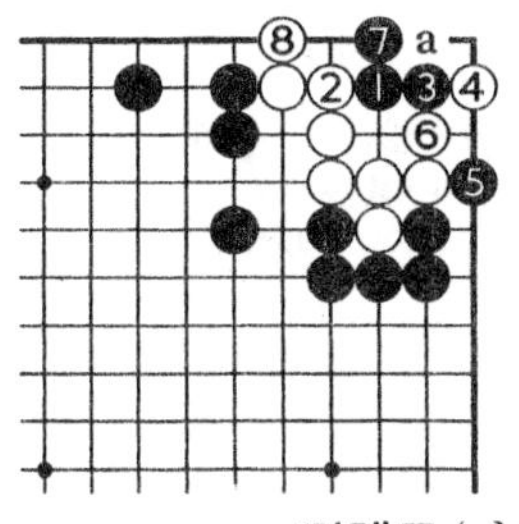

정해도(만년패)

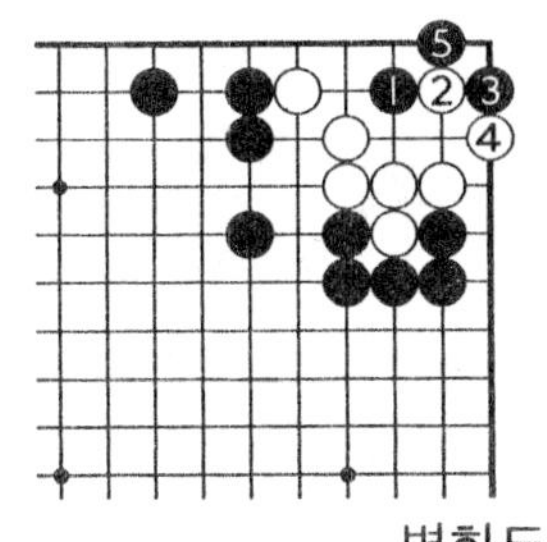

변화도(패)

〈제 4 형19도〉 정해도 백 2 로 8 은 흑 4,백 6,흑 3,백a,흑 7로 백사. 참조=제17형 6 도.

변화도 흑 1 에 백 2 는 흑3,5의 패.

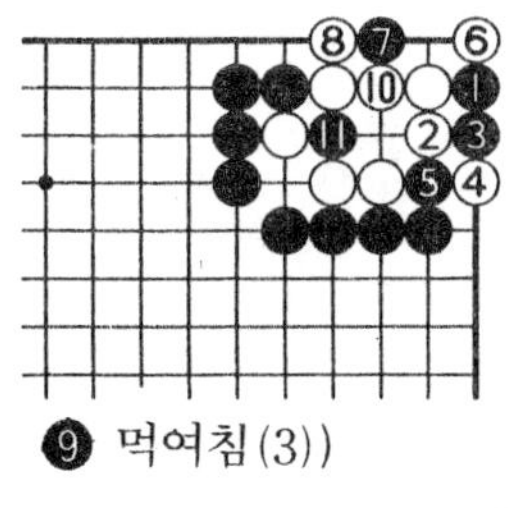

9 먹여침(3))

성해도(백사)

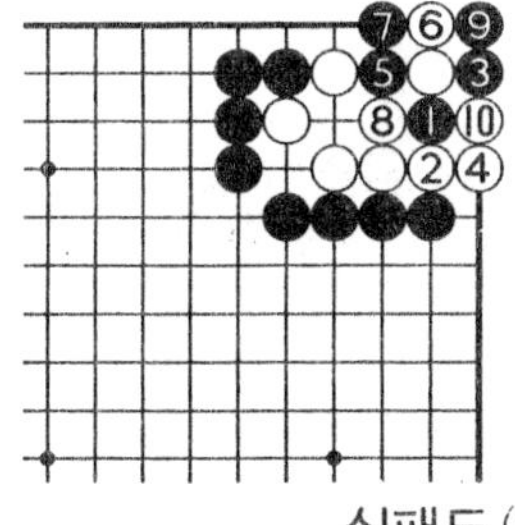

실패도(백활)

〈제 4 형20도〉 정해도 흑 1 이 급소. 백 2 에는 흑 3 에서 11까지 수순으로 눈을 빼앗는다.

실패도 흑 1 이하는 백10까지 무리.

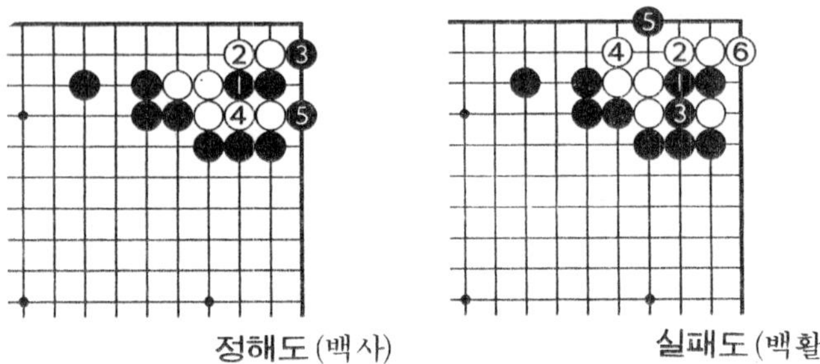

정해도 (백사)　　　　실패도 (백활)

〈제 4 형21도〉 **정해도** 흑 1 에서 5 까지 일련의 수순으로 공략한다. 흑 1 로 3 은 백 1,흑 5 로 패.

실패도 백 4 가 호수. 참조=제 8 형 9 도.

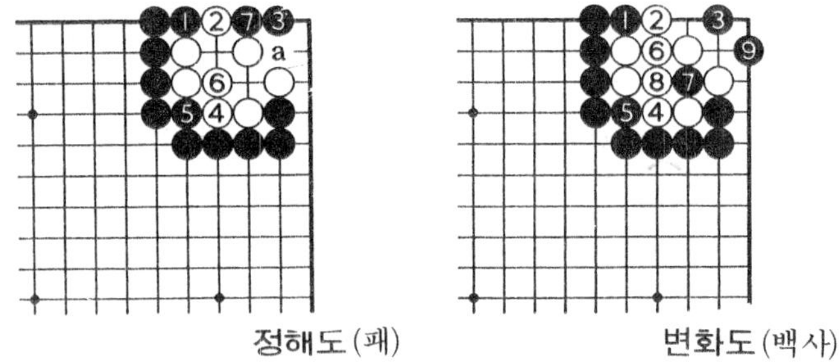

정해도 (패)　　　　변화도 (백사)

〈제 4 형22도〉 **정해도** 흑 7 다음 백a 로 본패. 백이 따면 늘어진 패.

변화도 흑 5 에 백 6 은 흑7,9로 백사.

*23도 사는 모양

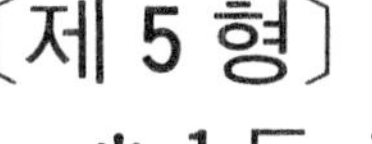

〔제 5 형〕

*1도 흑선

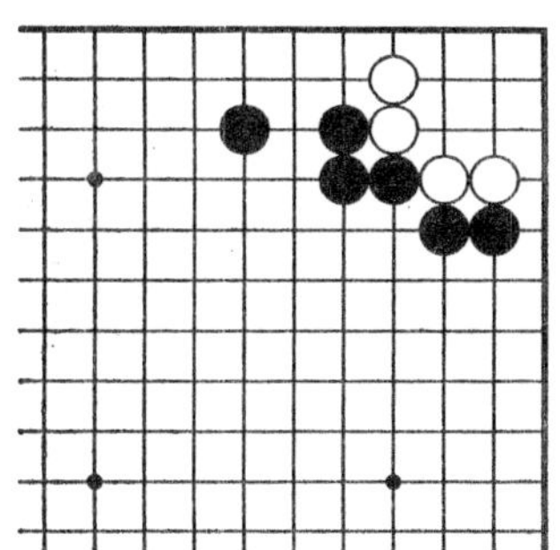

2도 흑선

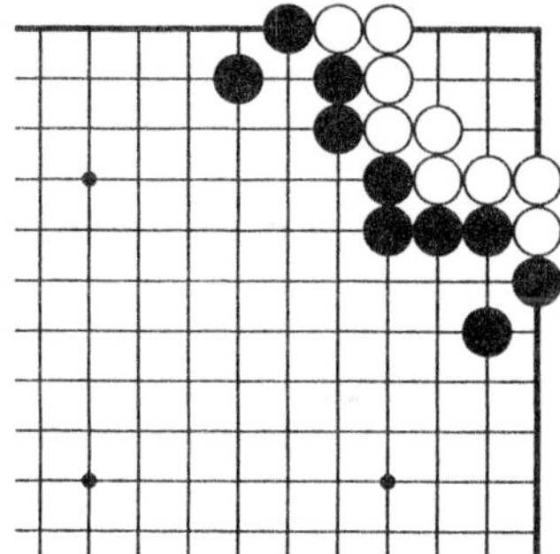

*3도 흑선

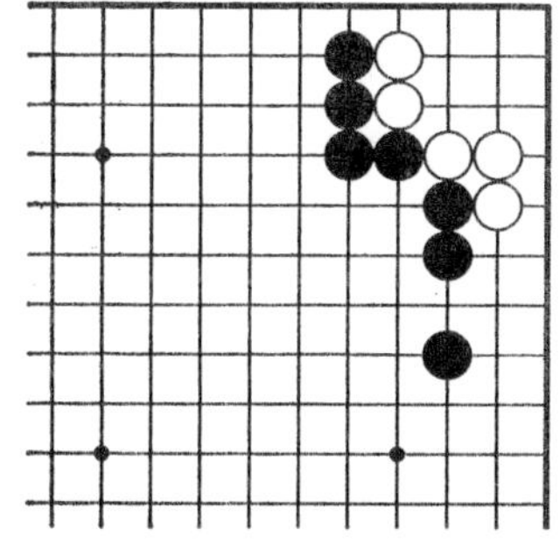

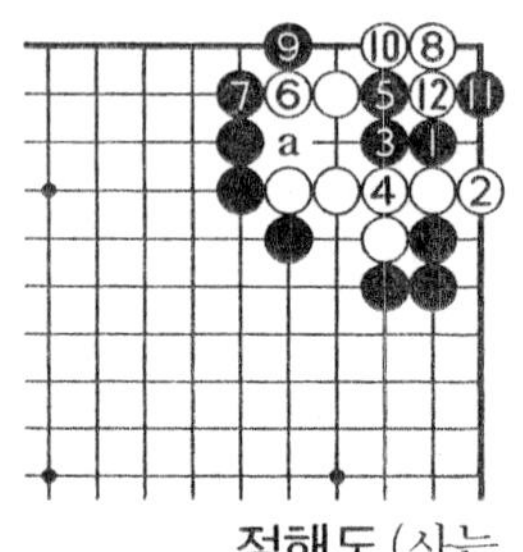

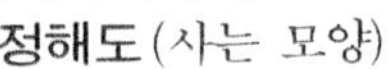
정해도(사는 모양)

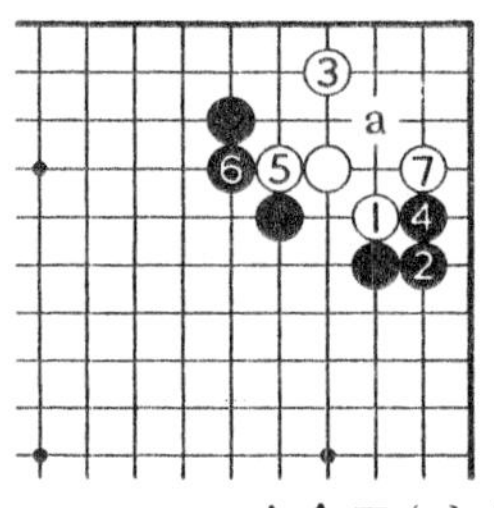

수순도(정석변화)

〈제 4 형23도〉 정해도 흑 5 로 6 은 백 5,흑12,백a,흑 7,백 8 로 사는 모양. 참조=제14형17도.

수순도 백 1 로 a 는 백의 불충분.

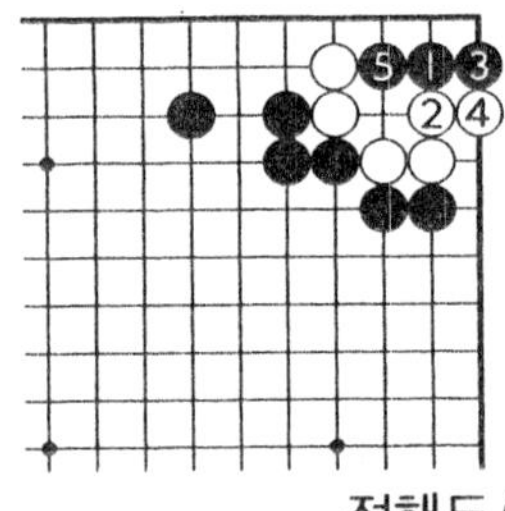

정해도(백사)

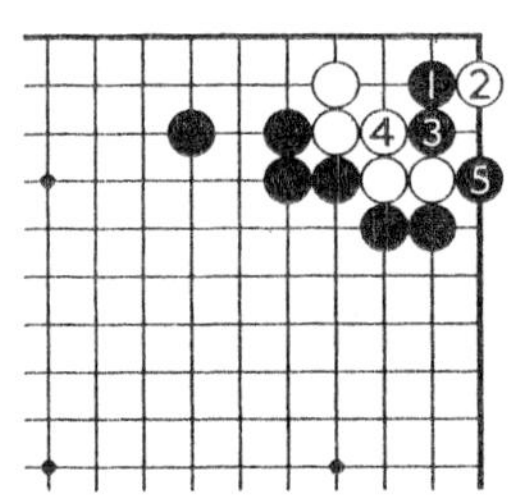

변화도(백사)

〈제 5 형 1 도〉 정해도 흑 1 이 급소. 백 2 에는 흑 3 에서 5 까지 백의 활로가 없다.

변화도 흑 1 에 백 2 는 흑3,5로 백사.

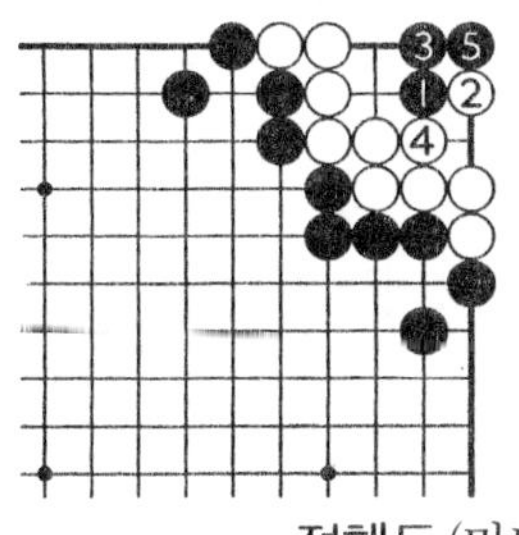

정해도(만년패)

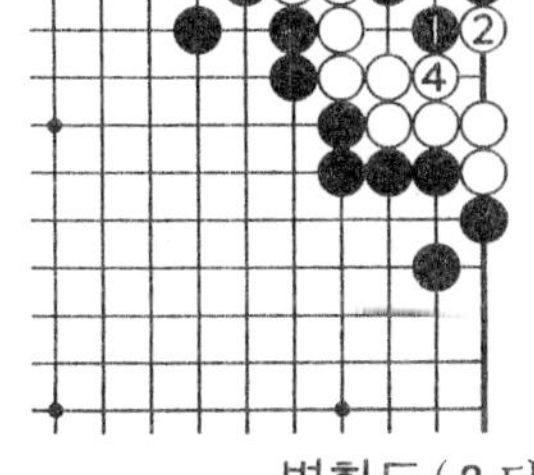

변화도(2 단 패)

〈제 5 형 2 도〉 정해도 흑 1 에서 5 까지 결과는 만년패. 최종적으로 빅이나 패.

변화도 흑3,5는 2 단 패

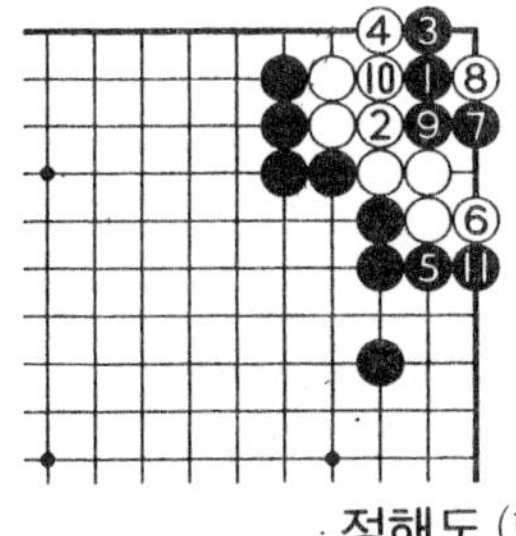

정해도(백사)

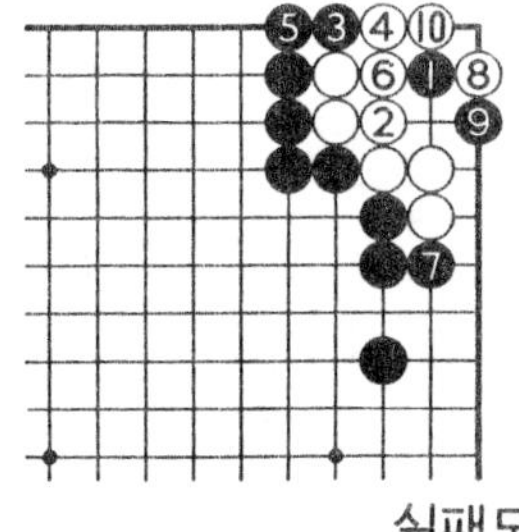

실패도(패)

〈제 5 형 3 도〉 정해도 흑 1 에서 11까지의 수순으로 자충의 형태. 흑 3 으로 5 는 백 3 으로 패.

실패도 흑 3 은 악수. 백10까지 패.

4도 흑선

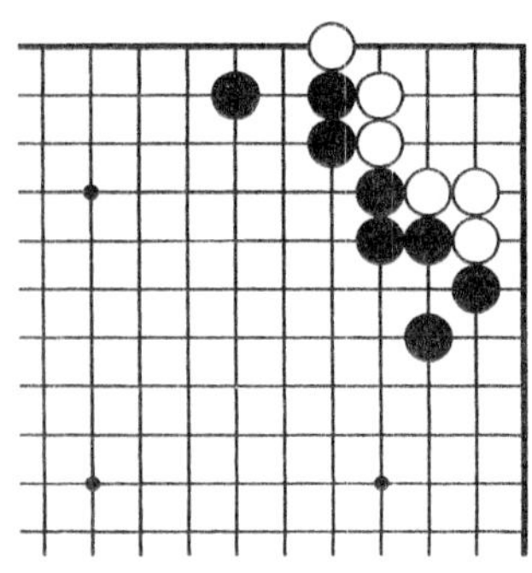

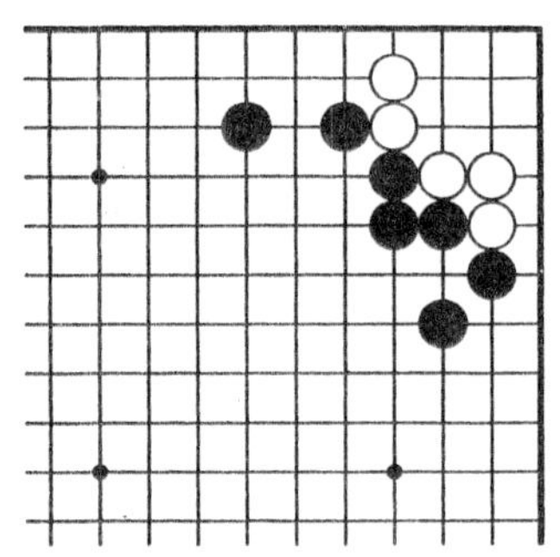

* 6도 흑선

7도 흑선

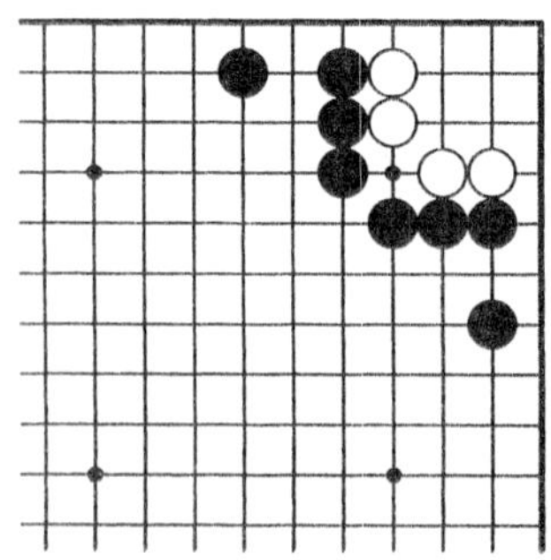

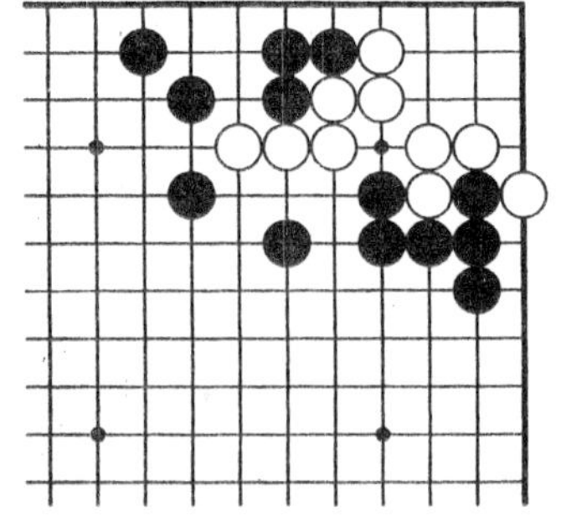

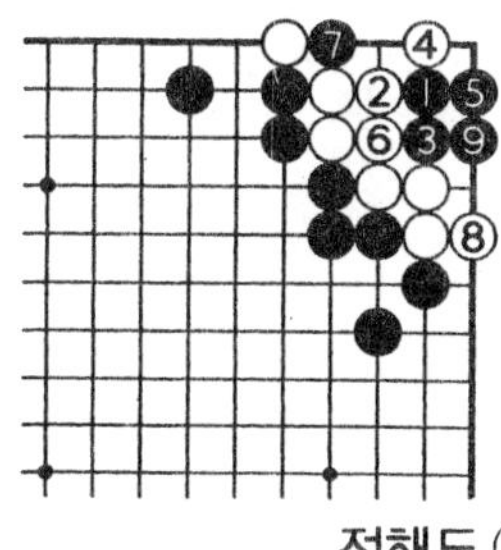

정해도(백사)

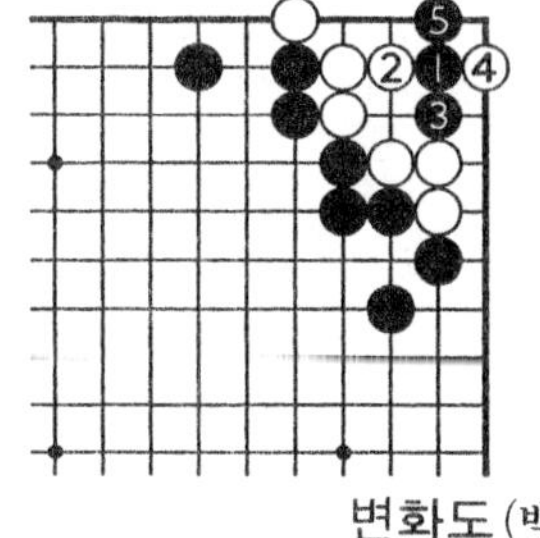

변화도(백사)

〈제 5 형 4 도〉 **정해도** 흑 1 이 급소. 백 2 에는 흑 3 에서 9 까지. 5궁의 형태.

변화도 흑 3 에 백 4 는 흑 5 로 백사.

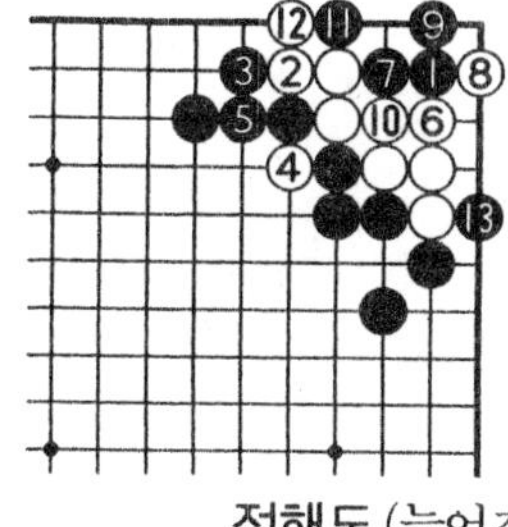

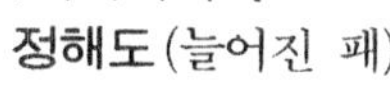

정해도(늘어진 패)

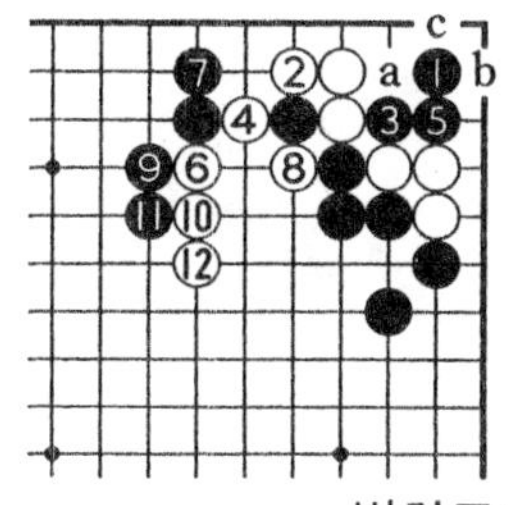

변화도(외부)

〈제 5 형 5 도〉 **정해도** 본도는 귀에서의 정석형. 시기가 문제. 흑 1 이하 13까지의 수단이 있다.

변화도 백 4 로 5 는 흑a, 백b, 흑c 로 본패.

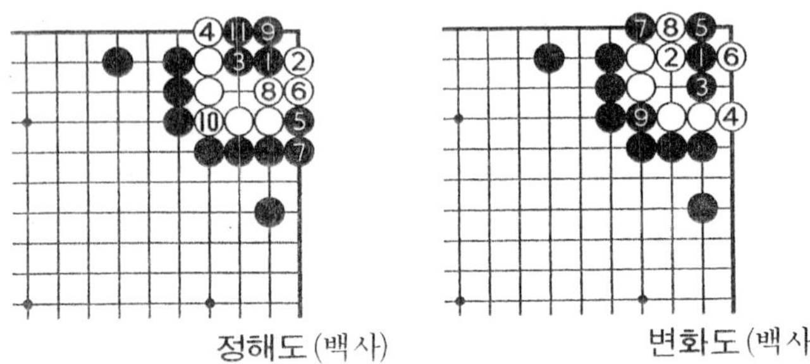

정해도(백사)　　변화도(백사)

〈제 5 형 6 도〉 정해도 흑 1 의 급소에서부터 11까지 움직여 백은 활로가 없다. 참조=동형15도.

변화도 흑 1 에 백 2 까지, 흑 3 에서 9 까지 백사.

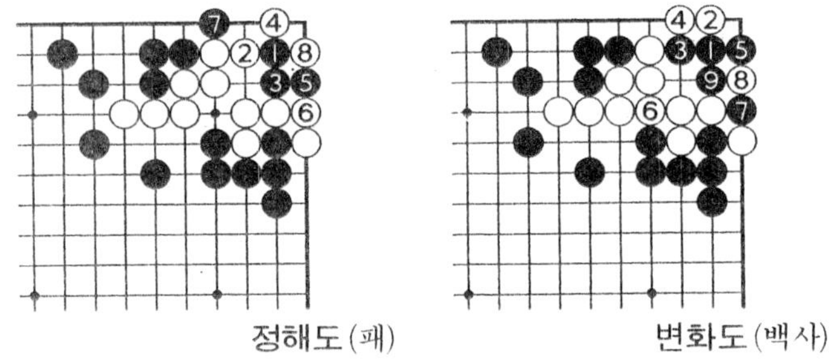

정해도(패)　　변화도(백사)

〈제 5 형 7 도〉 정해도 흑 1 에서 8 까지는 최선의 응접. 수순중 백 2 가 요착.

변화도 백 2 로 받음은 본도에서는 적합하지 않다.

8도 흑선

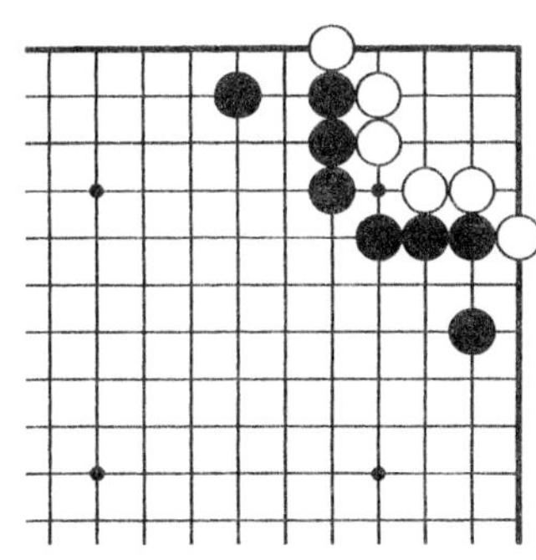

*9도 흑선

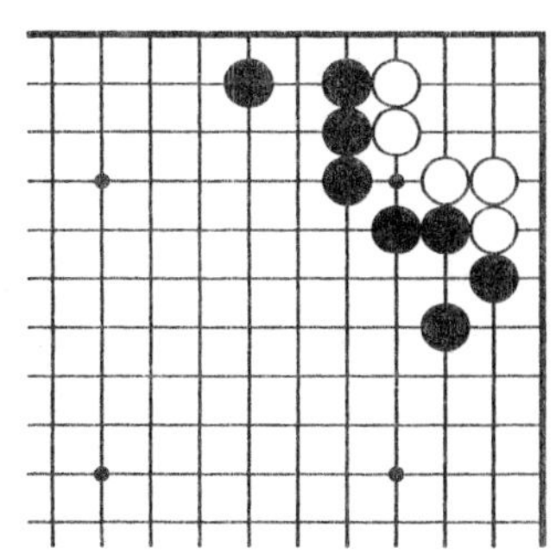

10도 흑선

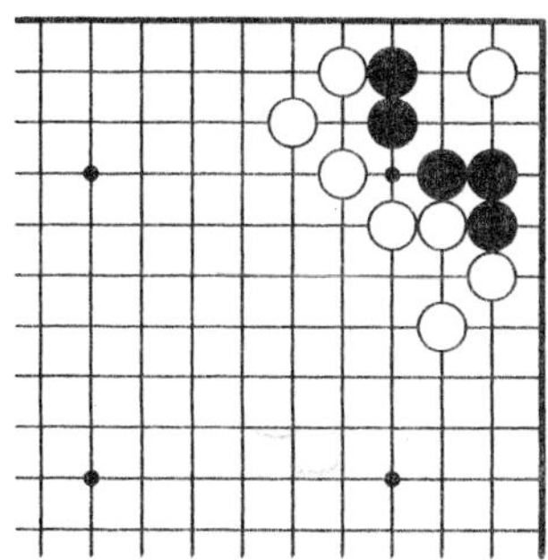

*11도 흑선

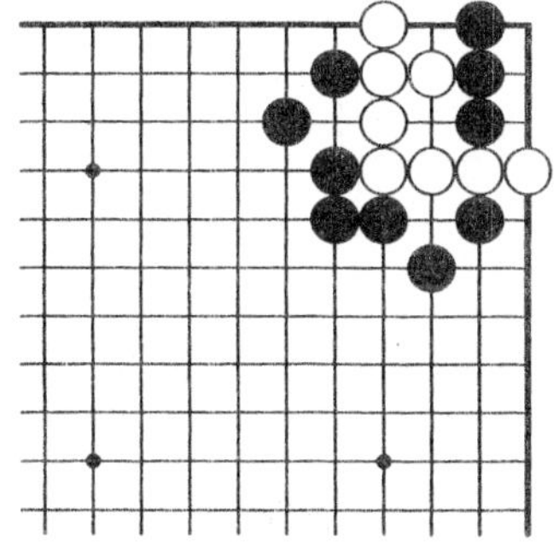

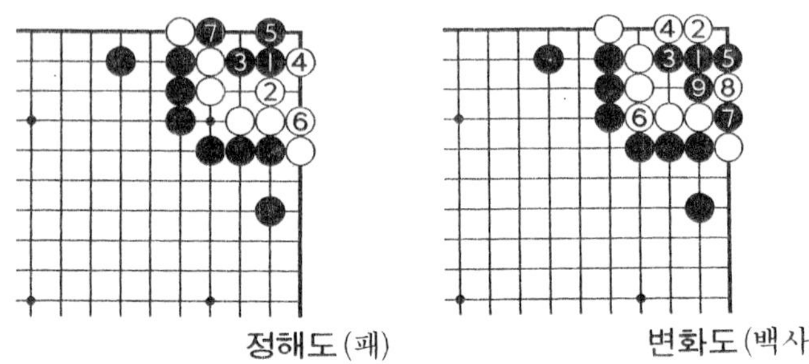

정해도(패)　　변화도(백사)

〈제 5 형 8 도〉 **정해도** 흑 1 이 급소. 백 2 는 최선의 응수. 결과는 흑 7 까지로 패가 난다.

변화도 백 2 의 받음은 본도에서는 적합하지가 않다.

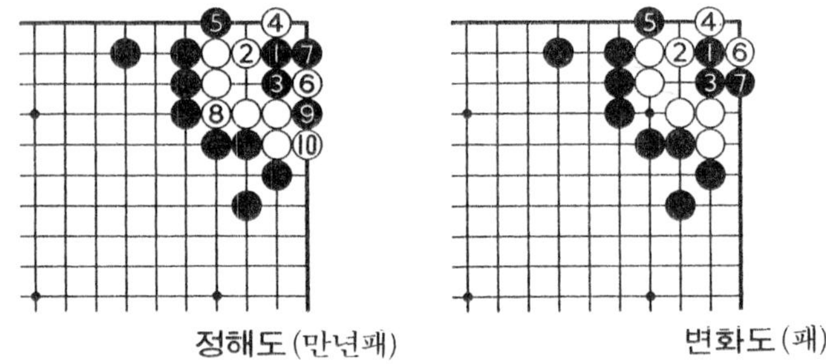

정해도(만년패)　　변화도(패)

〈제 5 형 9 도〉 **정해도** 흑 1 이하 10의 수순은 만년패. 최종적으로는 패나 빅.

변화도 백 6 은 응수착오.

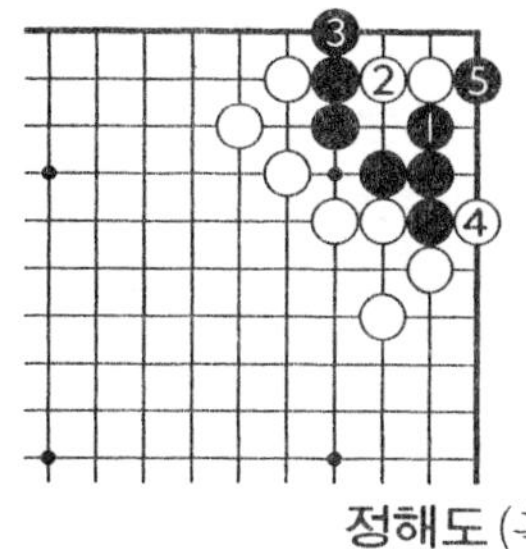
정해도(흑활)

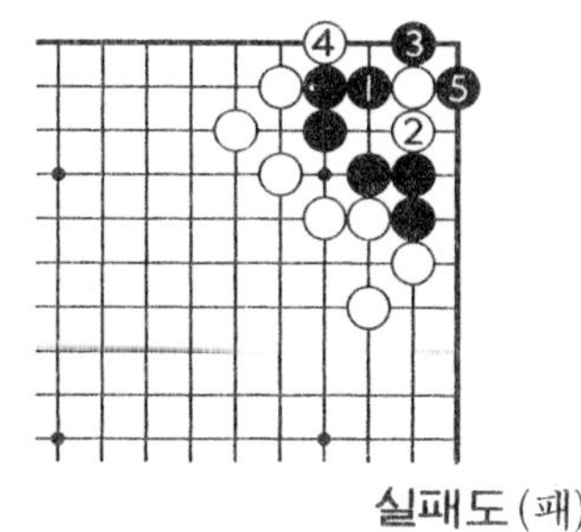
실패도(패)

〈제 5 형10도〉 정해도 흑 1 이 요착. 백 2 에는 흑3, 5로 두 눈을 없앰.

실패도 흑 1 은 악수. 패를 피할 수 없다.

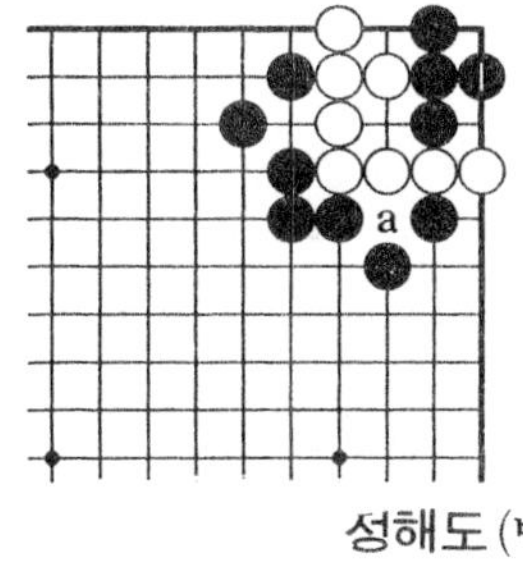

성해도(백사)

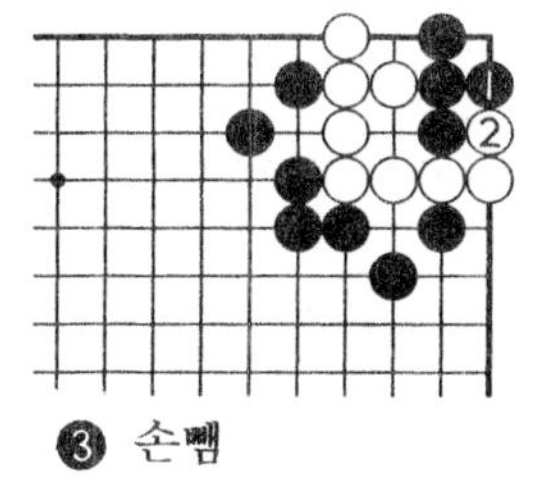
❸ 손뺌

참고도(백사)

〈제 5 형11도〉 정해도 흑 1 이 급소. 눈을 하나 확보한다. 흑 1 로 a는 백 1 로 빅.

참고도 백 2 는 효과 없음. 귀의 형은 변화없음.

＊12도 흑선

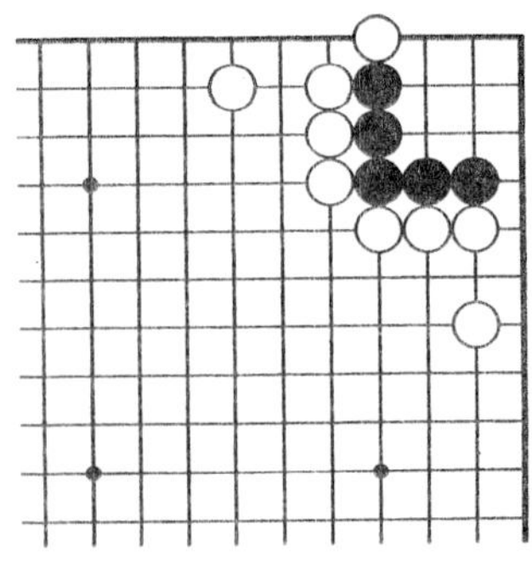

＊13도 흑선

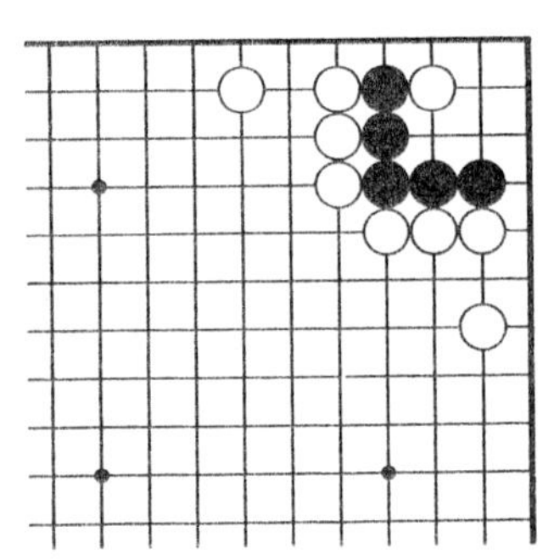

＊14도 흑선

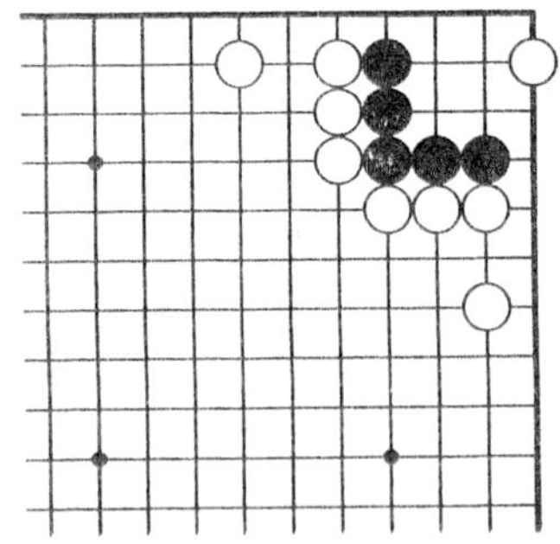

＊15도 흑선

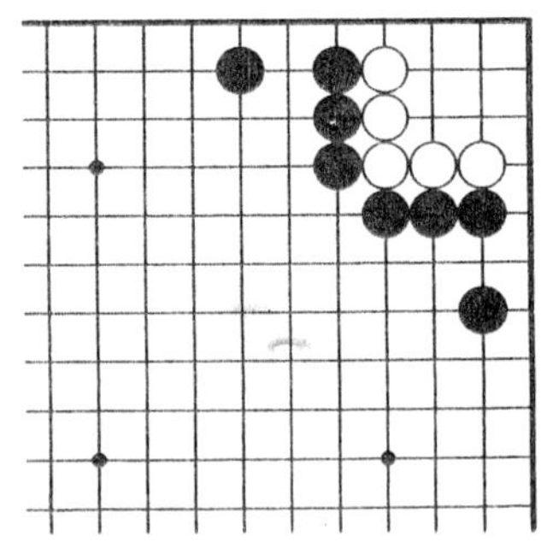

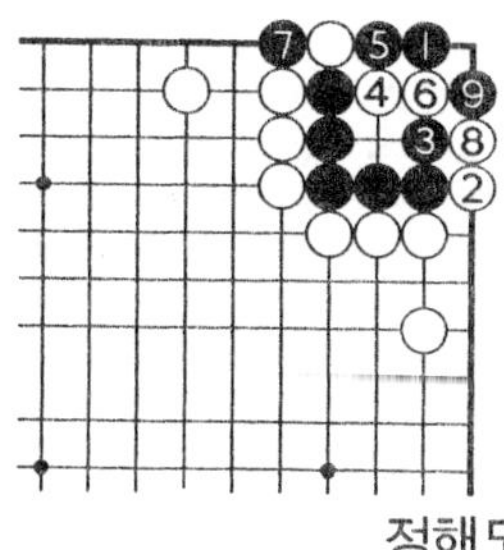
정해도(패)

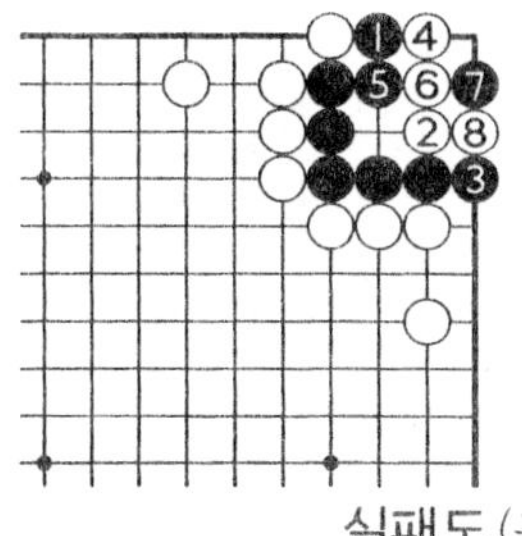
실패도(흑사)

〈제 5 형12도〉 정해도 흑 1 이 요착. 흑 1 로 4 는 백 3, 흑 9,백 8,흑 2,백 1 로 흑사. 참조=동형15도.

실패도 흑 1 은 악수. 백 2 에서 8 까지 흑사.

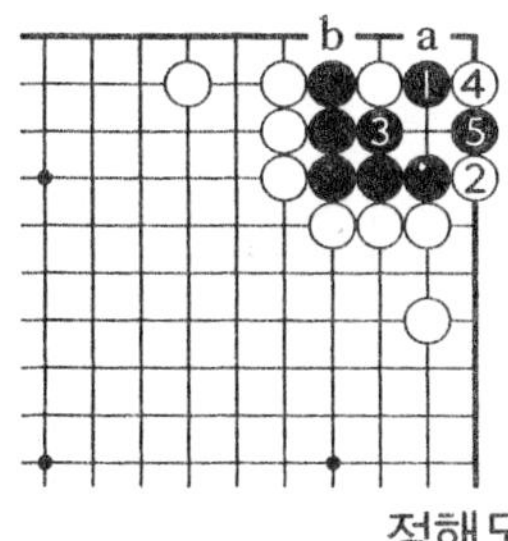

정해도(패)

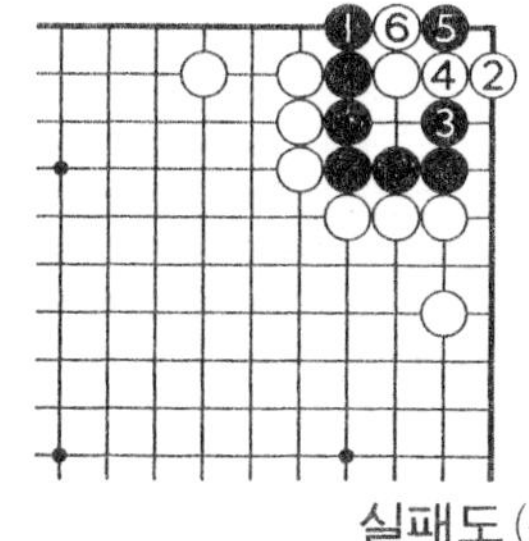
실패도(흑사)

〈제 5 형13도〉 정해도 흑 3 이 호수. 백 2 로 4 는 흑 5 로 패. 백 2 로 a 는 흑b 이하로 산다.

실패도 흑 1 은 악수. 백 2 에 대항수가 없다.

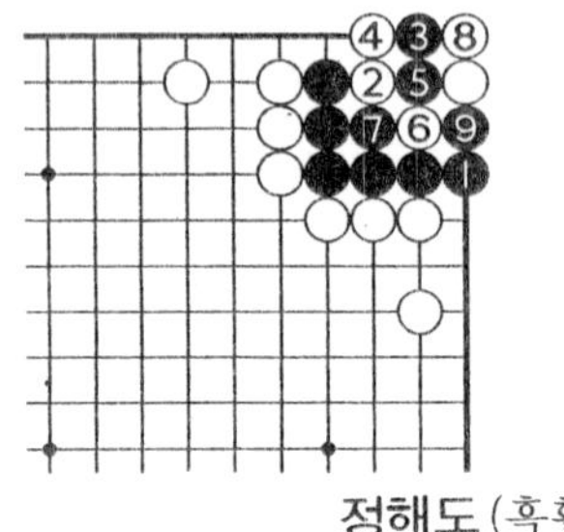

정해도 (흑활)

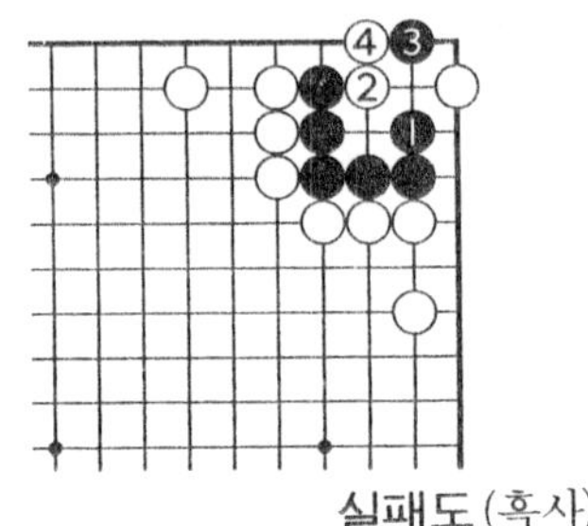

실패도 (흑사)

〈제 5 형14도〉 정해도 이 형은 흑 1 이 요착. 흑 9 까지 두 눈을 확보한다. 참조=동형15도.

실패도 흑 1 은 응수착오. 백2,4로 흑사.

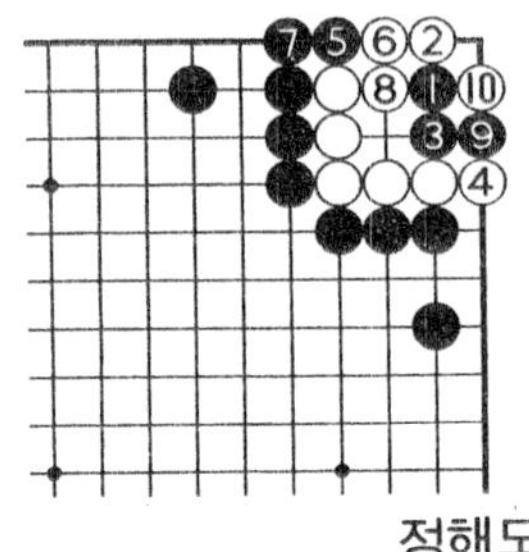

정해도 (패)

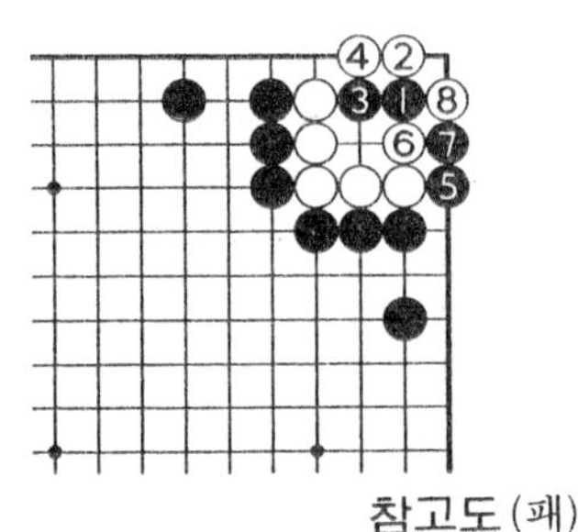

참고도 (패)

〈제 5 형15도〉 정해도 본도는 쌍방 최선의 응접. 백 2 로 8 은 흑 3 으로 백사. 참조=동형12도 이하.

참고도 본도의 패도 유력. 참조=동형16도.

*16도 흑선

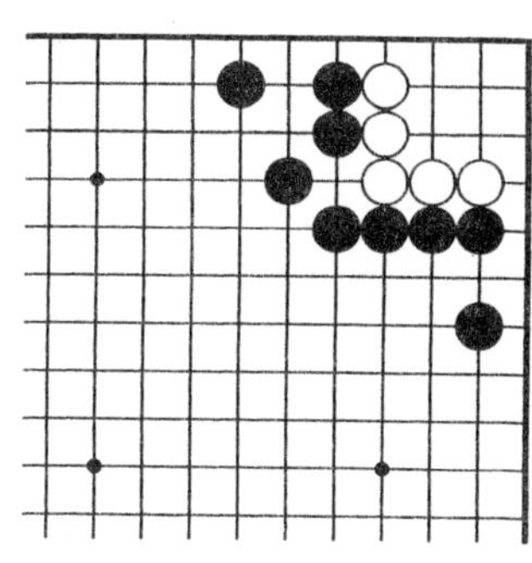

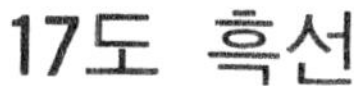

17도 흑선

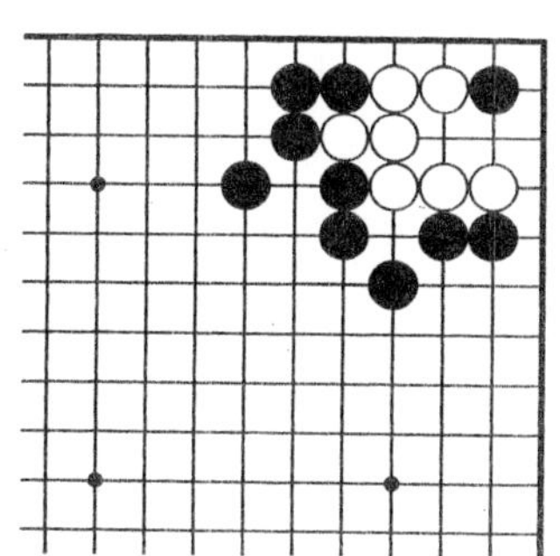

*18도 흑선

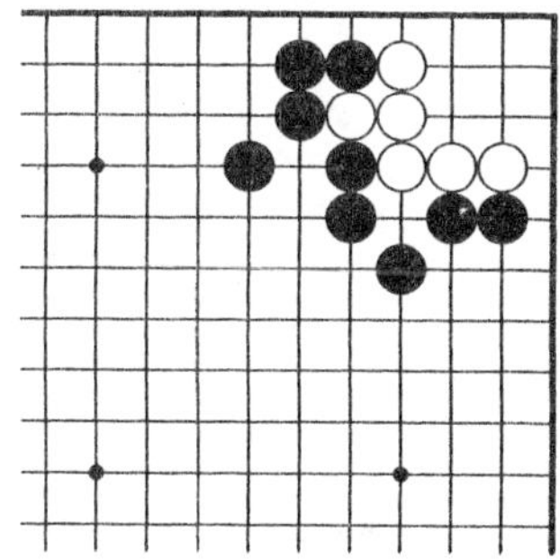

19도 흑선

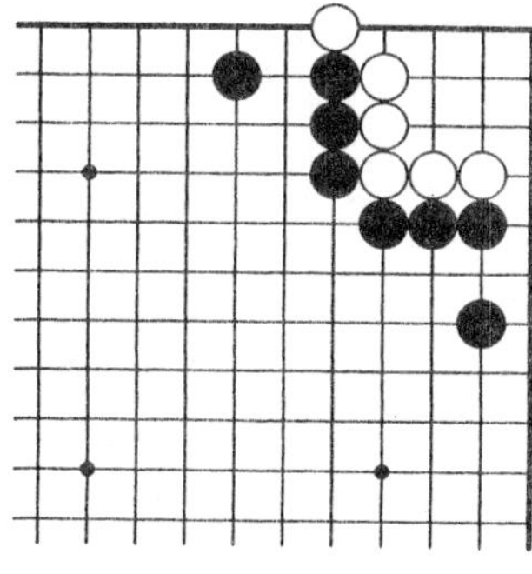

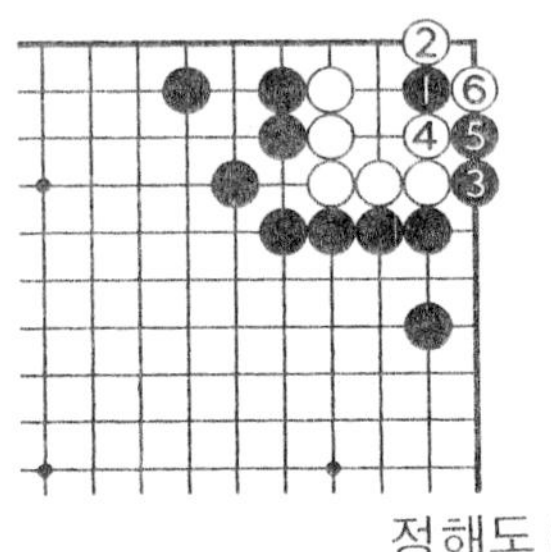

정해도(패)

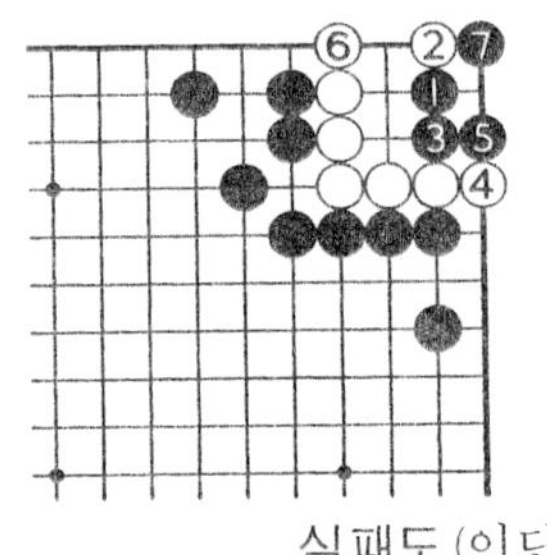

실패도(이단패)

〈제5형16도〉 **정해도** 흑1로 치중하면 백2로 받고, 흑3으로 젖히면 백4로 늘어놓아 결국 패가 만들어진다.

실패도 흑이 젖혀 두지 않고 3으로 늘어놓는다면 백은 4로 막는다. 결국 이단패가 만들어진다.

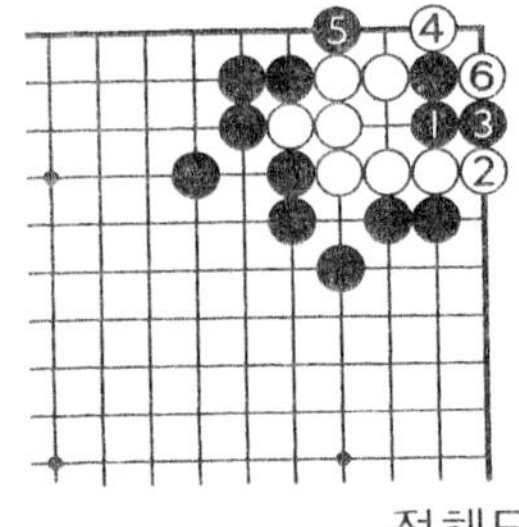

정해도(패)

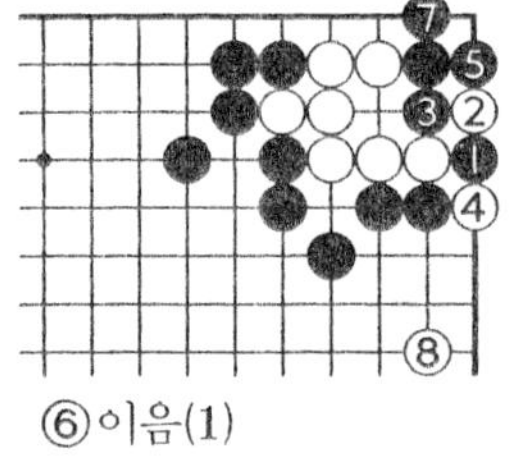

⑥이음(1)

변화도(외부)

〈제5형17도〉 **정해도** 흑1로 붙여 두면 백은 2로 벽을 굳힌다. 결국 패가 만들어진다.

변화도 흑1로 내부에 치중하지 않고 외부에서 젖혀 둔다면 어떻게 될까? 결국 외부의 패가 만들어진다.

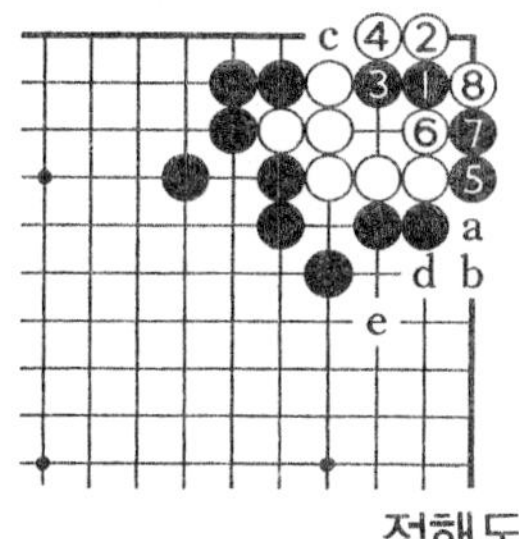

정해도(패)

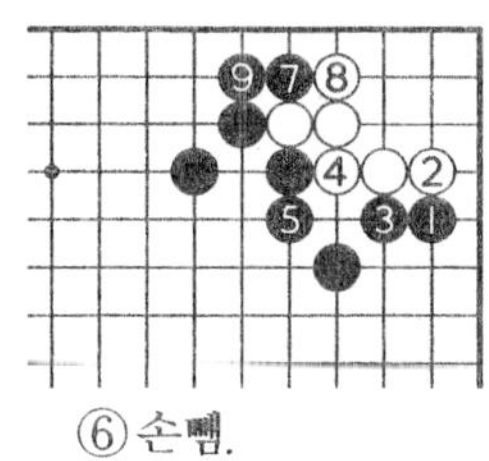
⑥손뺌.

수순도(정석변화)

〈제 5 형18도〉 **정해도** 백 2 로 a 는 흑b,백 5,흑c,백d,흑e 로 불가. 참조=동형17도.

수순도 고목정석. 참조=제 7 형 7 도.

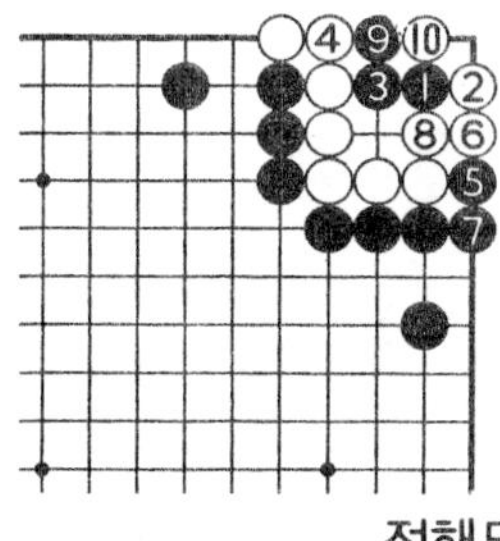
정해도(패)

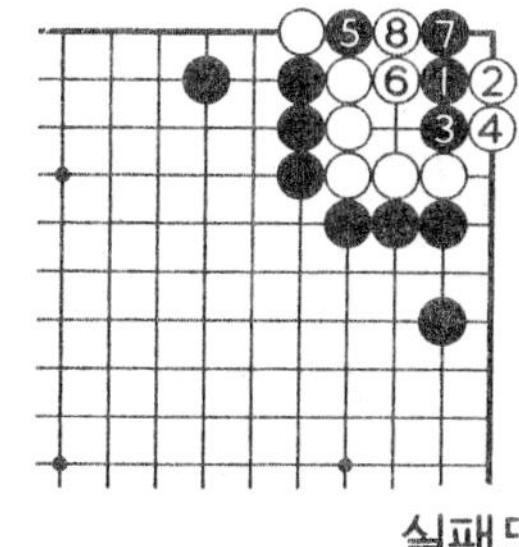
실패도(빅)

〈제 5 형19도〉 **정해도** 백 2 로 10은 흑 5, 백 6, 흑 8 이하의 패. 참조=동형15도. 제 4 형13도.

실패도 흑 3 은 방향착오. 본도에는 적합치 않다.

20도 흑선

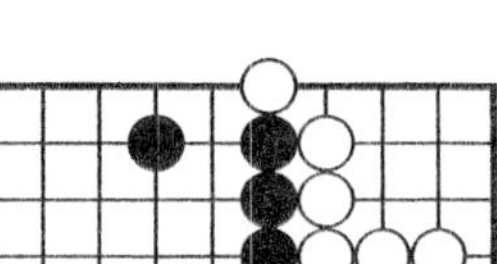

21도 흑선 (빅)

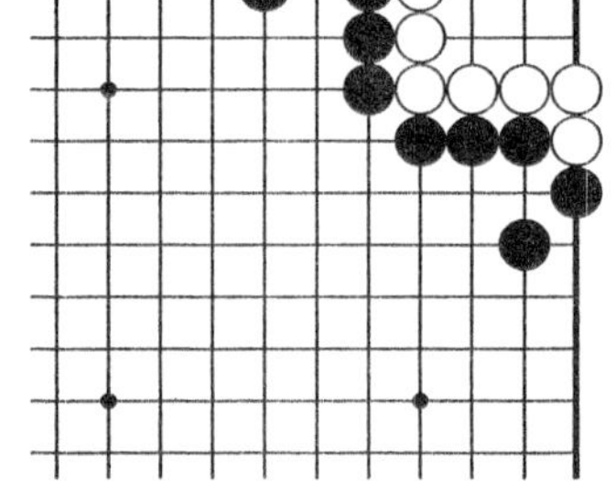

*22도 흑선 (빅)

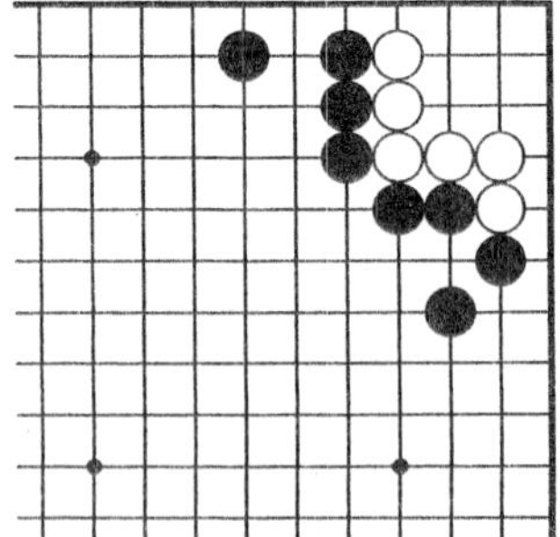

23도 흑선

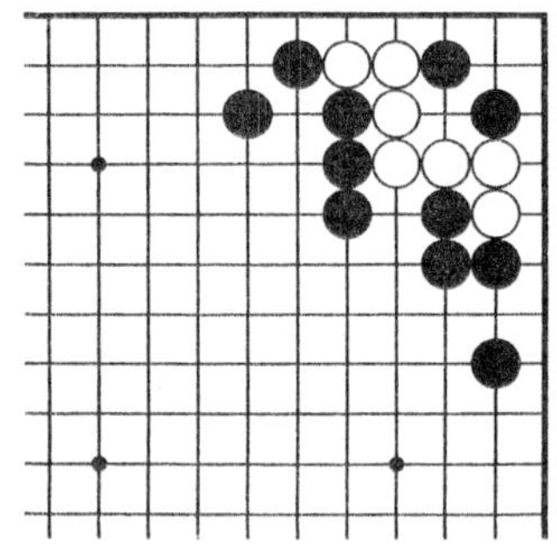

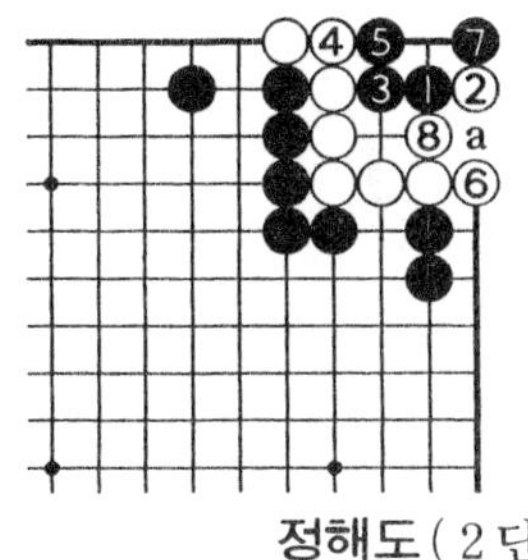

정해도 (2 단 패)

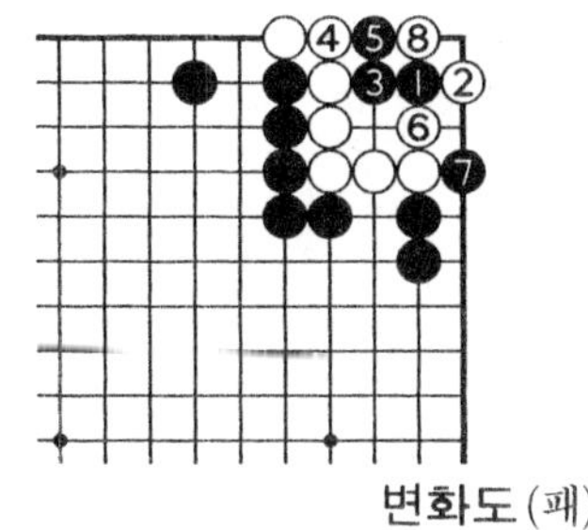

변화도 (패)

〈제 5 형20도〉 정해도 본도는 2 단패로 늘어진 패. 백 8 로 a 는 만년패. 참조=동형19도.

변화도 백 6 은 악수. 본패가 된다.

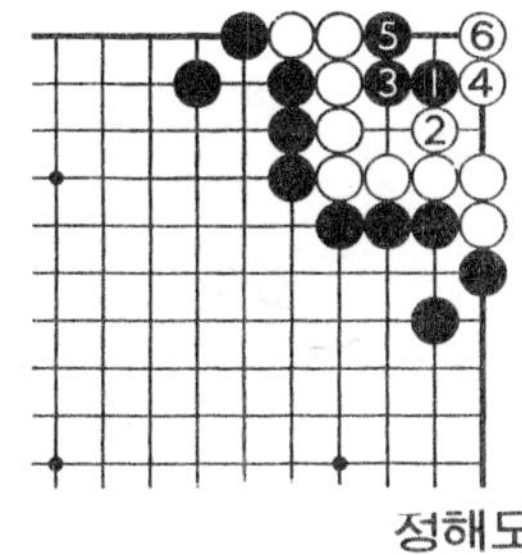

정해도 (빅)

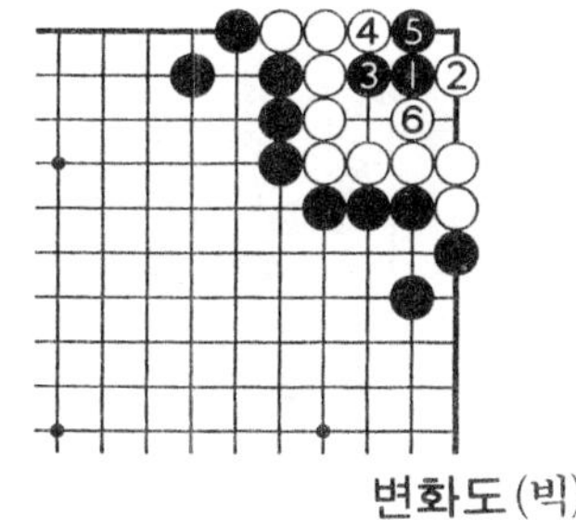

변화도 (빅)

〈제 5 형21도〉 정해도 흑 1 에서 6 까지의 수순으로 빅. 흑 3 으로 4 해도 빅.

변화도 흑 1 에 백 2 는 흑 3 이하의 빅.

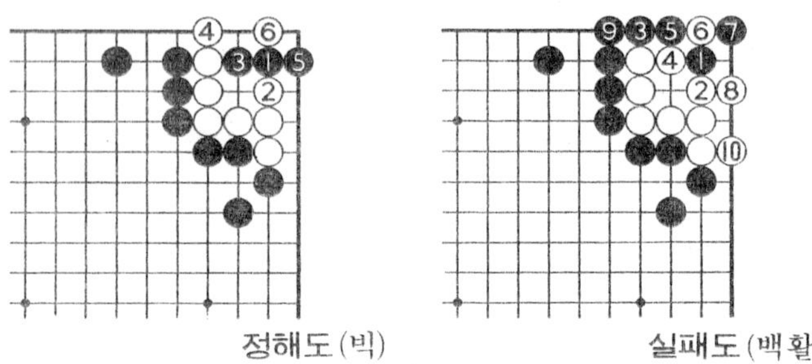

정해도(빅)　　　　　　실패도(백활)

〈제 5 형22도〉 정해도 흑 1 이하 백 6 까지 쌍방 최강의 응접. 결과는 빅.

실패도 백 4 로 5 는 흑 4 이하의 패.

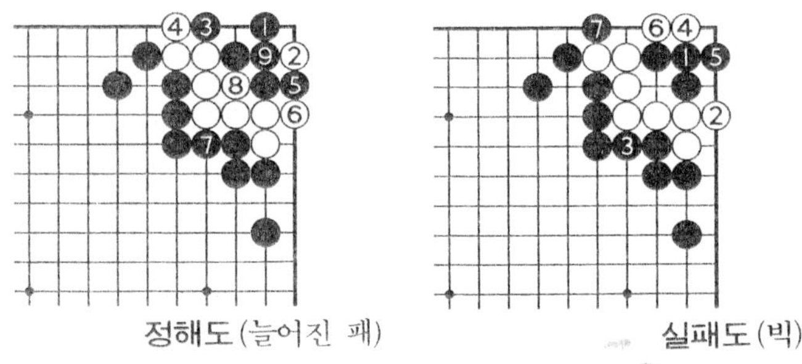

정해도(늘어진 패)　　　　　　실패도(빅)

〈제 5 형23도〉 정해도 흑1,3이 호수. 이하 흑 9 까지 늘어진 패.

실패도 흑 3 은 손빼면 동형 반복.

〔제 6 형〕

1 도 흑선

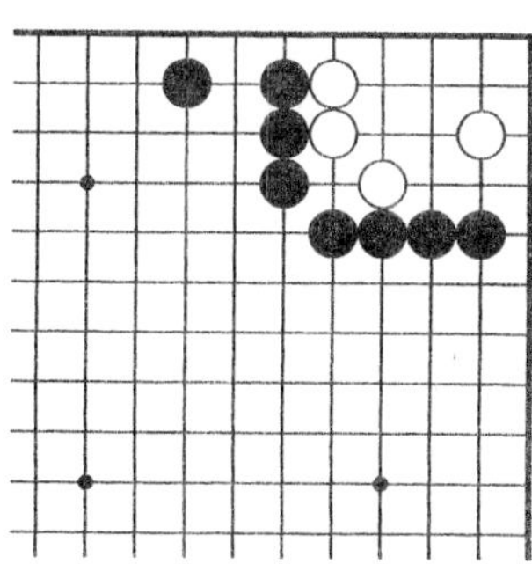

2 도 흑선

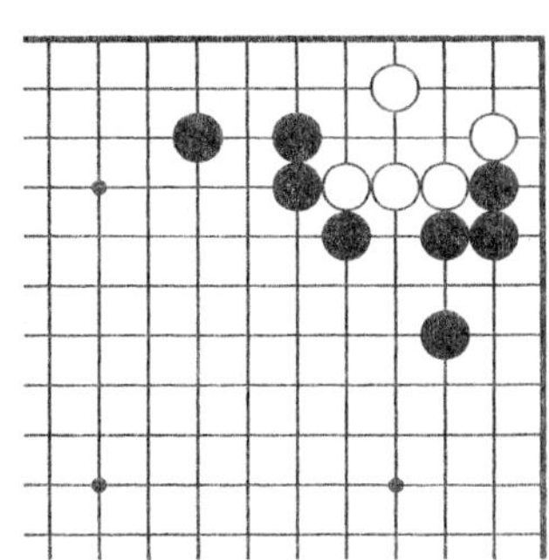

3 도 흑선

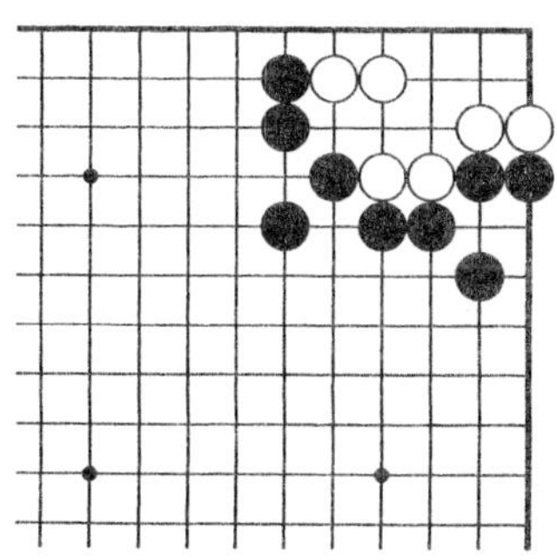

4 도 흑선

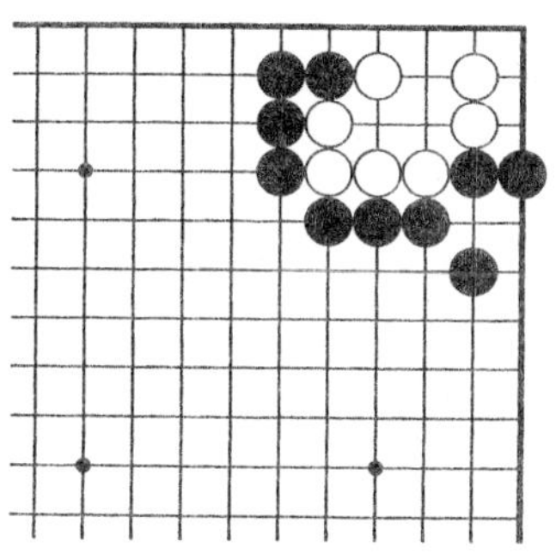

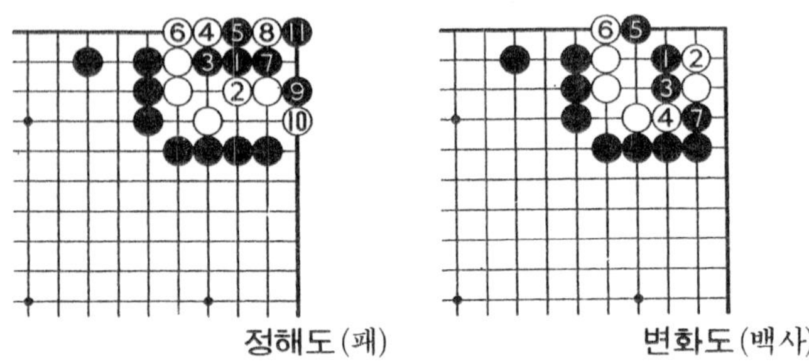

정해도 (패)　　　　변화도 (백사)

〈제 6 형 1 도〉 정해도 흑 1 이 급소. 결과는 흑9, 11로 패. 수순중 백 8 은 요착.

변화도 흑 1 에 백 2 는 흑 3 에서 7 까지 백사.

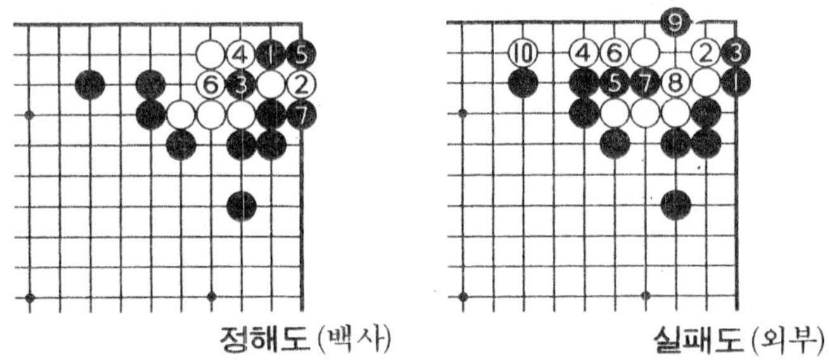

정해도 (백사)　　　　실패도 (외부)

〈제 6 형 2 도〉 정해도 흑 1 에서 7 까지 일련의 수순으로 눈을 빼앗는다.

실패도 흑 1 이하는 외부 와의 관련을 생각해 볼 문제.

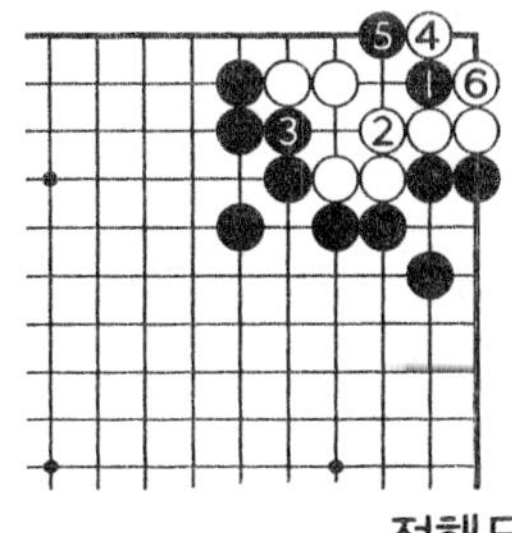
정해도(패)

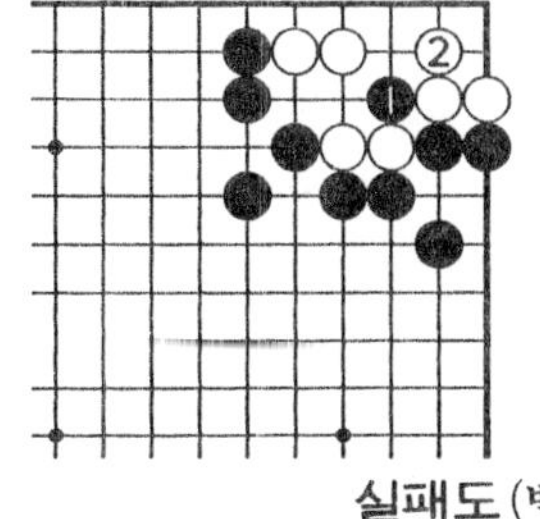
실패도(백활)

〈제 6 형 3 도〉 **정해도** 흑 1 이하 6 까지 쌍방 최선의 응접. 패가 난다. 참조=동형 2 도.

실패도 흑 1 은 공략착오. 백 2 가 호수.

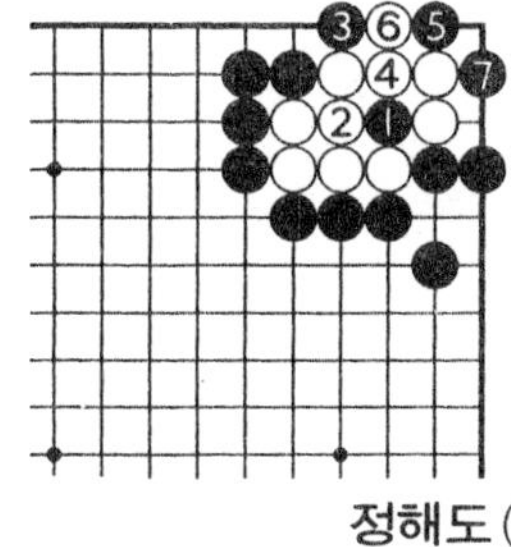
정해도(백사)

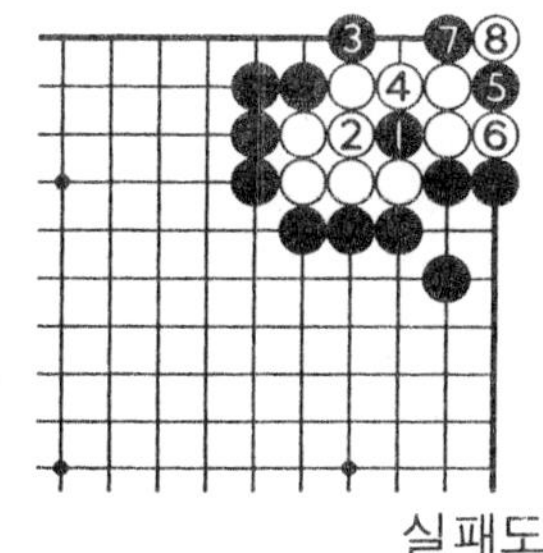
실패도(패)

〈제 6 형 4 도〉 **정해도** 흑 5 가 호수. 백은 흑 7 까지의 저항으로 만사휴의.

실패도 흑 5 로 먼저 두는 것은 악수. 패가 난다.

5도 흑선

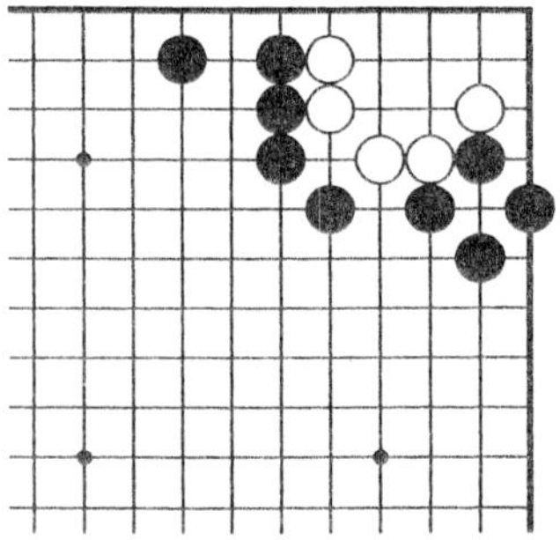

*6도 흑선(빅)

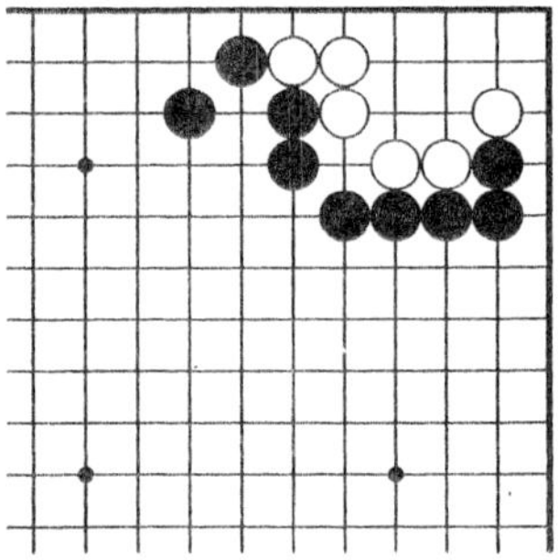

〔제7형〕

*7도 흑선

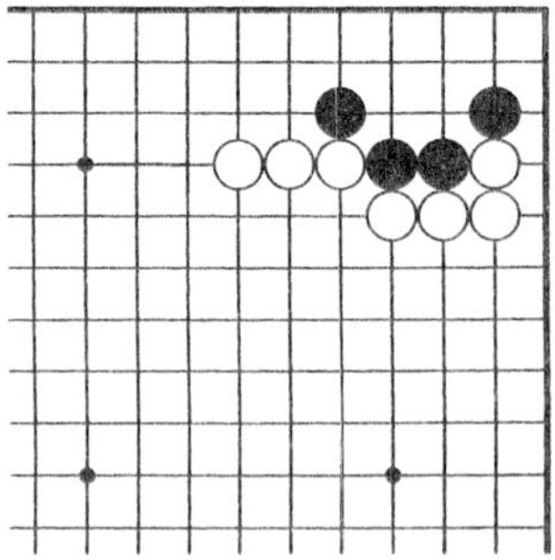

*1도 흑선

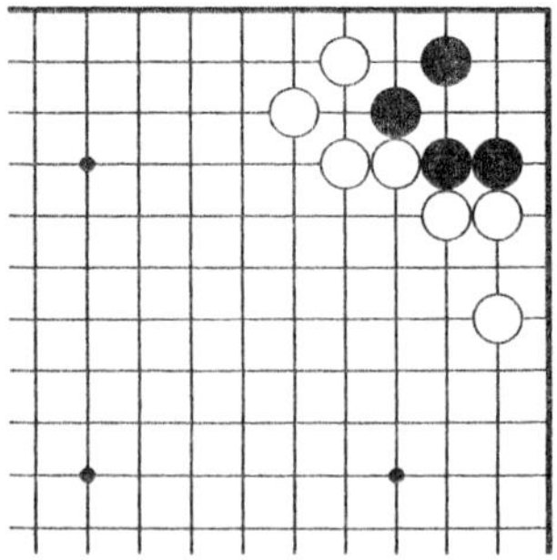

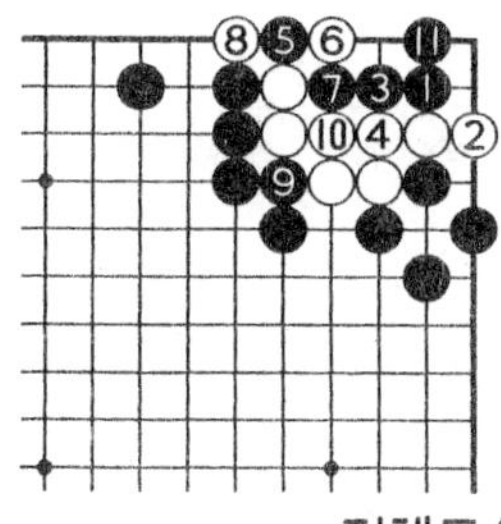

정해도(백사)

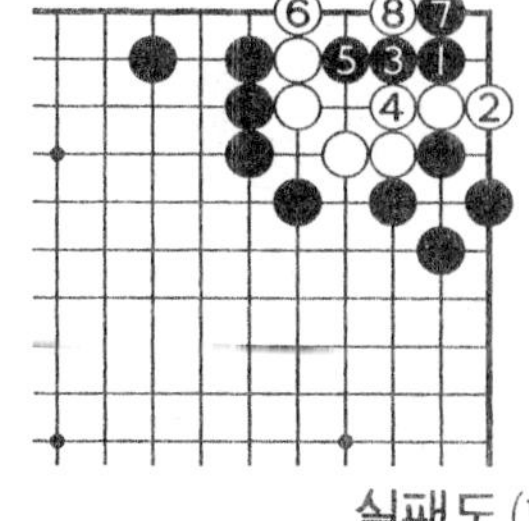

실패도(백활)

〈제 6 형 5 도〉 **정해도** 흑 1 에서 11까지 움직여 백은 활도가 없다. 수순중 흑5,7이 교묘.

실패도 흑 5 이하 7 은 백 8 로 불성립.

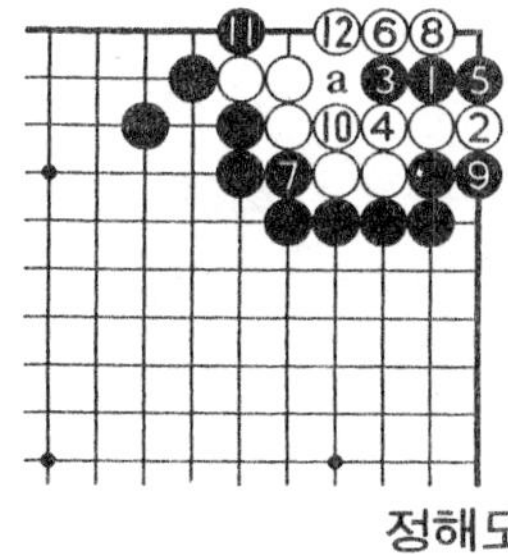

정해도(빅)

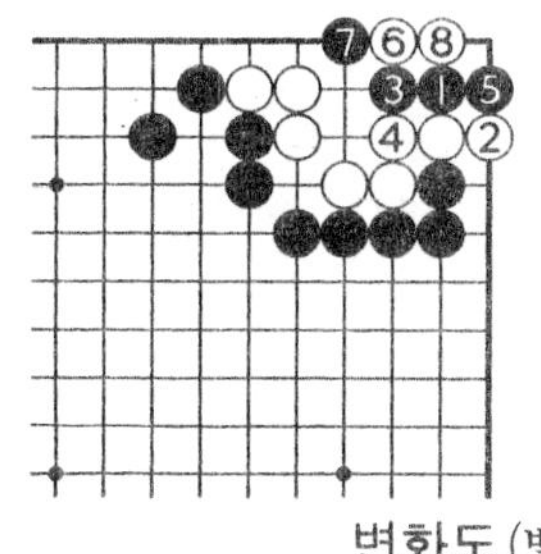

변화도(백활)

〈제 6 형 6 도〉 **정해도** 흑 5 로 a는 백 8,흑 7,백 5 로 양패로 산다. 백 6 으로 8 로는 동형반복.

변화도 백 6 에 흑 7 은 백 8 로 산다.

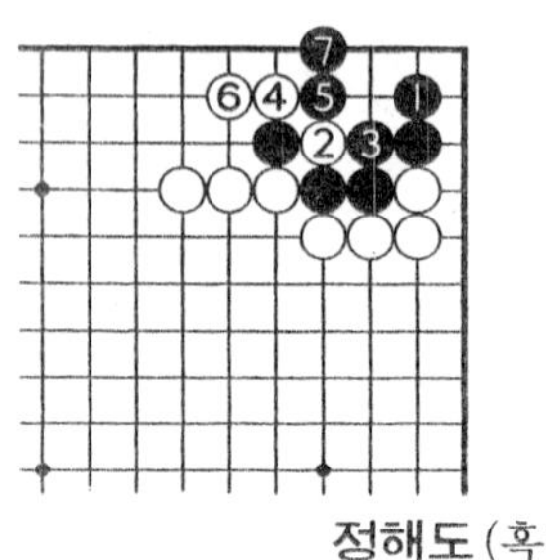

정해도(흑활)

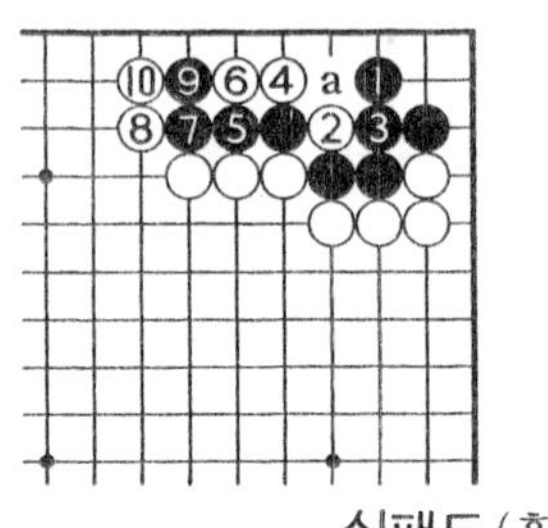

실패도(흑사)

〈제 6 형 7 도〉 정해도 흑 1 의 지킴이 정착. 흑 7 까지로 산다. 백 2 로 5 는 흑 4 로 내려선다.

실패도 흑 3 으로 a 는 백 4 이하 귀에서 패.

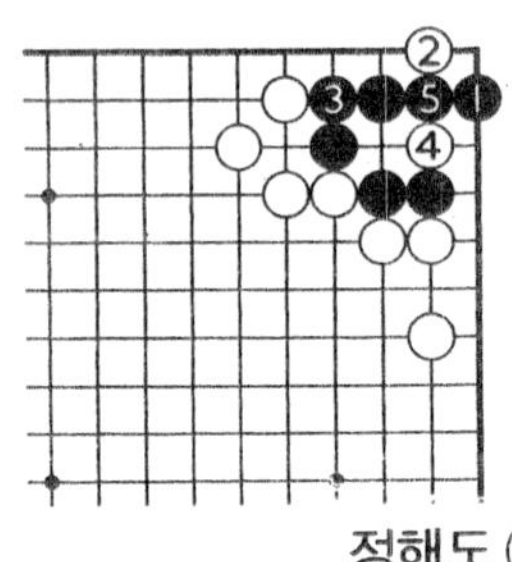

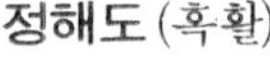

정해도(흑활)

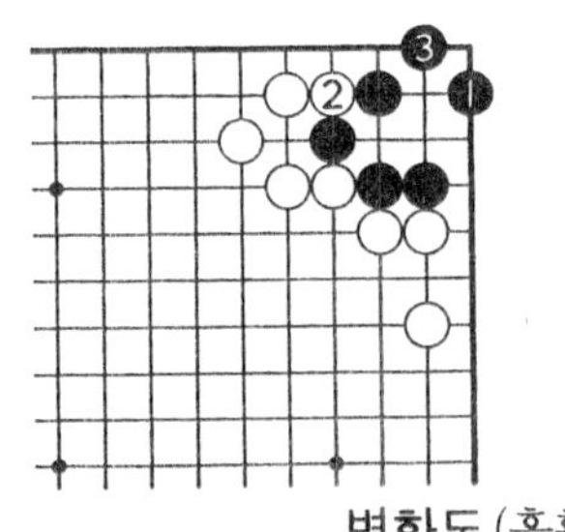

변화도(흑활)

〈제 7 형 1 도〉 정해도 흑 1 이 요착. 두 눈을 확보한다. 흑 1 로 3 은 백 4 로 흑사.

변화도 흑 1 에 백 2 는 흑 3 으로 산다.

2 도 흑선

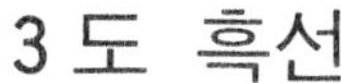
3 도 흑선

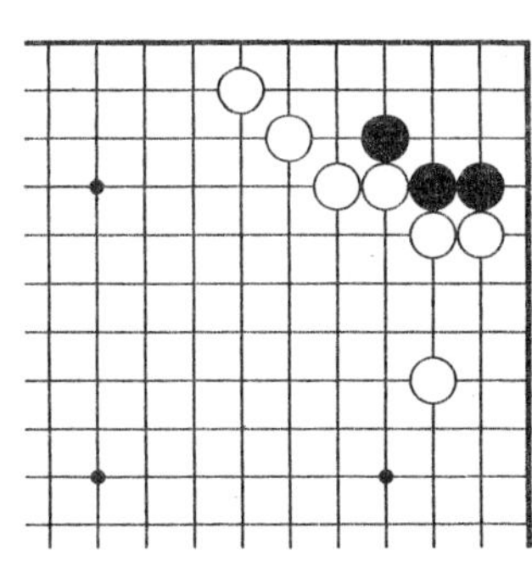

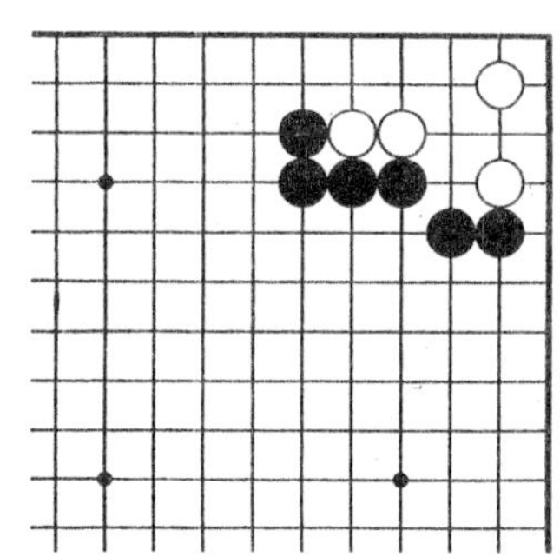

4 도 흑선

5 도 흑선

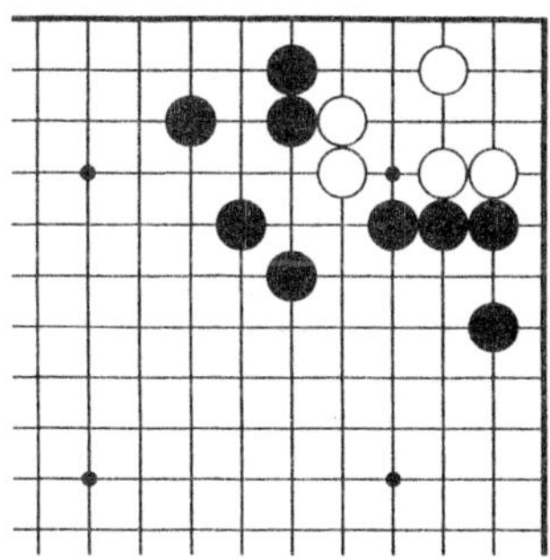

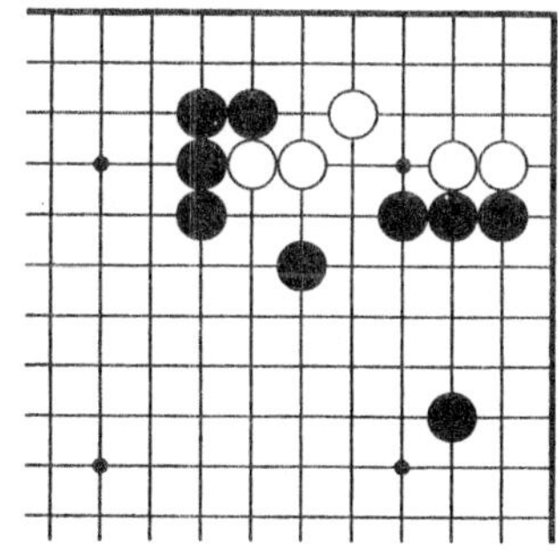

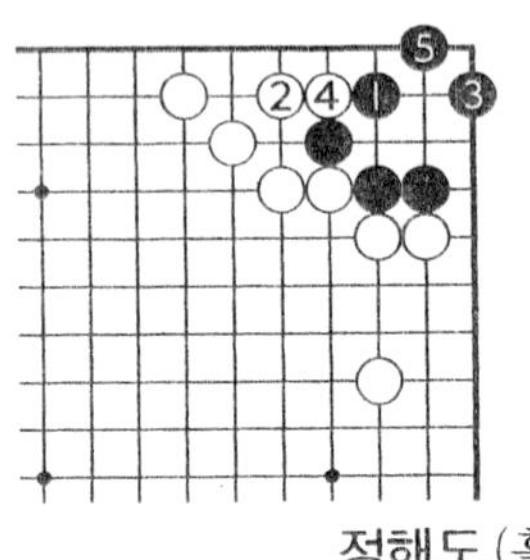

정해도 (흑활)

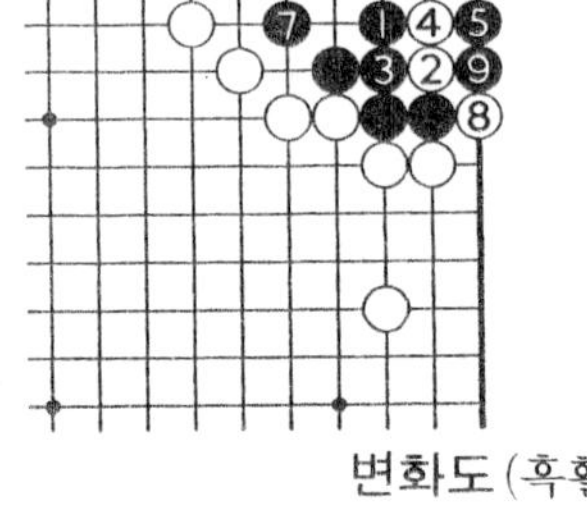

변화도 (흑활)

〈제 7 형 2 도〉 정해도 흑 1 로 활로를 구한다. 백 2 에는 흑 3 이 요착이어서 산다. 참조=동형 1 도

변화도 흑 5 가 교묘한 수. 참조=수순= 6 도.

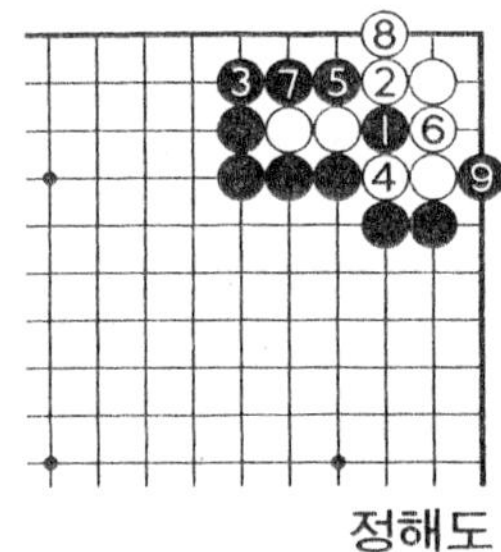

정해도 (백사)

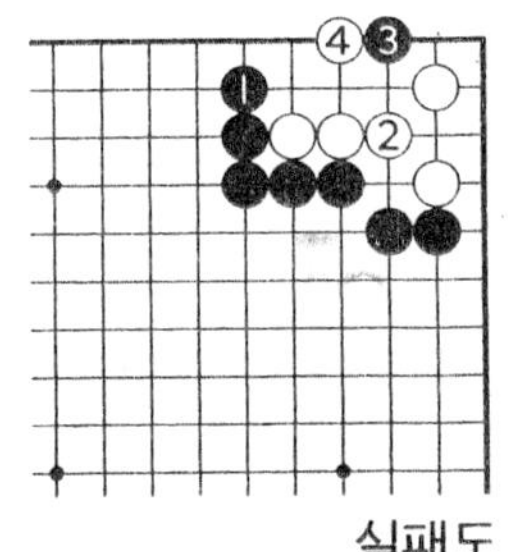

실패도 (백활)

〈제 7 형 3 도〉 정해도 흑1,3이 호 수순, 이하 흑 9 에는 백이 활로가 없다.

실패도 흑 1 의 수순은 악수. 백2,4로 산다.

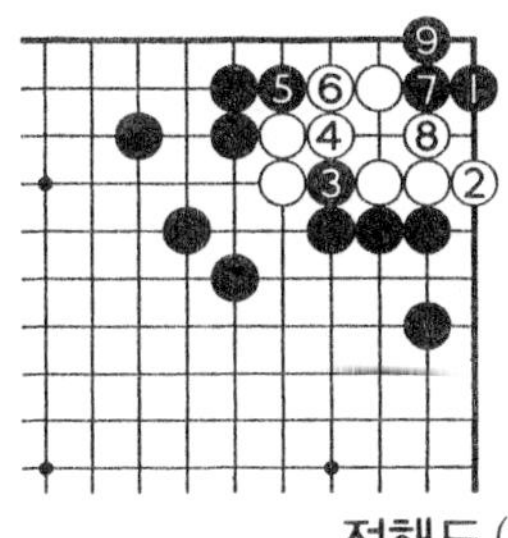

정해도(백사)

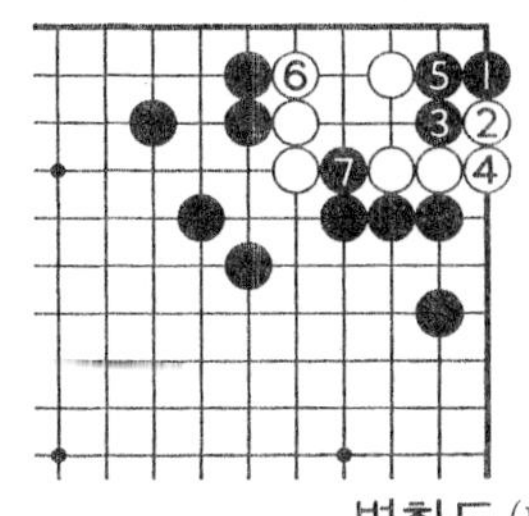

변화도(백사)

〈제 7 형 4 도〉 정해도 흑 1 이 급소. 백 2 에는 흑 3 에서 9 까지 백의 모양을 자충으로 유도.

변화도 흑 1 에 백 2 는 흑 3 에서 7 까지로 백사.

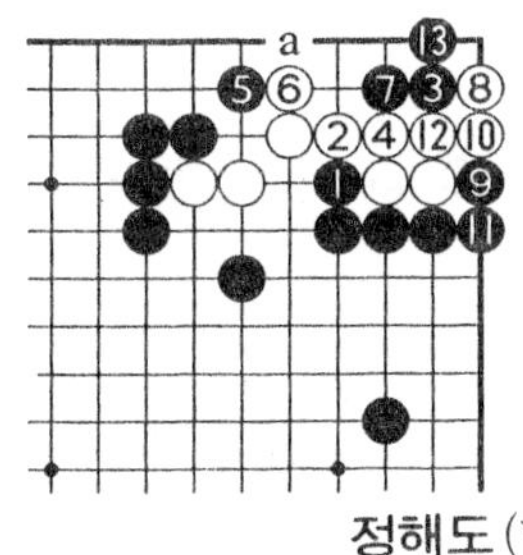

정해도(백사)

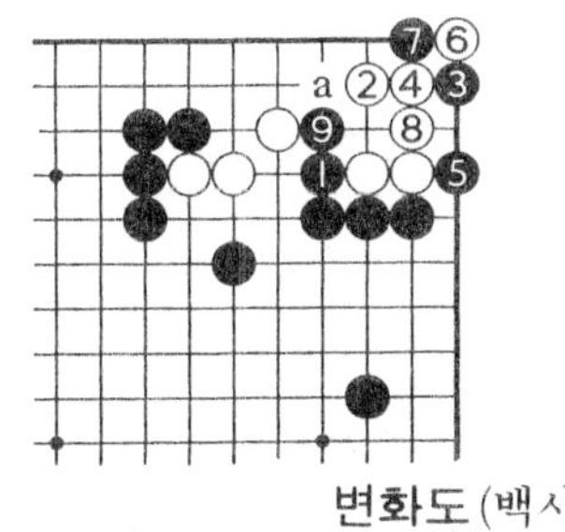

변화도(백사)

〈제 7 형 5 도〉 정해도 백 4 로 12는 흑 7, 백 4, 흑 5, 백13, 흑 8 로 죽는다. 백 8 로 9 는 흑a 이하로 백사.

변화도 흑 3 으로 9 는 백 3, 흑 7, 백a, 이하로 산다.

*6 도 사는 모양

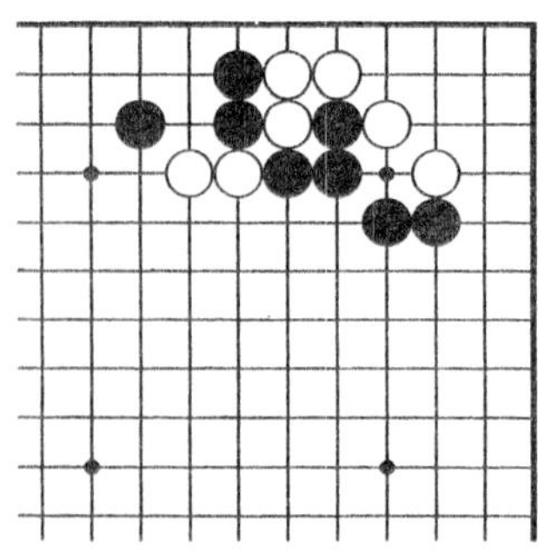

*7 도 사는 모양

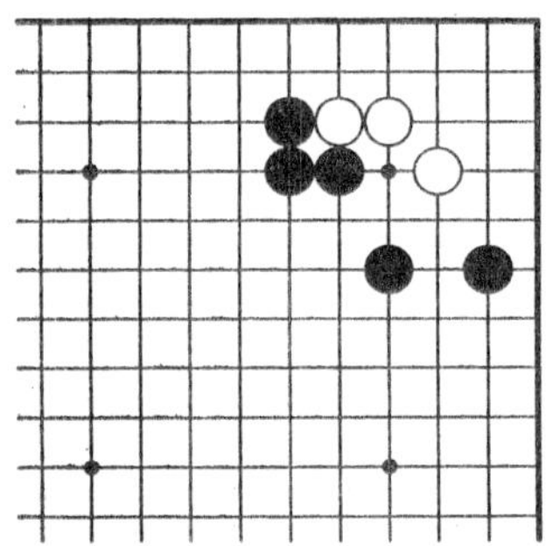

8 도 흑선

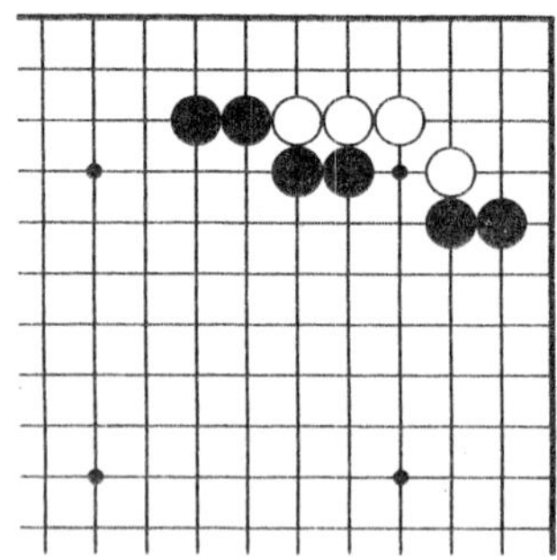

9 도 흑선

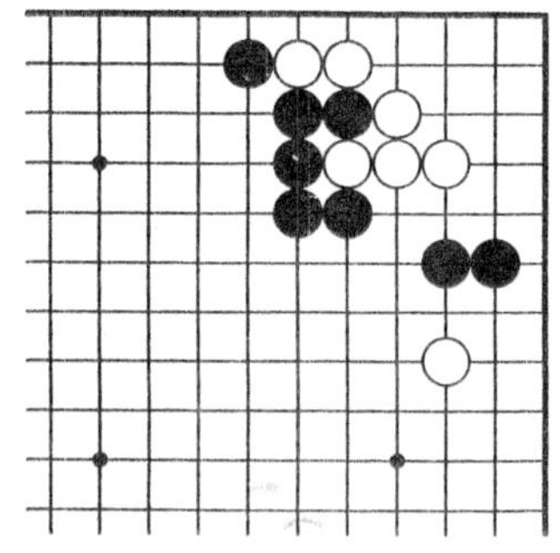

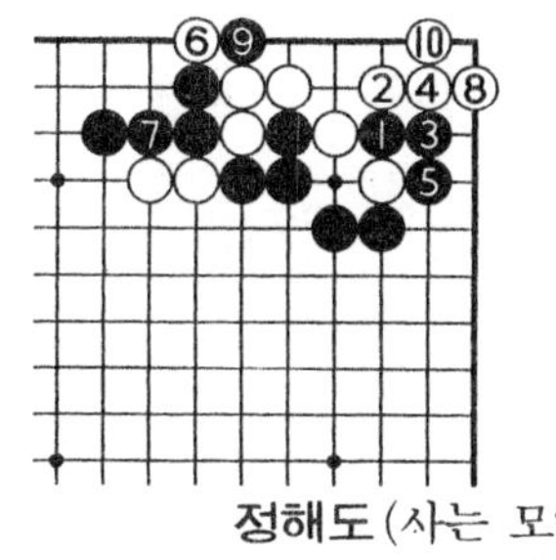

정해도 (사는 모양)

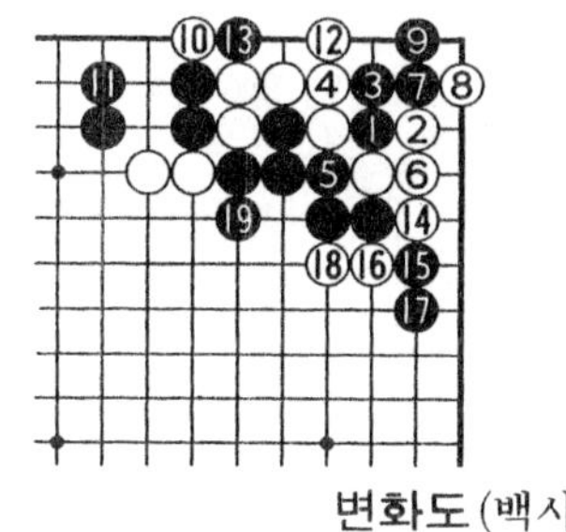

변화도 (백사)

〈제 7 형 6 도〉 정해도 흑 1 에는 백 2 의 응접으로 사는 형. 실전에서 백은 본도를 피해야 한다.

변화도 백 2 이하는 외부의 상황이 고려.

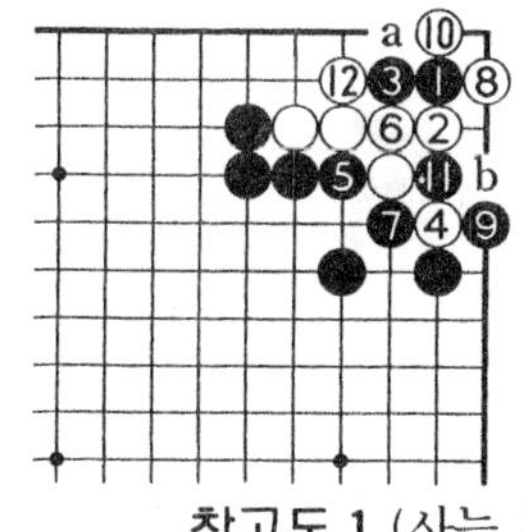

참고도 1 (사는 모양)

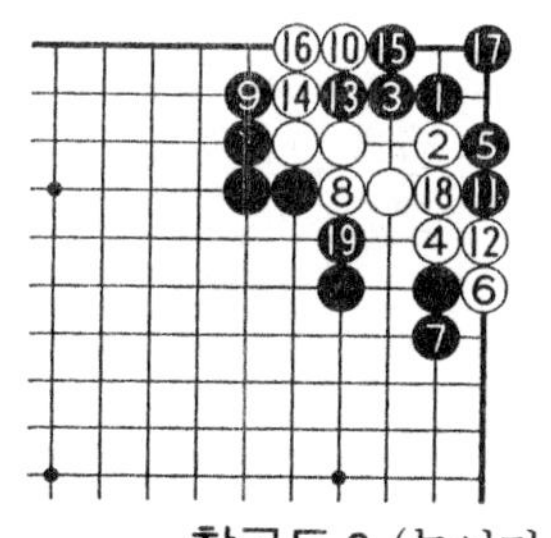

참고도 2 (늘어진 패)

〈제 7 형 7 도〉 참고도 1 흑 1 로 3 은 백 1, 흑 2, 백 11, 흑 8 , 백 10, 흑a , 백 12, 흑b 로 패. 변화는 많다.

참고도 2 본도는 2 수 늘어진 패.

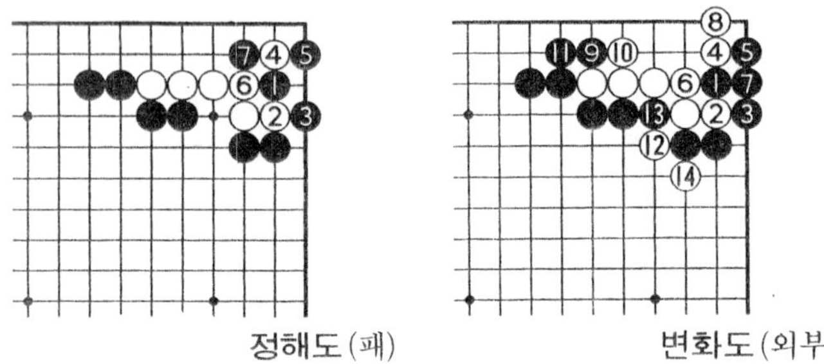

정해도(패) 변화도(외부)

〈제 7 형 8 도〉 정해도 흑1,3,5로 패. 흑5 로 7 은 수순이 나쁘다. 백 5 에 응수하여서 실패.

변화도 흑7 은 무리. 외부가 파탄이다.

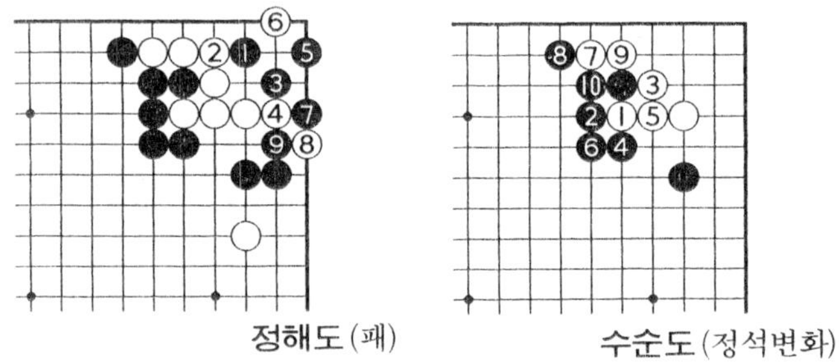

정해도(패) 수순도(정석변화)

〈제 7 형 9 도〉 정해도 흑 1 에서 7,9의 수순으로 패가 난다.

수순도 백7, 흑8 은 수순. 참조=동형10도.

10도 사는 모양

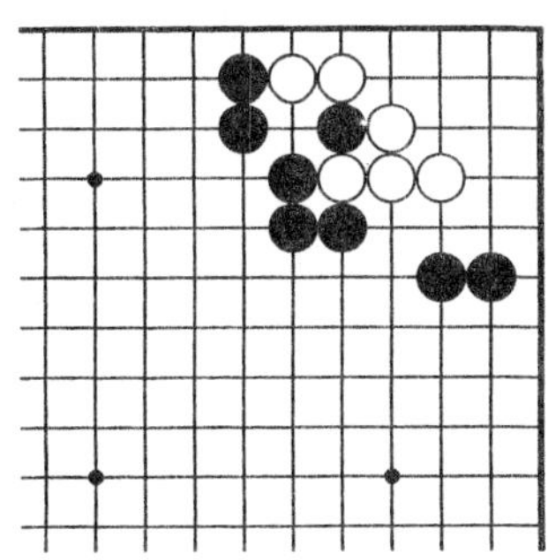

*11도 흑선

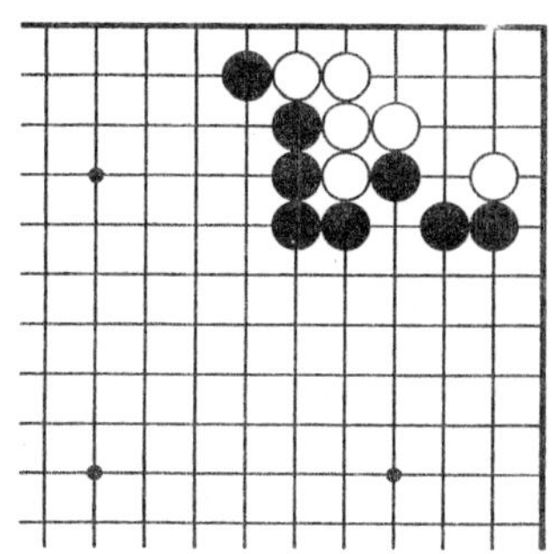

*12도 흑선

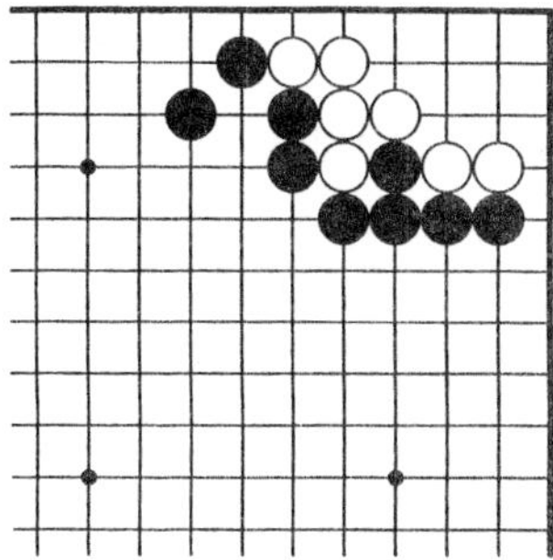

13도 흑선

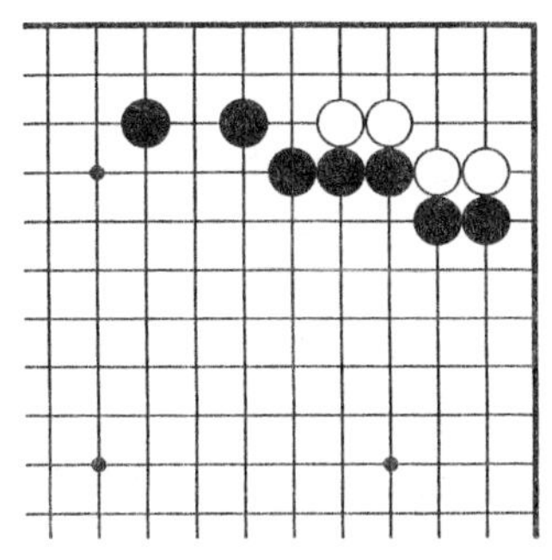

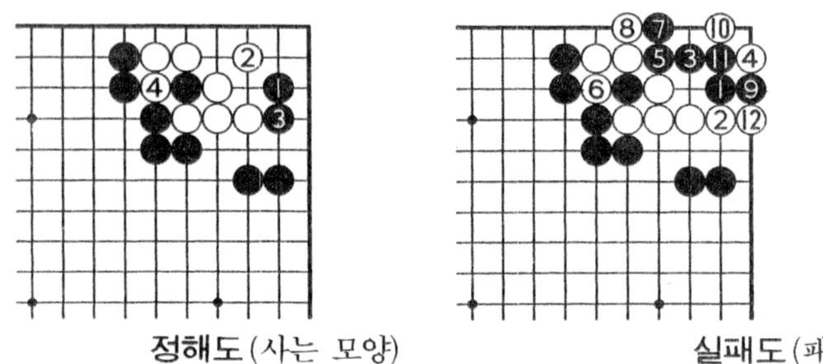

정해도 (사는 모양) 실패도 (패)

〈제 7 형10도〉 **정해도** 흑 1 에는 백 2 로 사는 모양. 본도는 집의 손해가 크다.

실패도 백 2 이하의 저항은 귀에서 패.

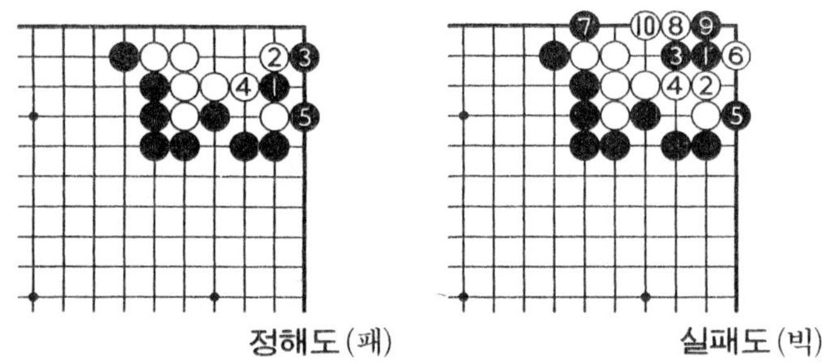

정해도 (패) 실패도 (빅)

〈제 7 형11도〉 **정해도** 흑1,3,5의 상투수단. 패가 난다. 참조 =동형12도, 제17형 7 도.

실패도 흑 3 으로 6 은 백 4, 흑 3, 백 9 로 산다.

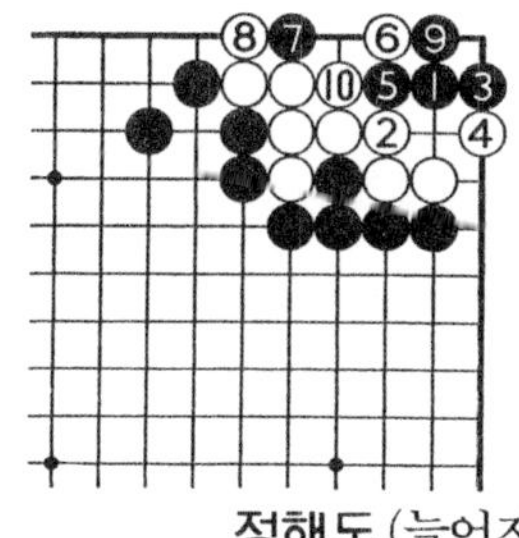
정해도(늘어진 패)

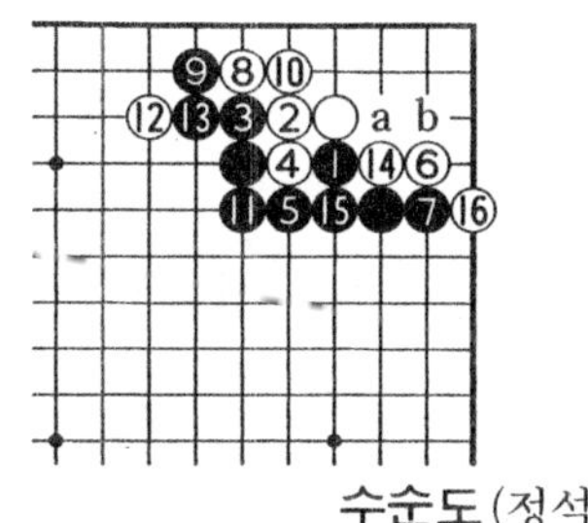

수순도(정석)

〈제 7 형12도〉 정해도 흑 1 이하 백10까지 쌍방 최선의 응접으로 늘어진 패. 백 6 으로 9 는 흑 8 로 죽는다.

수순도 백16으로 젖혀 귀에서 산다. 흑a 에는 백b의 응수.

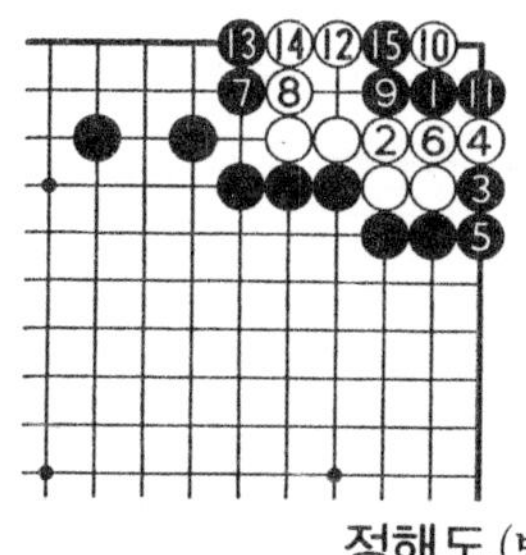
정해도(백사)

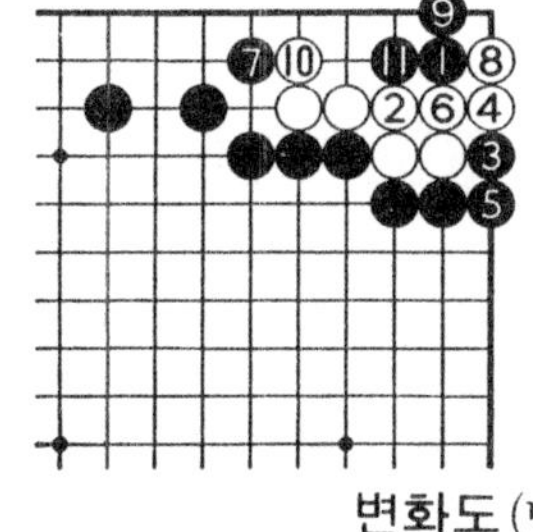
변화도(백사)

〈제 7 형13도〉 정해도 흑 1 이 급소. 백 2 에는 흑13, 15 까지 자충을 유도.

변화도 흑 7 에 백 8 이면 흑9,11로 백사.

14도 흑선

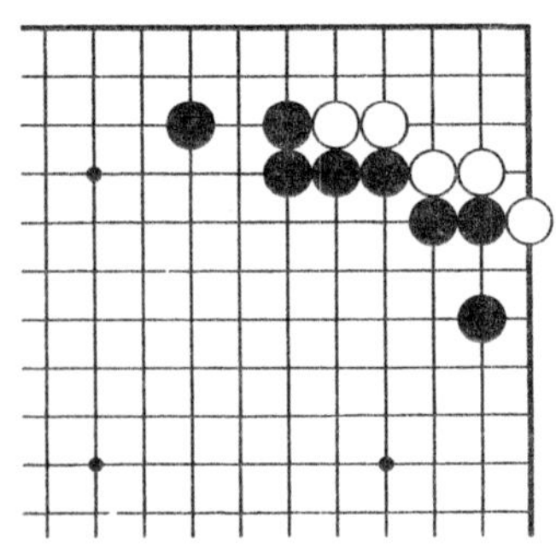

15도 흑선

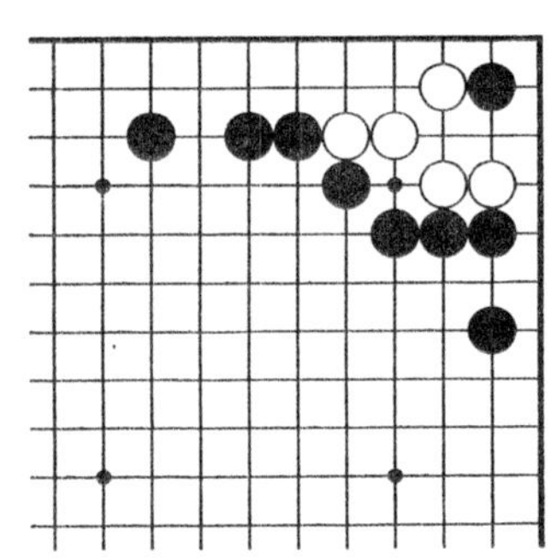

16도 흑선

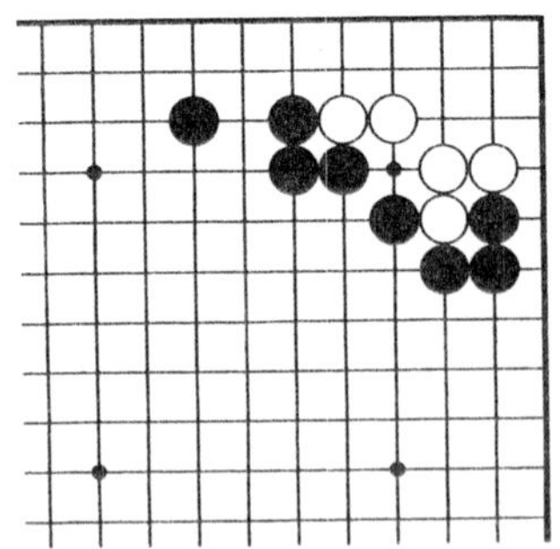

17도 흑선

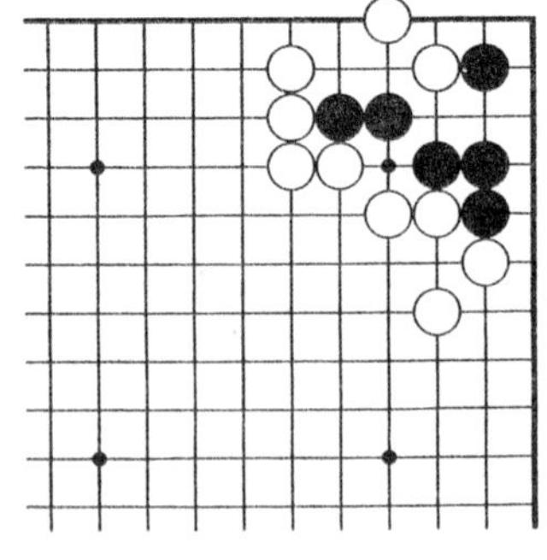

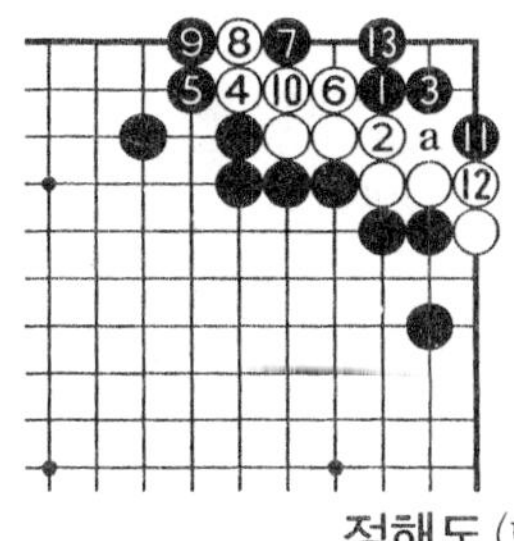

정해도(백사)

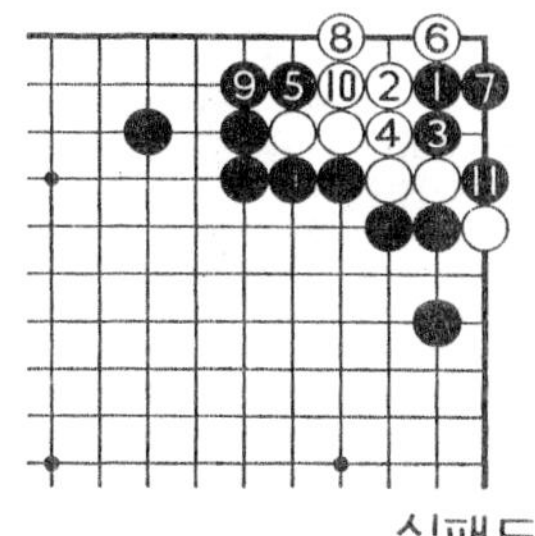
실패도(패)

〈제 7 형14도〉 정해도 흑 1 이 급소. 흑13까지 백사. 흑 1 로 백 2 는 백 1, 흑a , 백 3, 흑12 , 백10으로 산다.

실패도 흑 1 은 이맥. 백 2 이하 11의 패.

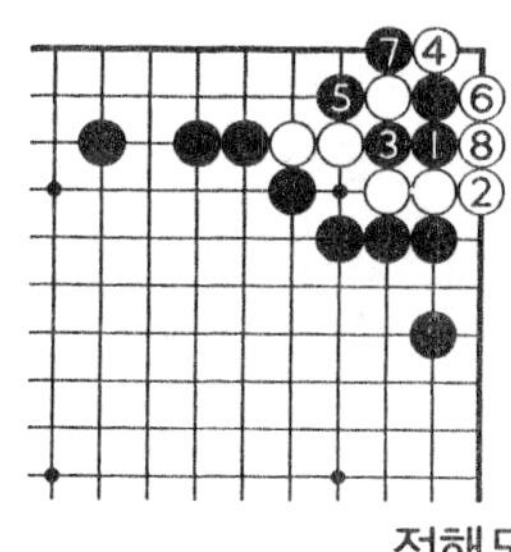
정해도(패)

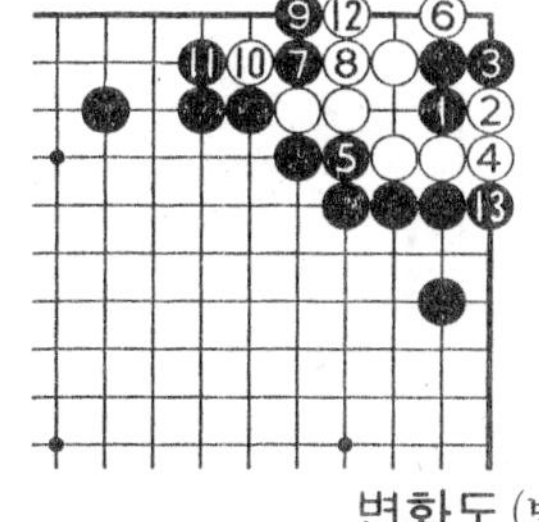
변화도(백사)

〈제 7 형15도〉 정해도 흑 1 이하 백 8 까지 쌍방 최선의 응접. 패가 난다. 참조=동형16도.

변화도 백 2 는 무리. 흑 5 와 9 가 교묘.

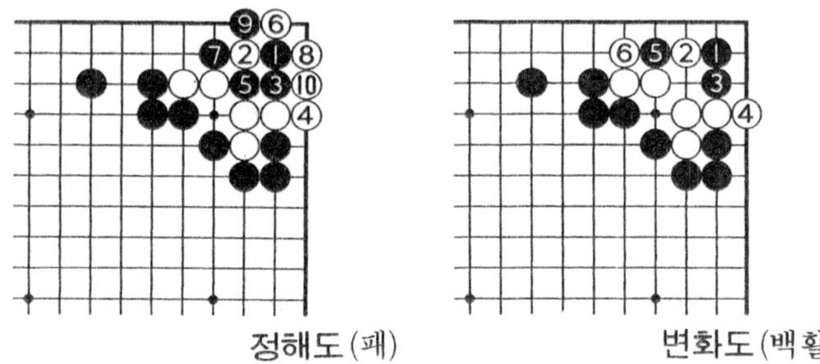

정해도 (패)　　　　변화도 (백활)

〈제 7 형16도〉 **정해도** 흑 1 이 급소. 백 4 는 최선의 응수이며 백10까지 결과는 패. 참조=동형15도.

변화도 흑 5 에는 백 6 으로 반을 사석으로 하여 산다.

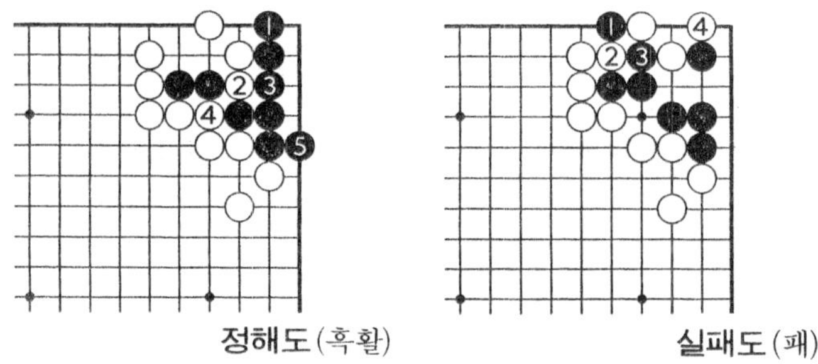

정해도 (흑활)　　　　실패도 (패)

〈제 7 형17도〉 **정해도** 흑 1 이 요착. 두점을 사석으로 하여 5 까지 산다. 참조=동형18도.

실패도 흑 1 은 백 2 에서 4 까지 패.

＊18도 흑선

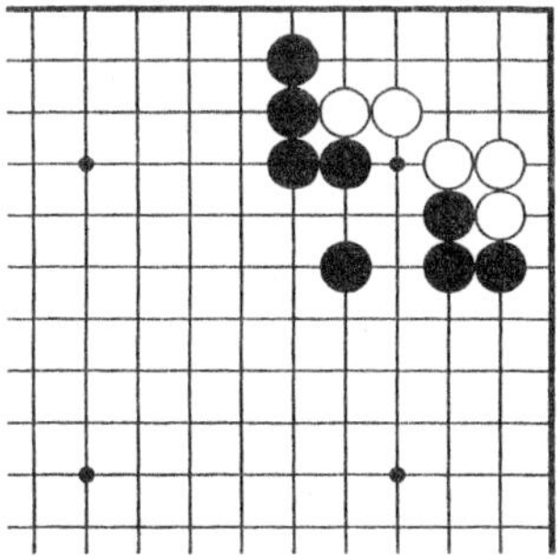

19도 흑선

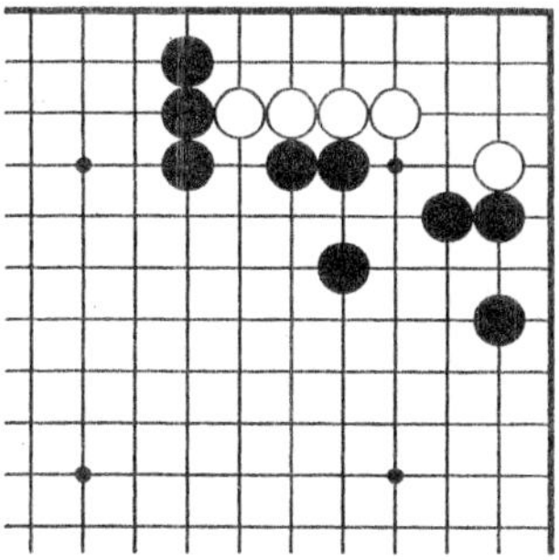

20도 흑선

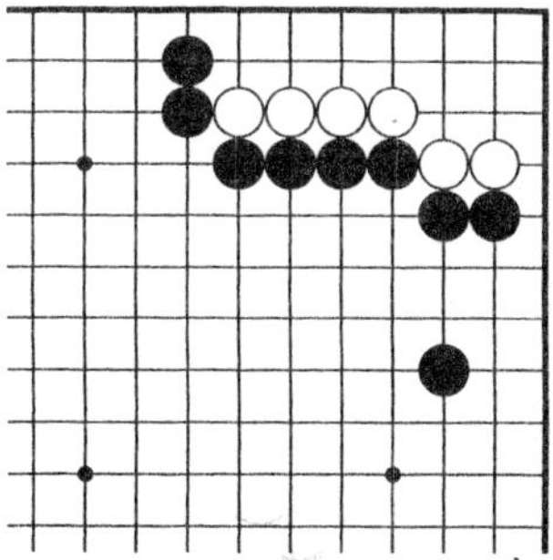

〔제 8 형〕

＊1 도 흑선

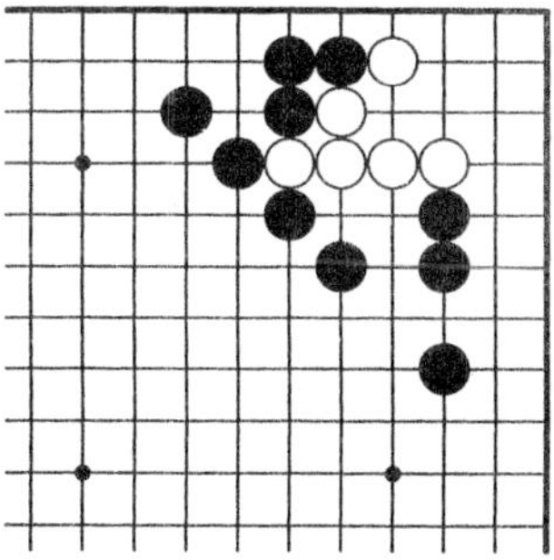

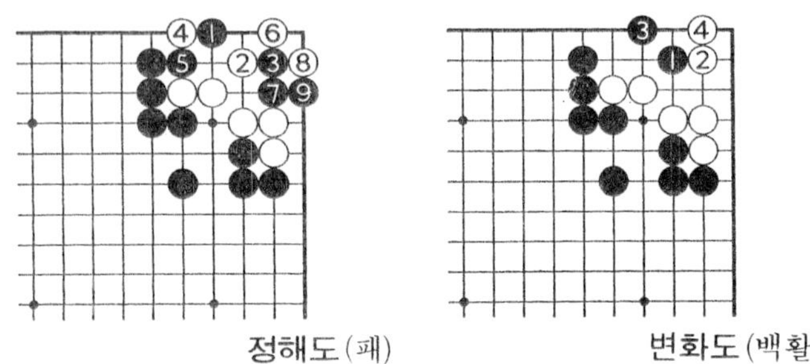

정해도 (패)　　　　변화도 (백활)

〈제 7 형18도〉 정해도 흑 1 이하 9 까지 쌍방 최선의 응접으로 패. 참조=동형17도.

변화도 흑 1 은 나쁘다. 백2,4가 좋다.

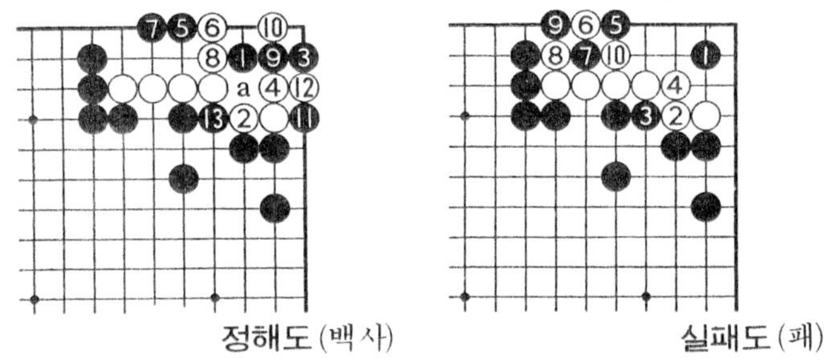

정해도 (백사)　　　　실패도 (패)

〈제 7 형19도〉 정해도 흑 1 이 급소. 백 2 로 a는 흑 9, 백 4, 흑 5 이하의 백사. 참조=동형20도.

실패도 흑 1 의 수는 본도에서는 적합하지 않다.

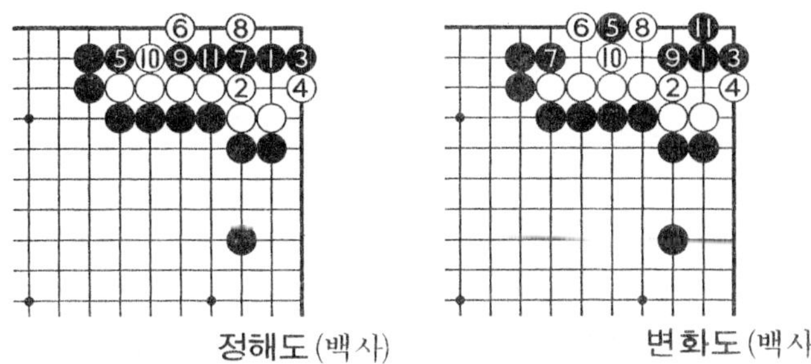

〈제 7 형20도〉 **정해도** 흑 1 에서 11까지 공격하여 흑이 한 수 빠름. 참조=동형19도.

변화도 흑 5 로 가하다. 백 6 으로 7 은 흑 6 으로 흑승.

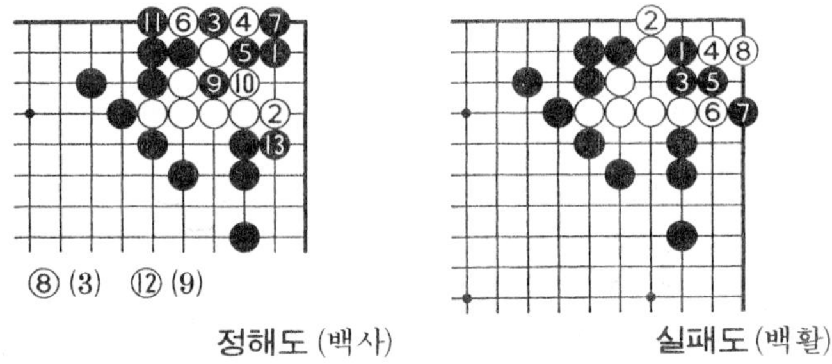

〈제 8 형 1 도〉 **정해도** 흑 1 에서 공격하는 것이 정수. 이하 흑13까지. 참조=동형 2 도. 수순22도.

실패도 흑 1 이하는 백 8 까지 산다. 백 4 가 묘수.

*2 도 흑선

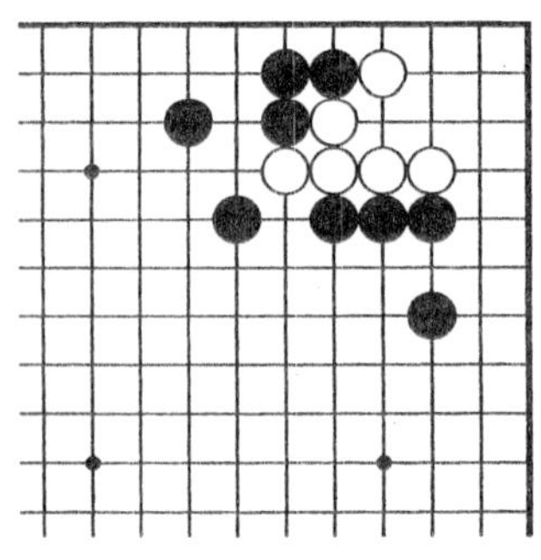

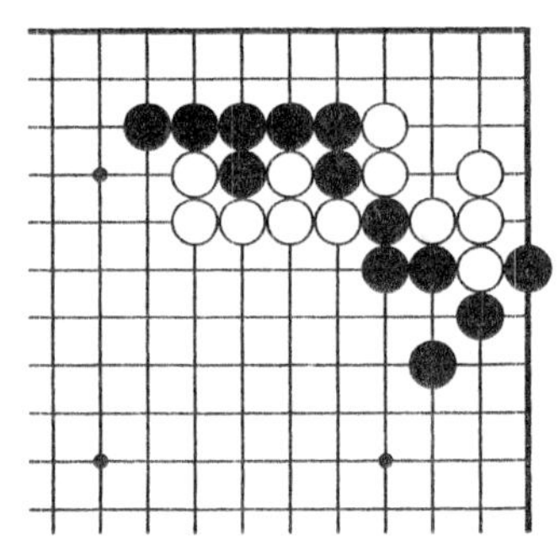

4 도 흑선

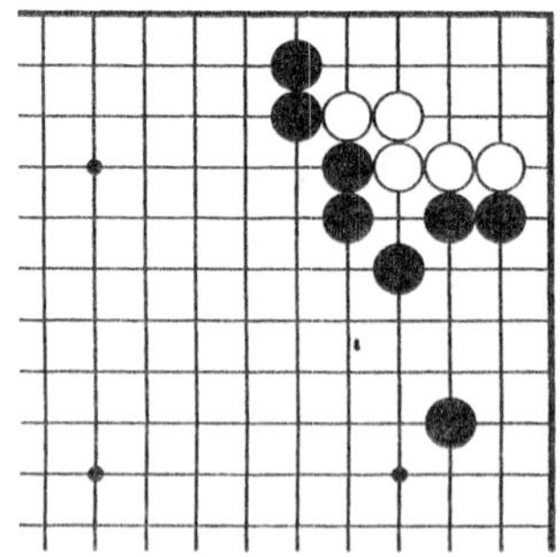

*5 도 흑선 (빅)

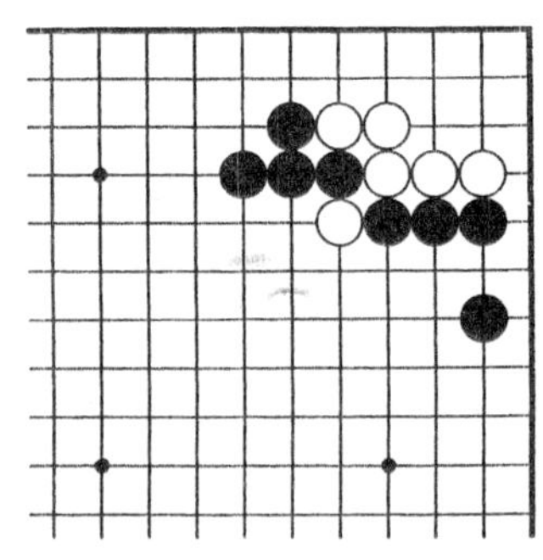

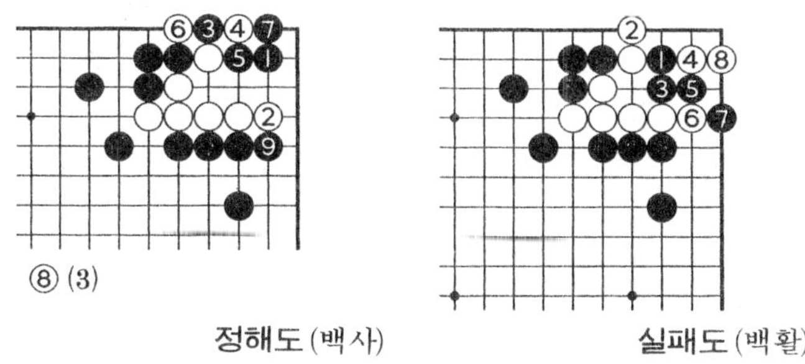

정해도 (백사)　　실패도 (백활)

〈제 8 형 2 도〉 정해도 흑 1 에서 3,5가 알기쉬워 흑 9 까지 백사. 참조=동형 1 도, 수순22도.

실패도 백4,8이 요착으로 사는 모양.

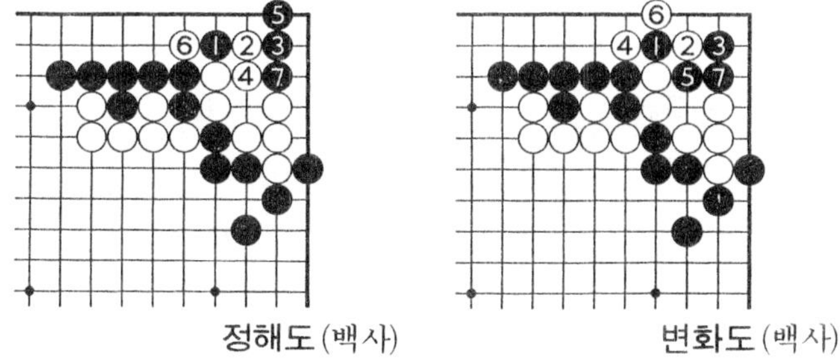

정해도 (백사)　　변화도 (백사)

〈제 8 형 3 도〉 정해도 흑1,3이 호수. 이하 흑 7 까지 백은 자충과 건넘이 맞보기.

변화도 흑 3 에 백 4 는 흑5,7로 백사.

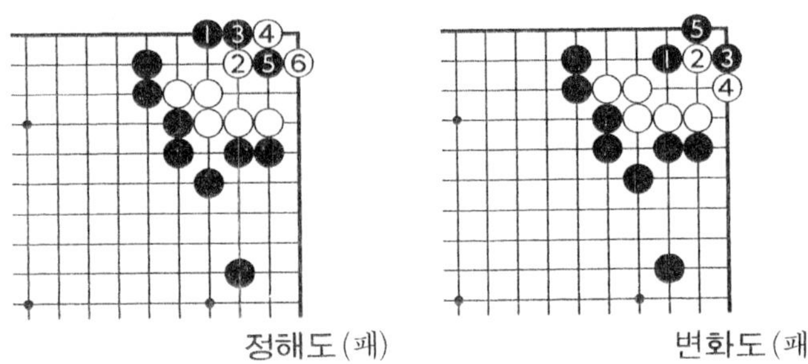

정해도(패) 변화도(패)

〈제 8 형 4 도〉 정해도 흑 1 로 공격하는 것이 정착. 백4,6으로 패.

변화도 흑 1 의 수는 흑3,5로 패.

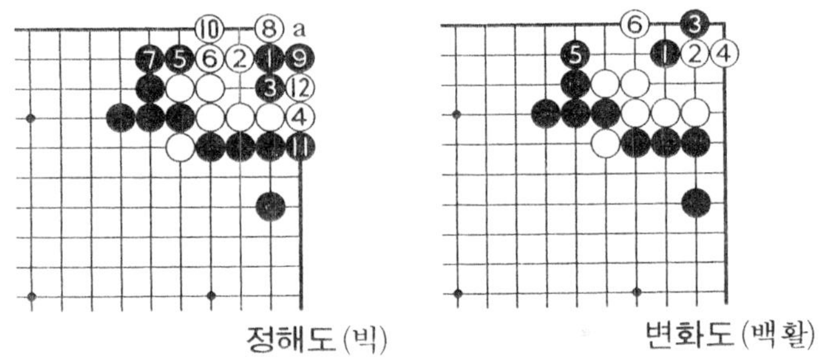

정해도(빅) 변화도(백활)

〈제 8 형 5 도〉 정해도 백12를 생략하면 흑a 로 만년패. 실전에서 변화도를 선택함이 유력.

변화도 흑1,3이 이로운 수. 흑5 가 권리.

6 도 흑선

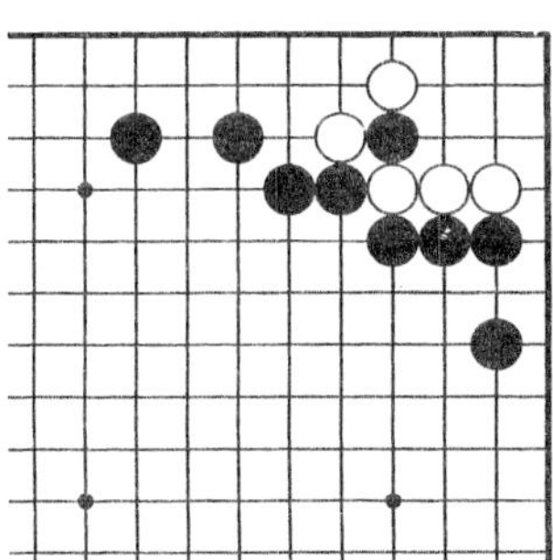

＊7 도 흑선

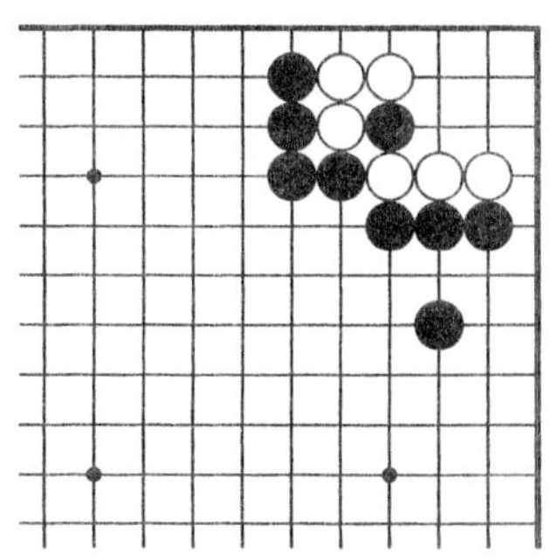

8 도 흑선

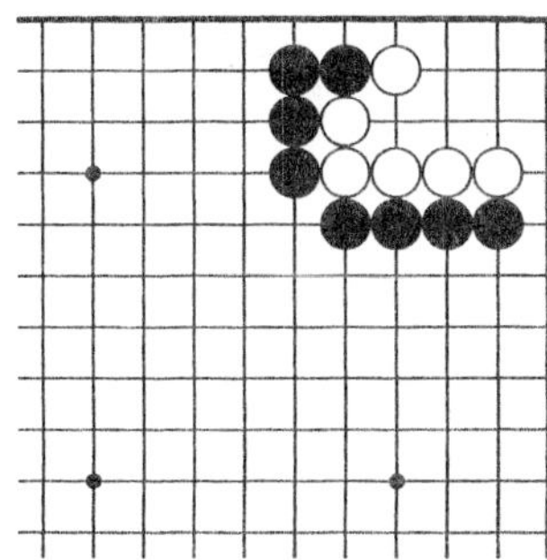

9 도 흑선

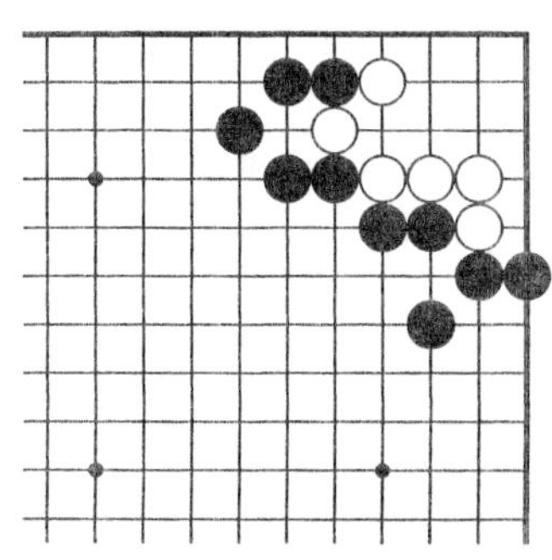

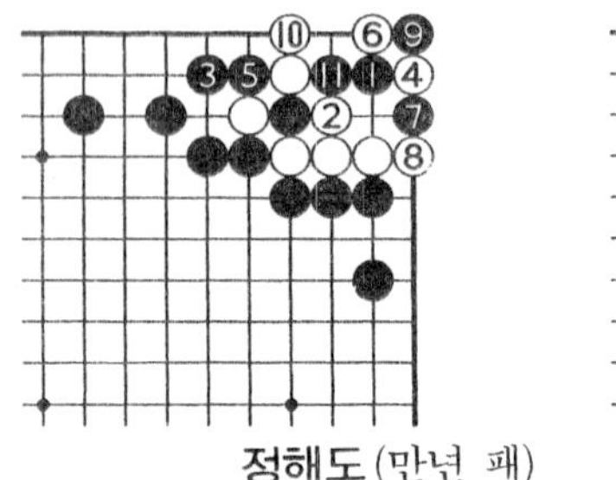

정해도 (만년 패)

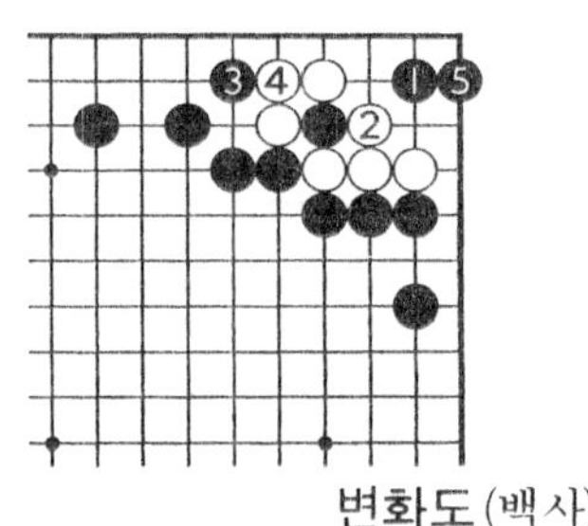

변화도 (백사)

〈제 8 형 6 도〉 흑 1 이 급소. 백 4 는 최선의 응수이며 결과는 흑11까지 만년패.

변화도 백 4 는 응수착오. 흑 5 로 백사.

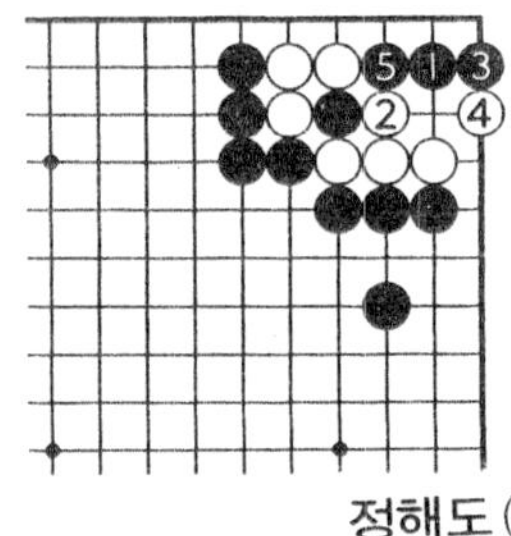

정해도 (백사)

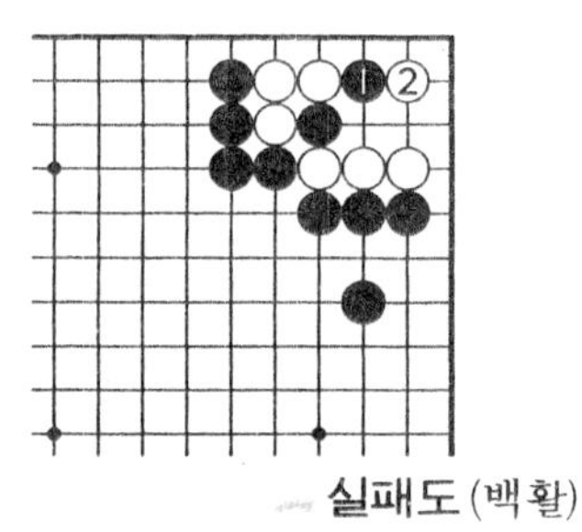

실패도 (백활)

〈제 8 형 7 도〉 정해도 흑1,3이 호수. 흑 5 까지 자충의 형태.

실패도 흑 1 은 악수. 백 2 로 공략한다.

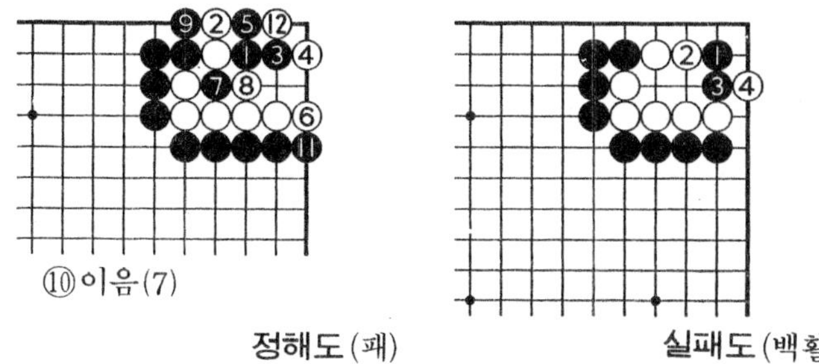

정해도(패) 실패도(백활)

〈제 8 형 8 도〉 흑 1 이하 백12까지 쌍방 최강의 응접. 패가 난다.

실패도 흑 1 의 맥은 본도는 적합치 않다.

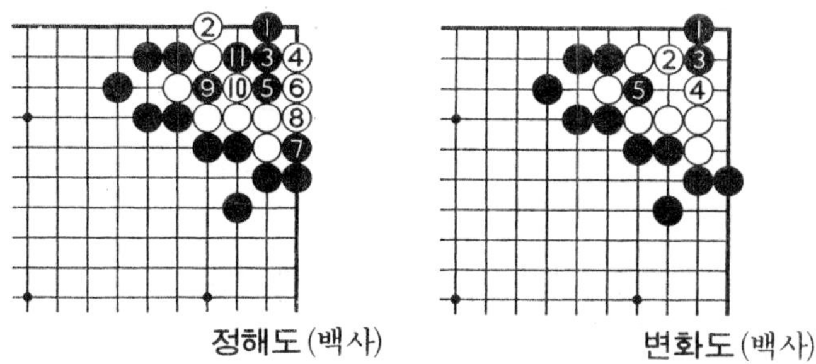
정해도(백사) 변화도(백사)

〈제 8 형 9 도〉 정해도 흑 1 이 급소. 백 2 에는 흑 3 에서 11 까지의 수순으로 자충을 유도.

변화도 흑 1 에 백 2 는 흑3,5로 백사.

10도 흑선

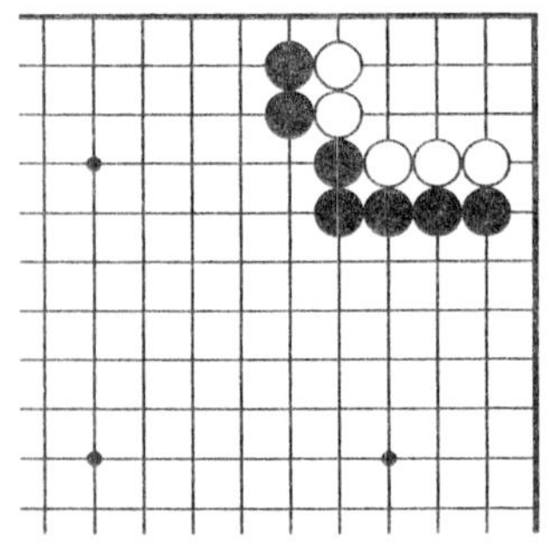

11도 흑선

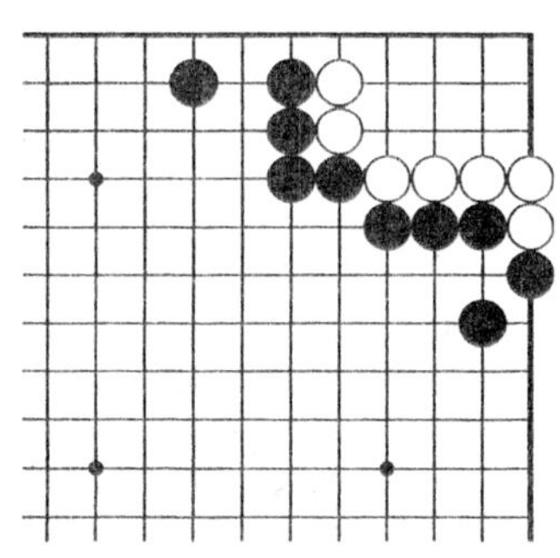

12도 사는 모양

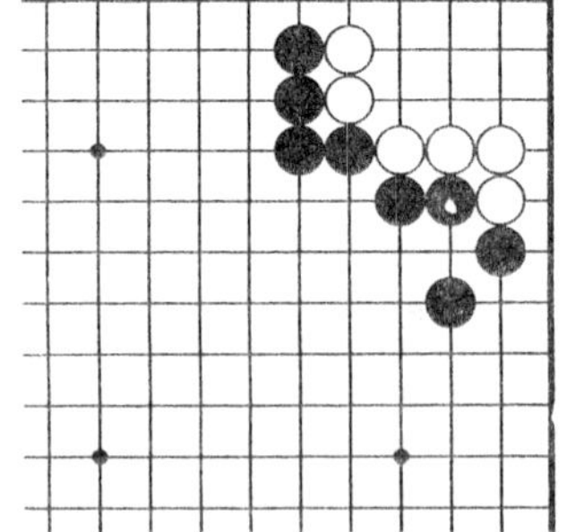

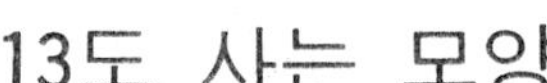

13도 사는 모양

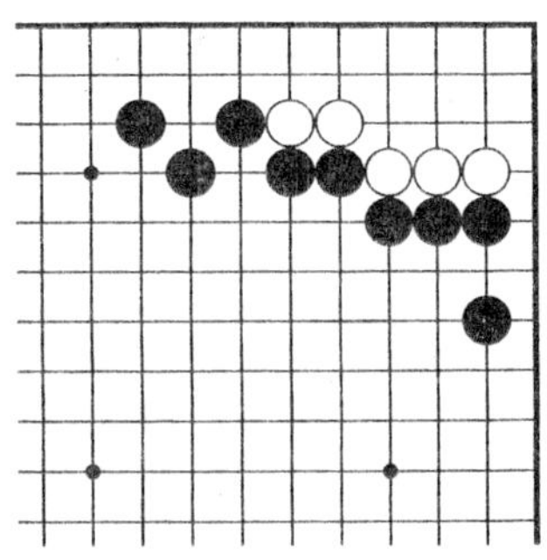

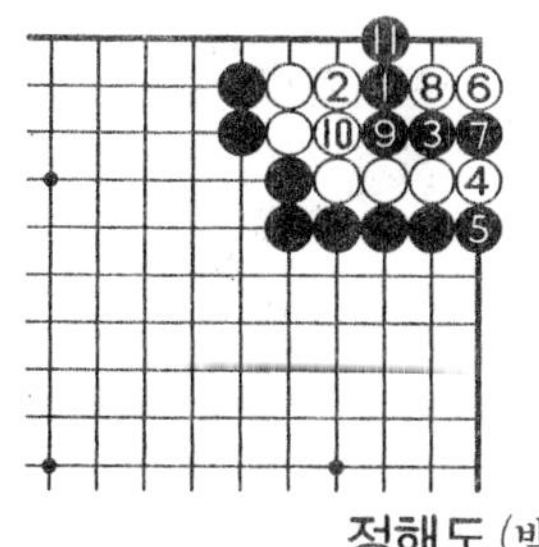
정해도 (백사)

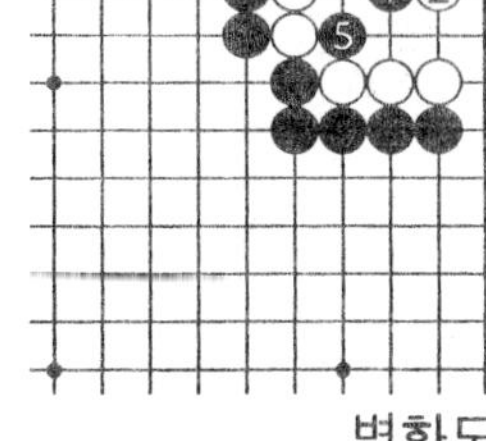
변화도 (백사)

〈제 8 형10도〉 정해도 흑 1 이 급소. 백은 양자충의 모습. 흑11까지 수가 없다.

변화도 흑 1 에 백 2 는 흑3,5로 백사.

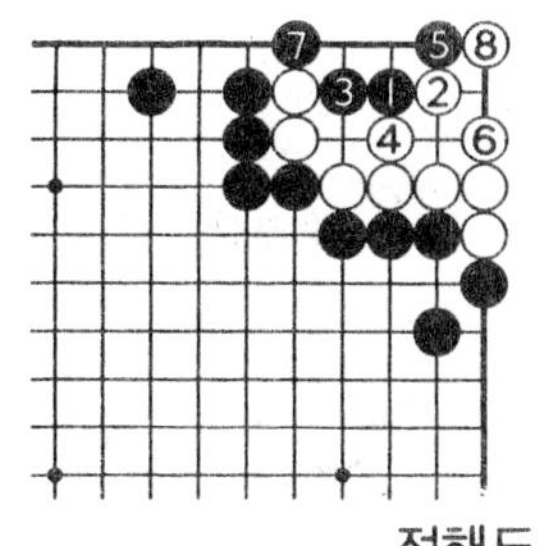
정해도 (패)

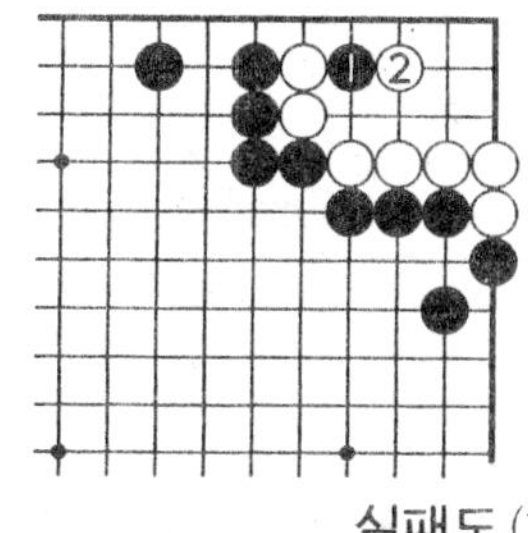
실패도 (백활)

〈제 8 형11도〉 정해도 흑 1 이하 8 의 수순으로 귀에서 패.

실패도 흑 1 은 악수. 2 점만 취할 수 밖에 없다.

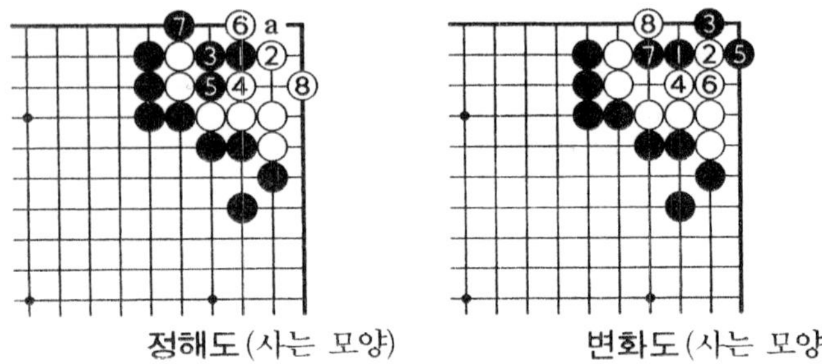

정해도(사는 모양)　　　　변화도(사는 모양)

〈제 8 형12도〉 정해도 흑 1 에는 백 2 가 요착. 이하 8 까지 사는 모양. 백 4 는 a로 산다.

변화도 흑 3 에는 백 4 에서 8 까지의 응접으로 사는 모양.

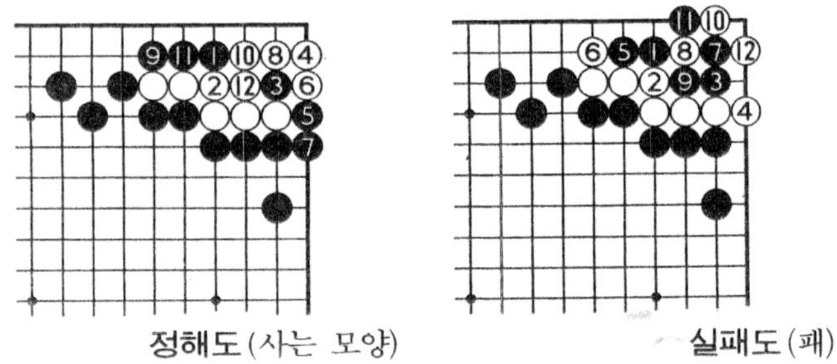

정해도(사는 모양)　　　　실패도(패)

〈제 8 형13도〉 정해도 백 4 가 최선의 응수이며 이하 백12 까지 두 눈을 확보.

실패도 백4 는 무리. 패가 난다.

14도 흑선

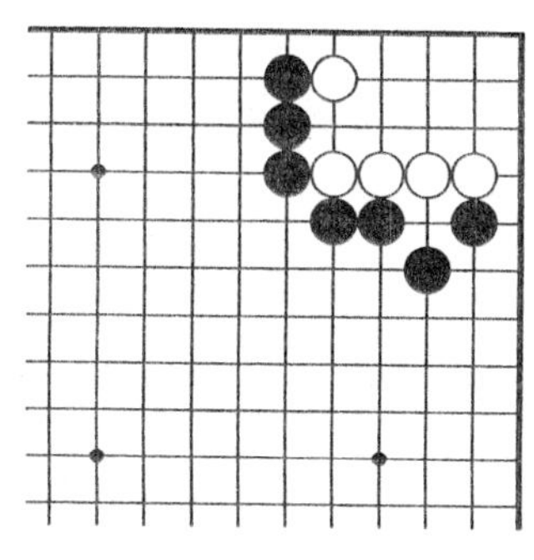

15도 사는 모양

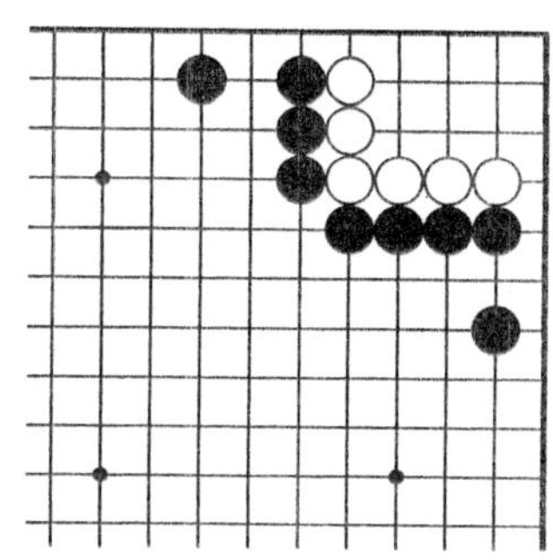

〔제 9 형〕

1 도 흑선

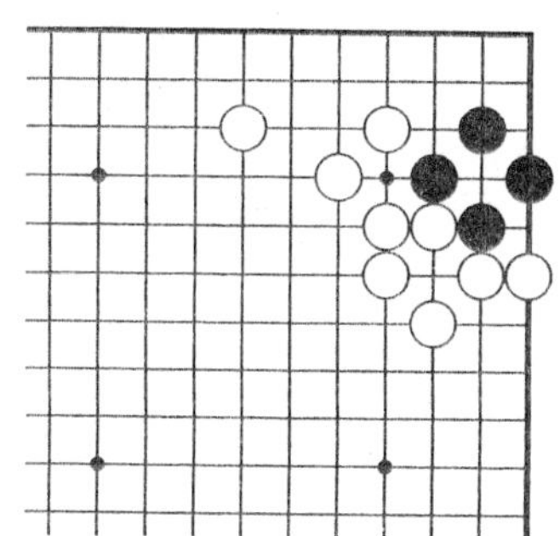

2 도 흑선

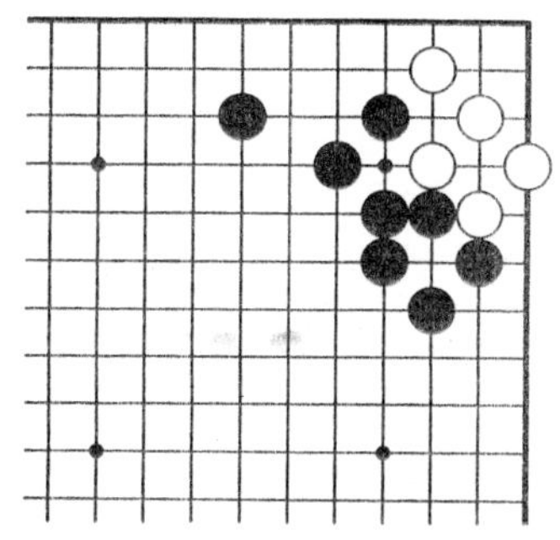

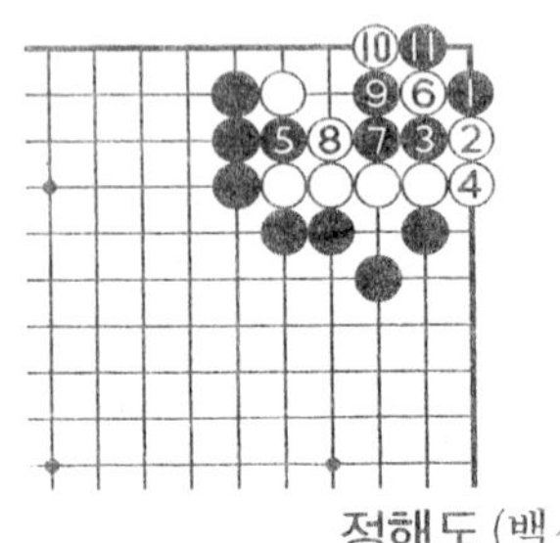

정해도(백사)

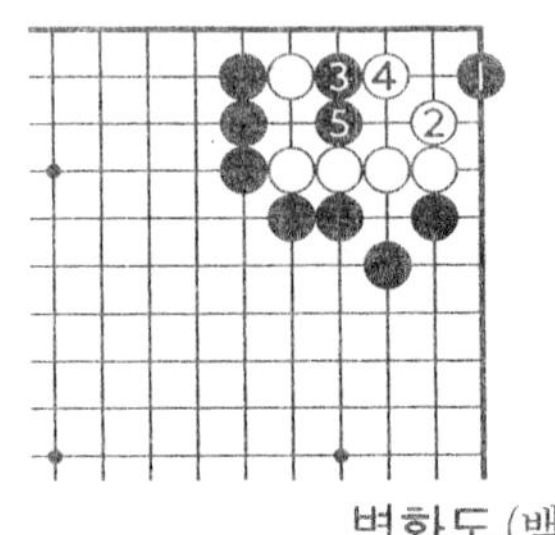

변화도(백사)

〈제 8 형14도〉 정해도 흑 1 에서 11까지 움직여 백은 활로가 없다. 귀는 매화 6 궁형.

변화도 흑 1 에 백 2 는 흑3,5로 백사.

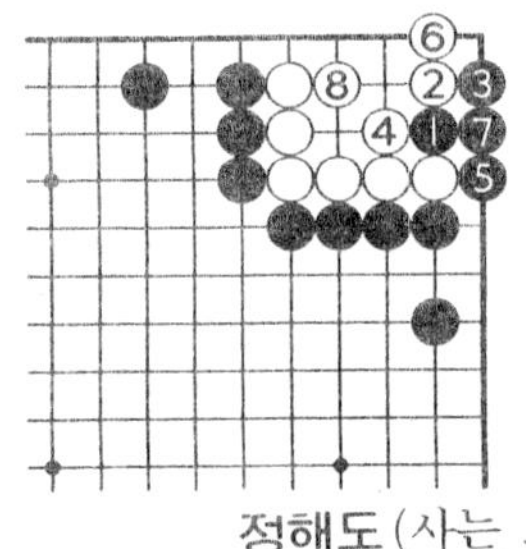

정해도(사는 모양)

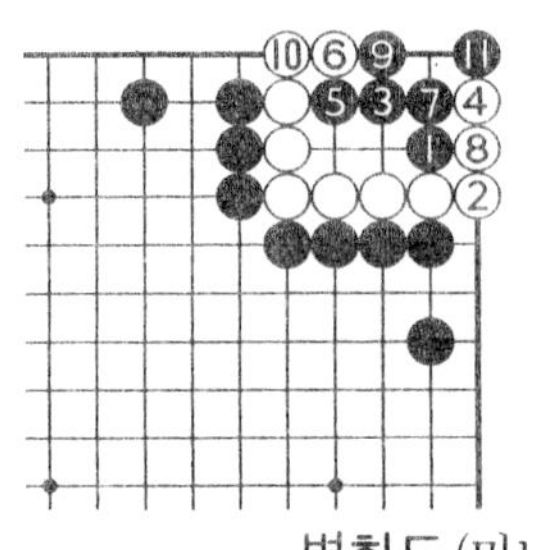

변화도(만년패)

〈제 8 형15도〉 정해도 흑 1 에는 백 2 가 요착. 이하 백 8 까지 사는 모양.

변화도 백 2 는 무리이며 흑11까지 만년패.

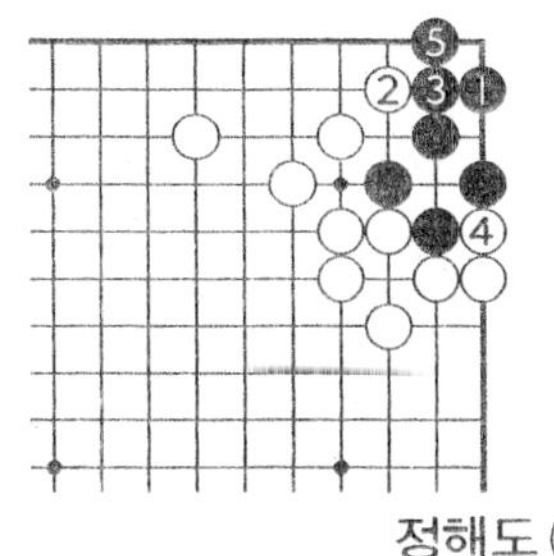

정해도(패)

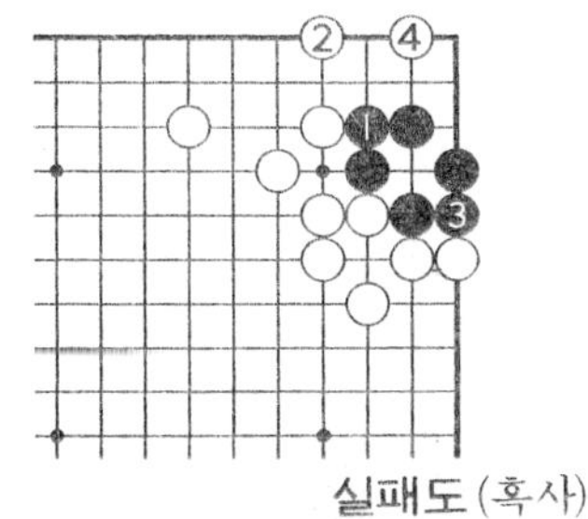

실패도(흑사)

〈제 9 형 1 도〉 **정해도** 흑 1 이 요착이며 백 4 에 흑 5 로 패. 참조=동형 2 도.

실패도 흑 1 로는 살지 못한다. 백 2 가 교묘.

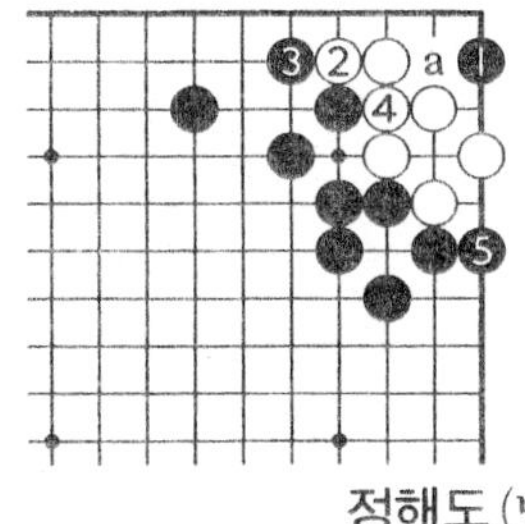

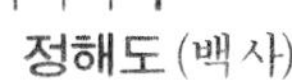

정해도(백사)

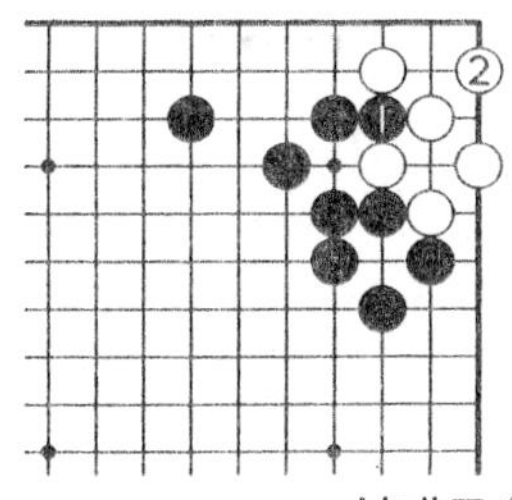

실패도(백활)

〈제 9 형 2 도〉 **정해도** 흑 1 이 급소이며 흑 5 내려섬이 좋은 수. 백 4 로 a 는 흑 4 로 귀곡사.

실패도 흑 1 은 무책. 백 2 의 요점을 허락한다.

3 도 흑선

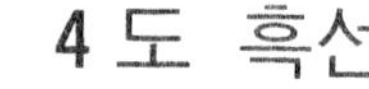

4 도 흑선

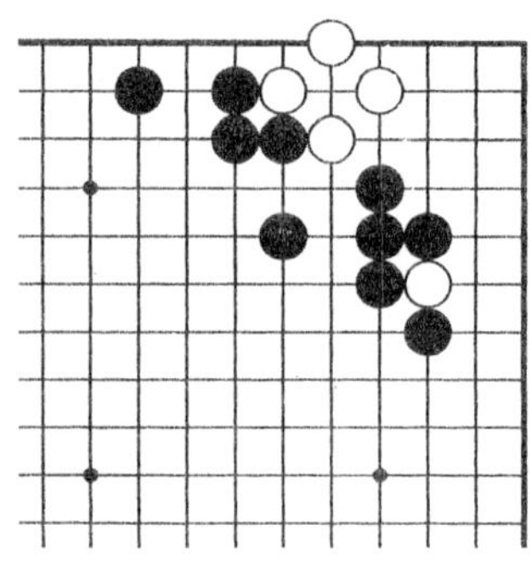

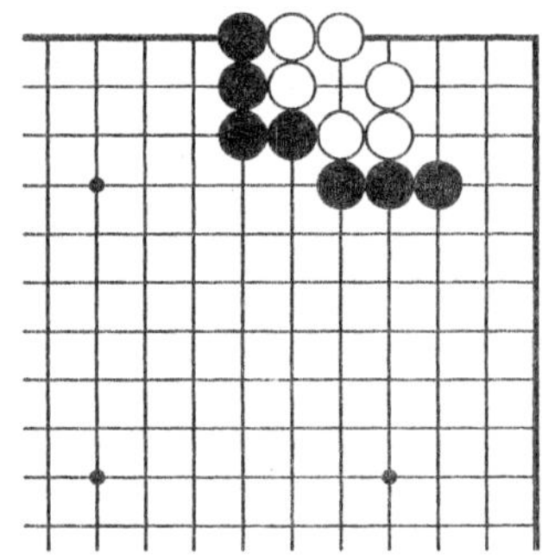

5 도 흑선

6 도 흑선

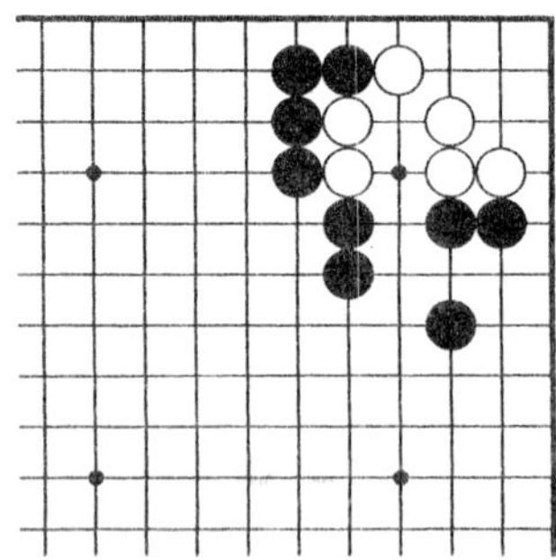

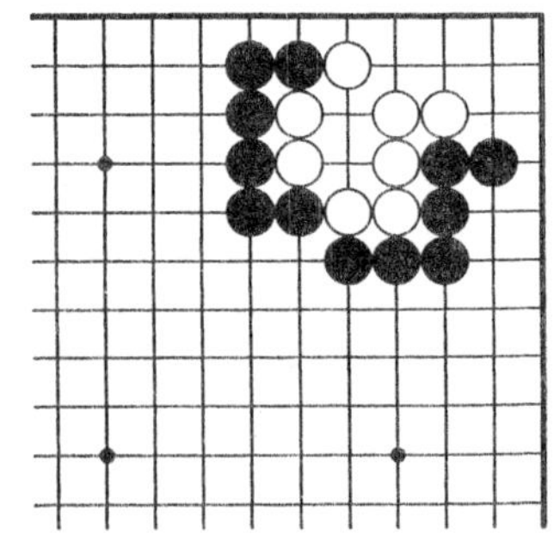

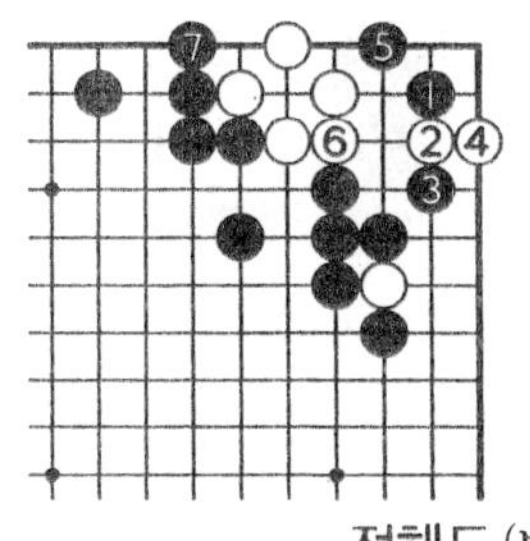
정해도(백사)

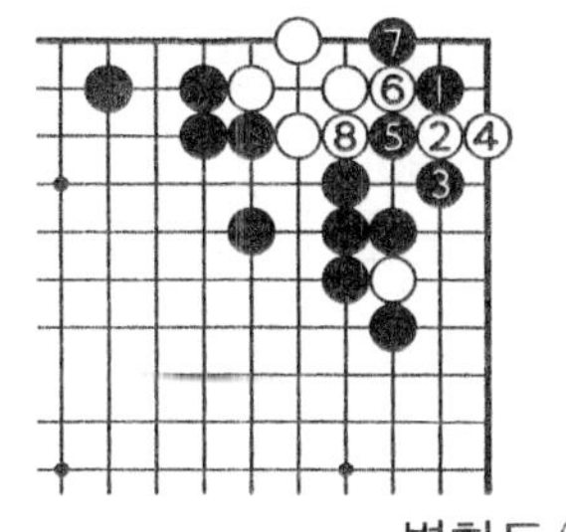
변화도(패)

〈제 9 형 3 도〉 정해도 흑 1 에서 7 까지 수순으로 눈을 없앤다. 흑 5 가 교묘.

변화도 흑5,7은 백 8 로 패.

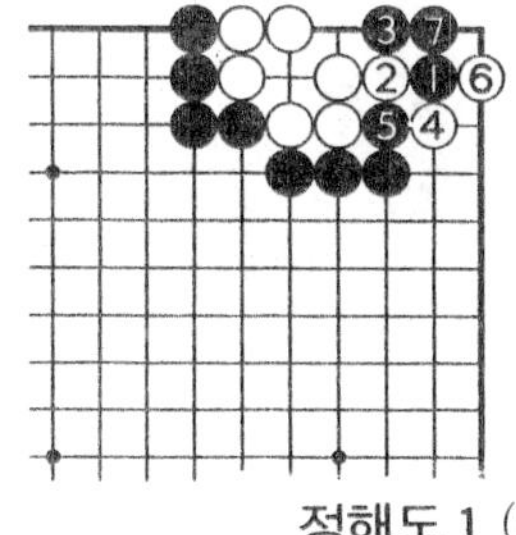
정해도 1 (백사)

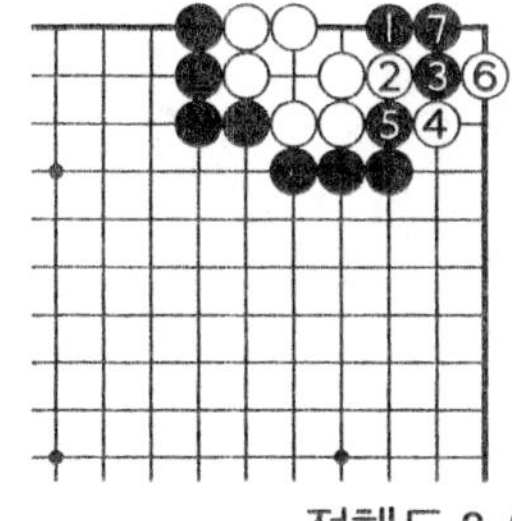
정해도 2 (백사)

〈제 9 형 4 도〉 정해도 1 흑 7 까지 귀의 특수성을 이용. 다른 곳에서는 성립되지 않는다.

정해도 2 흑 1 로 동형반복.

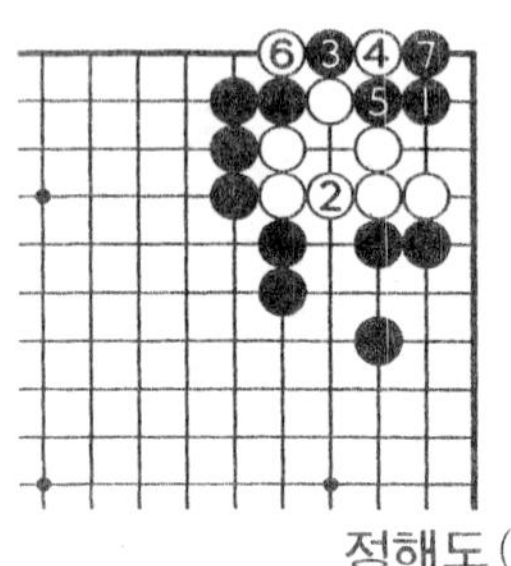
정해도(백사)

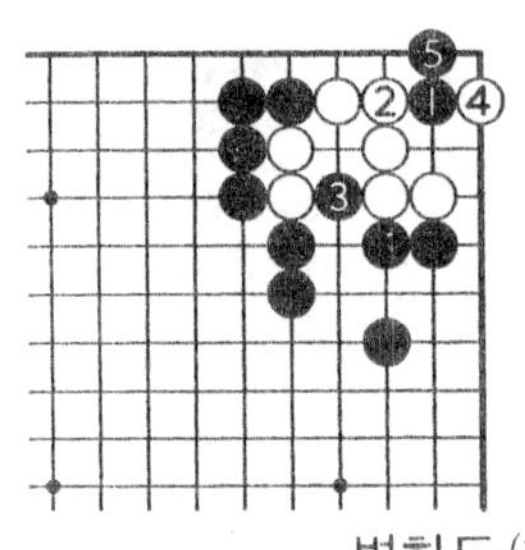
변화도(백사)

〈제 9 형 5 도〉 정해도 흑 1 이 급소. 백 2 에는 3 에서 7 까지 백의 허술함을 찌른다.

변화도 흑 1 에 백 2 는 흑3,5로 백사.

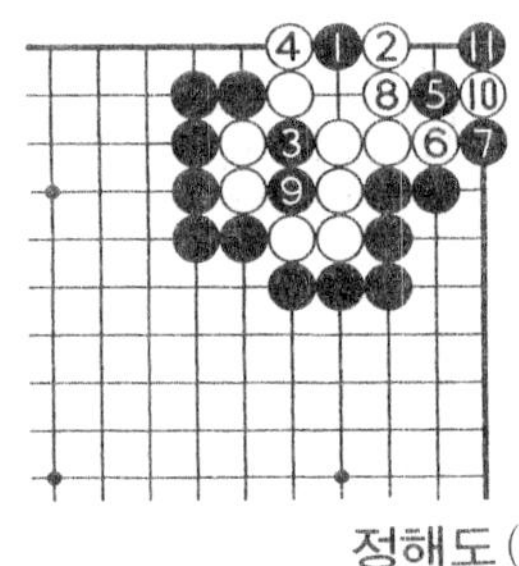
정해도(백사)

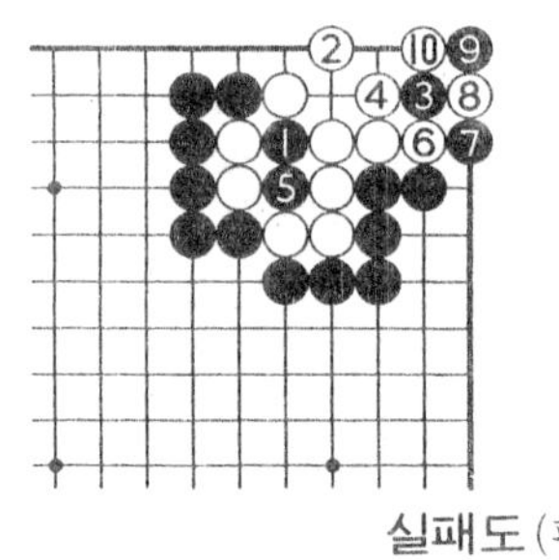
실패도(패)

〈제 9 형 6 도〉 정해도 흑1,3,5로 호수순으로 흑11까지 백은 활로가 없다.

실패도 흑 1 은 수순착오. 백10까지 패.

*7 도 흑선

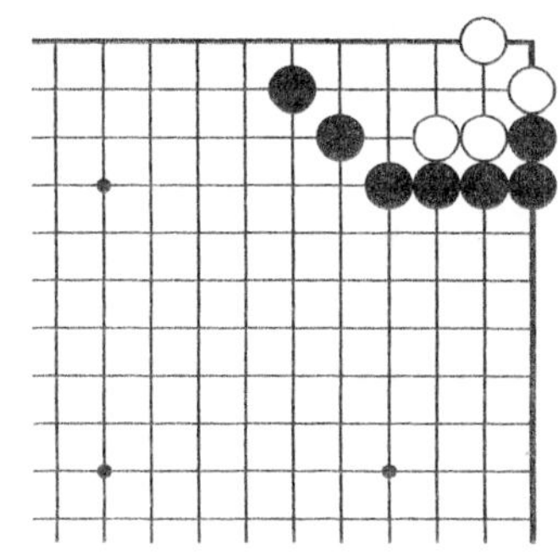

*8 도 흑선

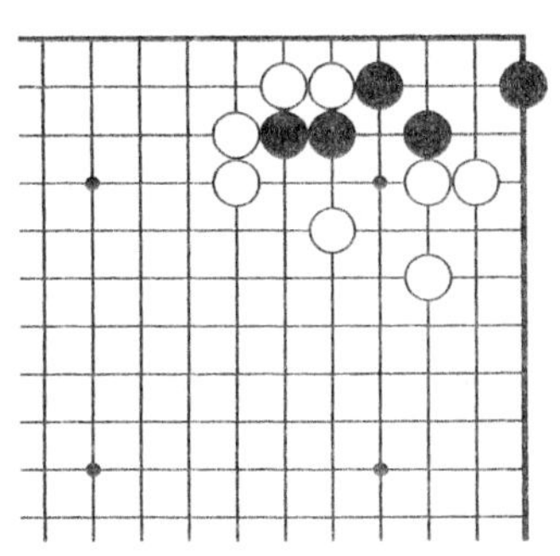

9 도 흑선

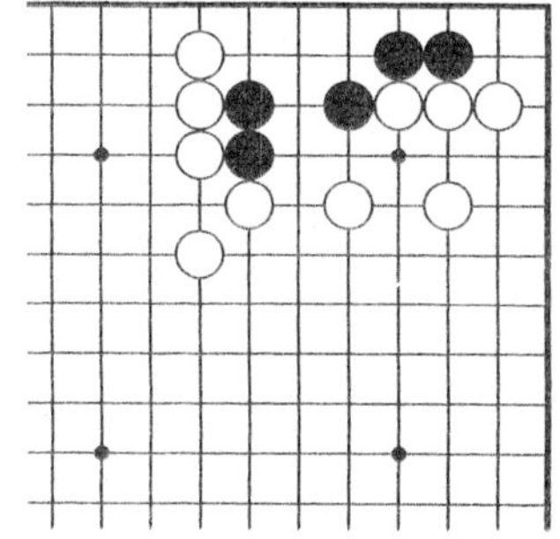

*10도 흑선

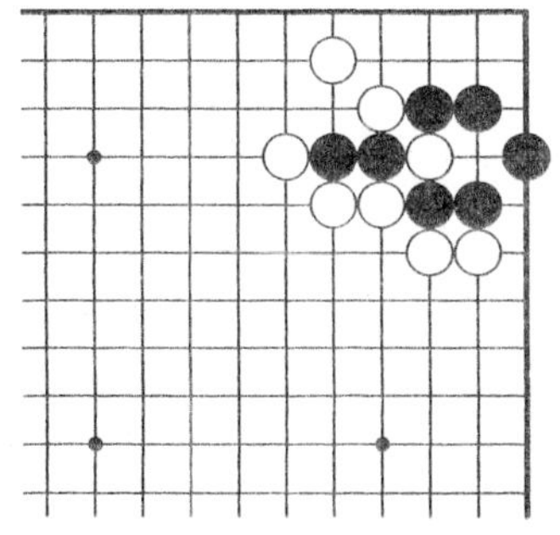

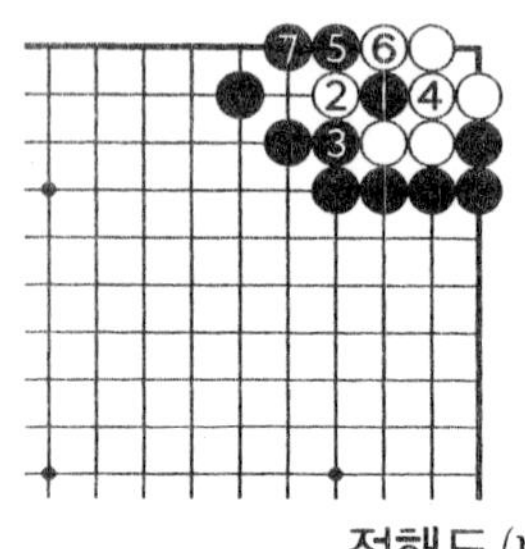

정해도 (백사)

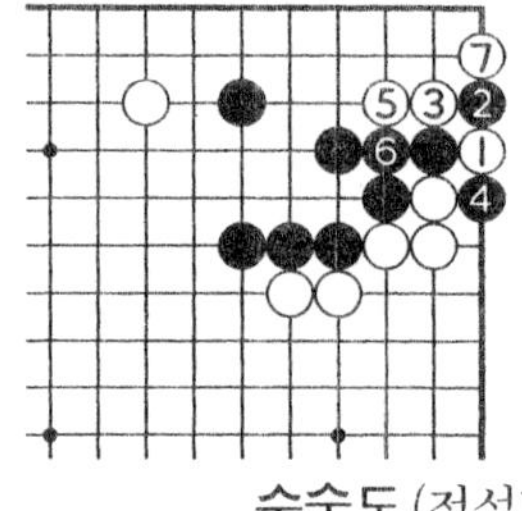

수순도 (정석변화)

〈제 9 형 7 도〉 **정해도** 흑 1 에서 7 까지 상용의 맥으로 눈을 없앤다. 흑 1 로 5 는 백 2 로 산다.

수순도 본도는 상황이 다르다. 참조=수단 7 도.

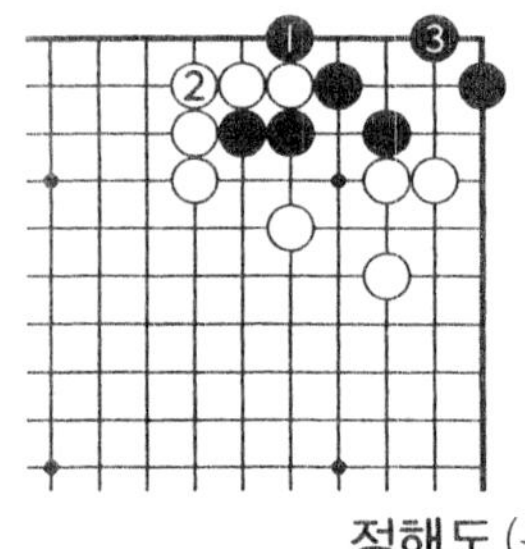

정해도 (흑활)

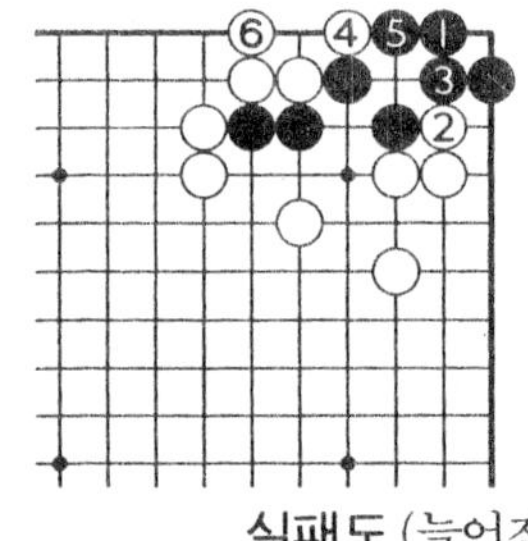

실패도 (늘어진 패)

〈제 9 형 8 도〉 **정해도** 흑 1 을 결정하는 것이 수순. 흑 3 이 요착이어서 두 눈을 확보.

실패도 흑 1 은 수순이 나쁘다. 백 6 으로 늘어진 패.

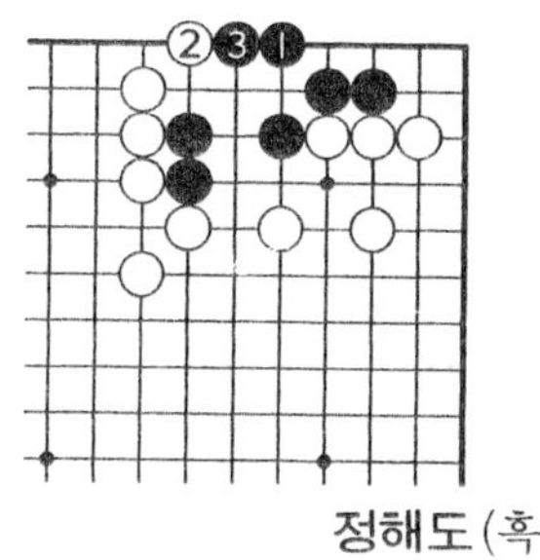

정해도(흑활)

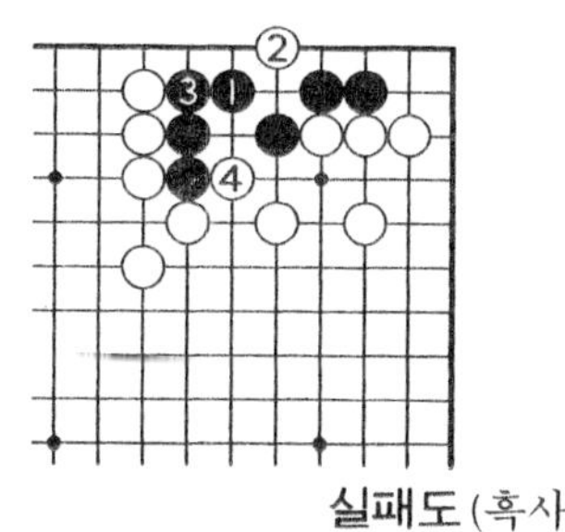

실패도(흑사)

〈제 9 형 9 도〉 정해도 흑 1 이 묘착. 백 2 에는 흑 3 으로 는다.

실패도 흑 1 은 악수. 백2,4로 흑사.

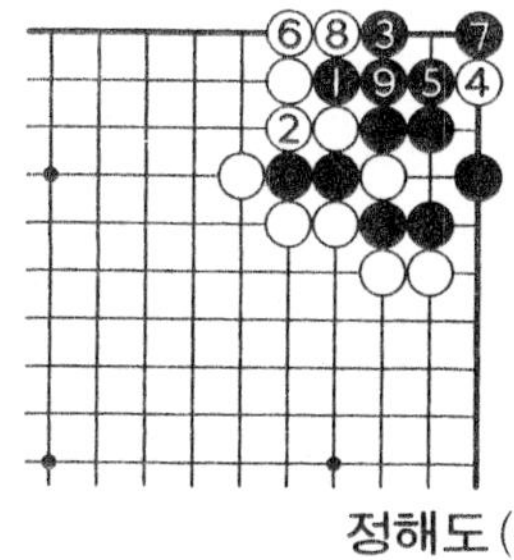

정해도(흑활)

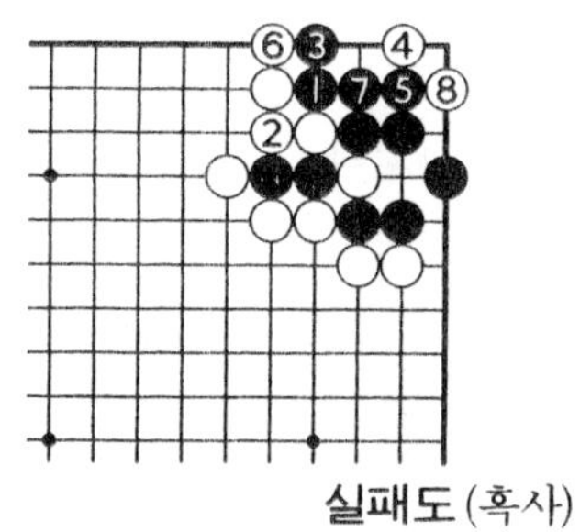

실패도(흑사)

〈제 9 형10도〉 정해도 흑1,3으로 활로를 구하는 것이 정수. 흑 9 까지 귀에서 연단수로 사는 모양.

실패도 흑 3 은 악수. 귀곡사로 흑사.

11도 흑선

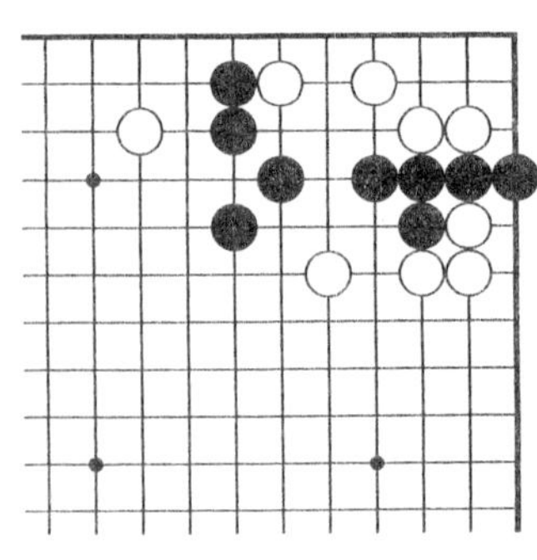

*12도 흑선

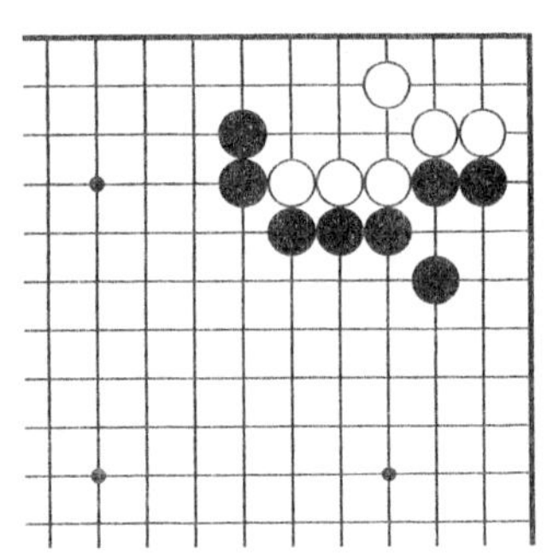

13도 흑선

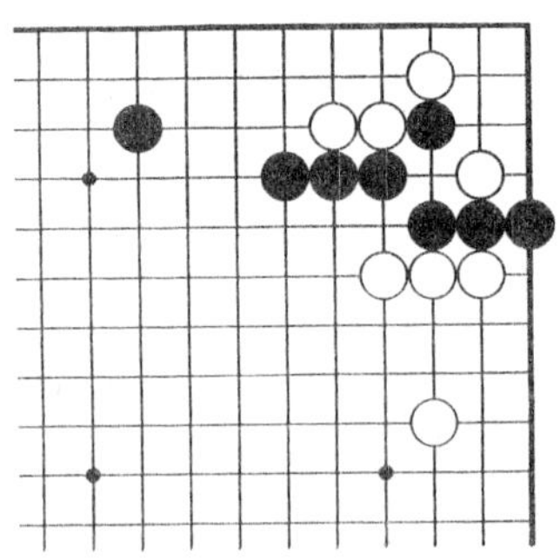

14도 흑선

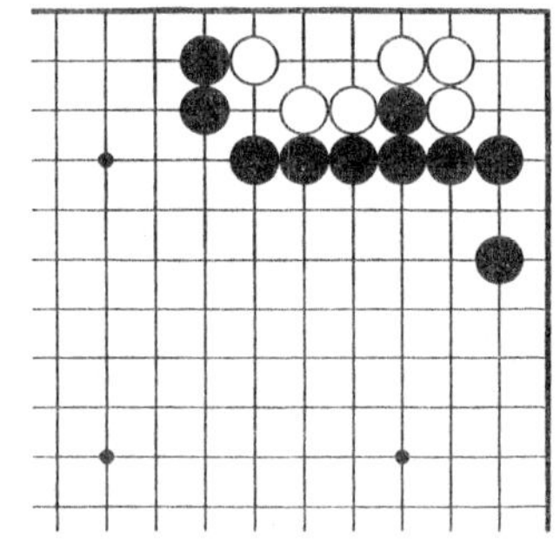

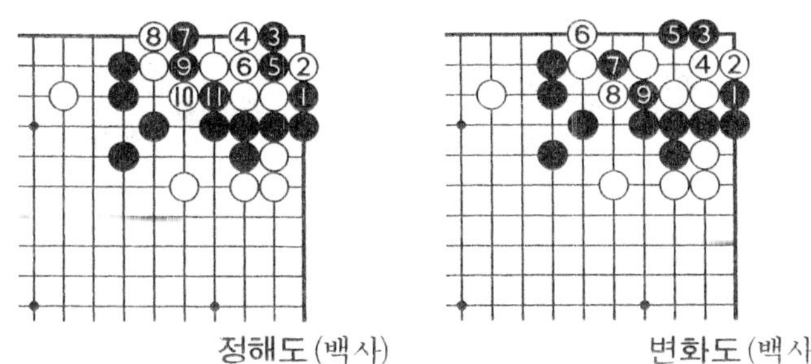

정해도 (백사) 변화도 (백사)

〈제 9 형11도〉 정해도 흑 1 에서 11까지의 수순으로 모양의 허술함을 찌른다.

변화도 흑 3 에 백 4 는 흑 5 에서 9 까지 백사.

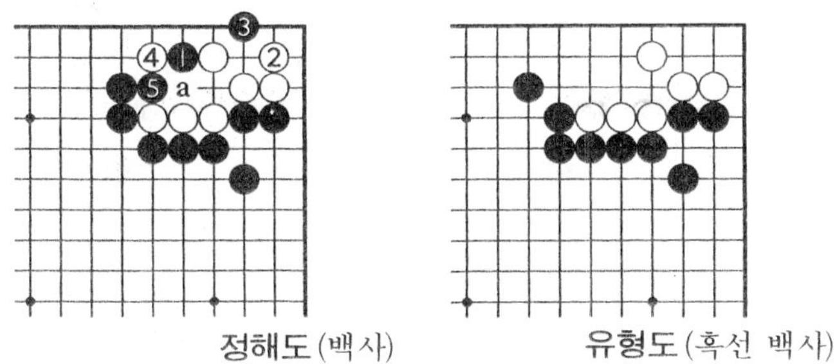

정해도 (백사) 유형도 (흑선 백사)

〈제 9 형12도〉 정해도 흑 1 이 급소. 백 4 도 흑 5 로 효과가 없다. 흑 1 로 a 는 백 1 로 산다.

유형도 사활형의 유형을 나타냄. 급소는 동일.

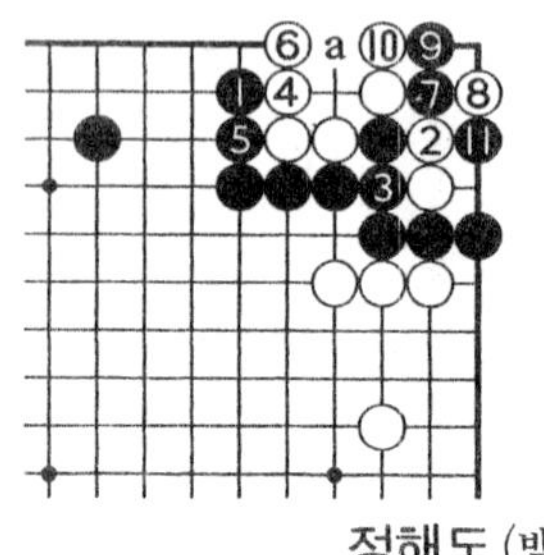

정해도(백사)

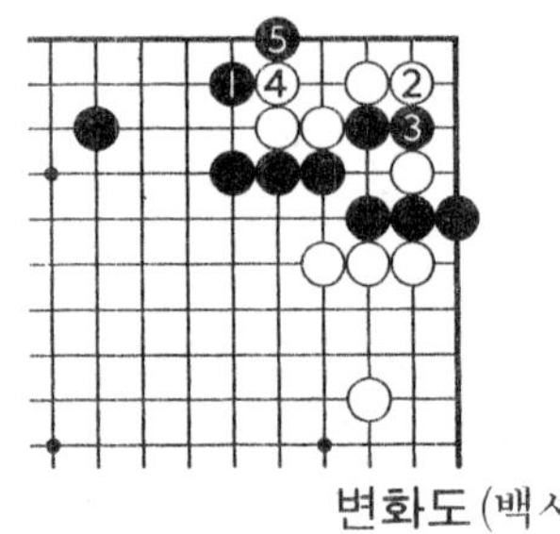

변화도(백사)

〈제 9 형13도〉 정해도 흑 1 이 호착. 변의 진출을 막으며 집모양을 방지. 백10으로 11은 흑a 로 죽는다.

변화도 흑 1 에 백 2 는 흑3,5로 백사.

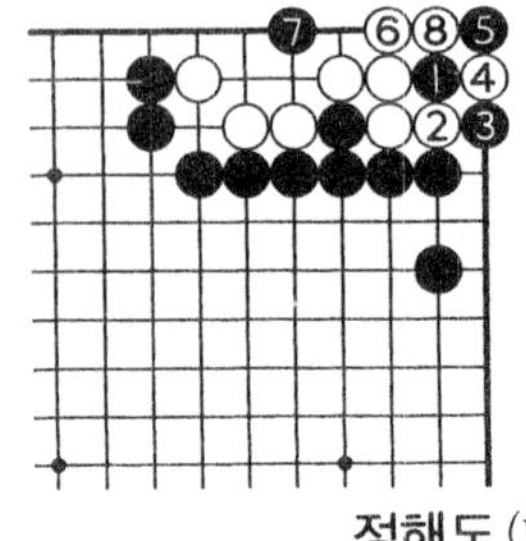

정해도(백사)

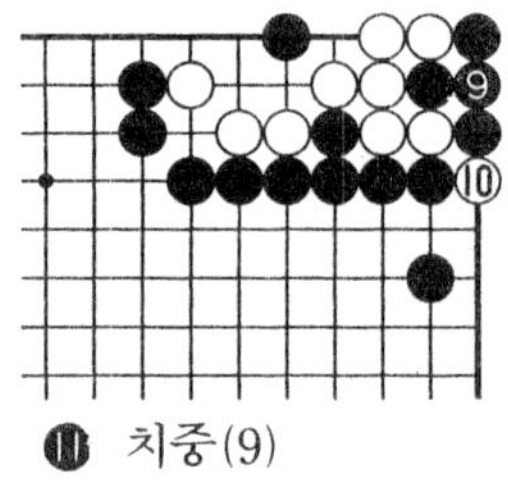

⓫ 치중(9)

정해계속(백사)

〈제 9 형14도〉 정해도 흑 1 로 공격하는 것이 정수. 수순중 백 6 에 흑 7 이 요착.

정해계속 흑9,11이 교묘. 귀는 후수 한집.

15도 흑선

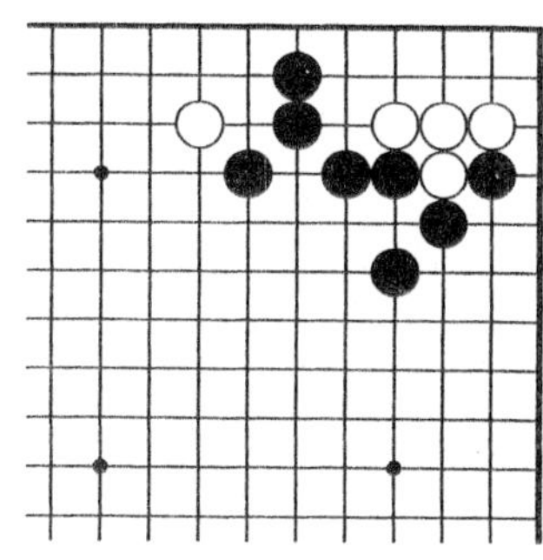

16도 흑선

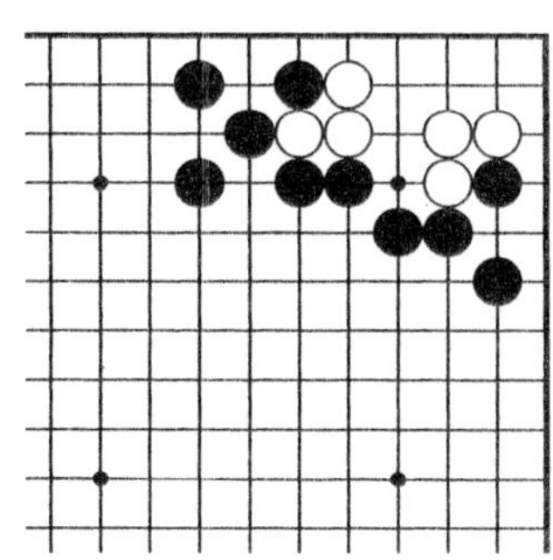

17도 사는 모양

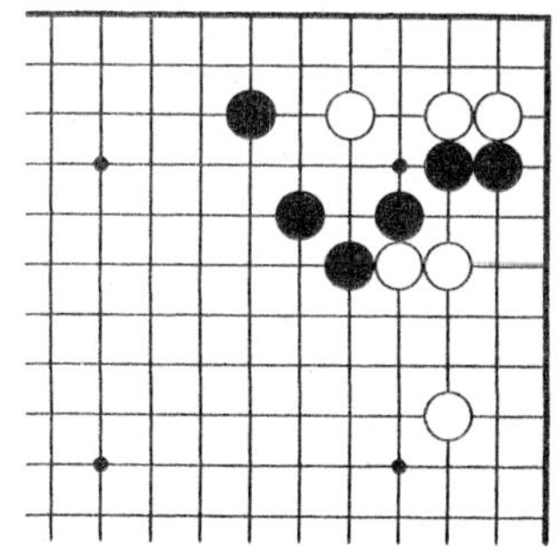

18도 흑선

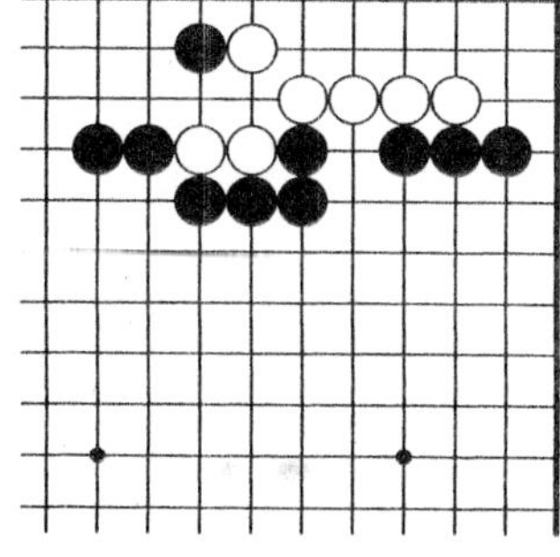

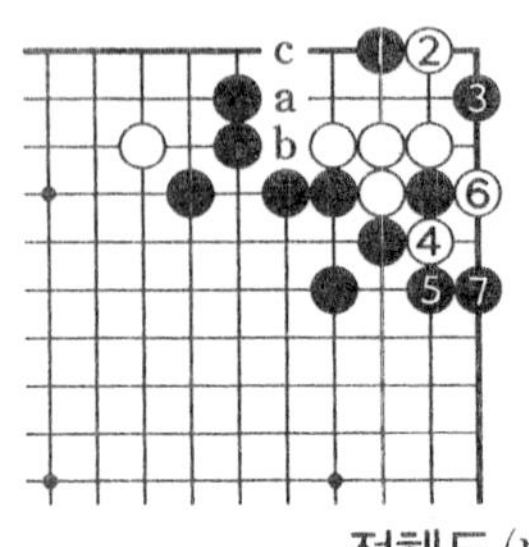

정해도(백사)

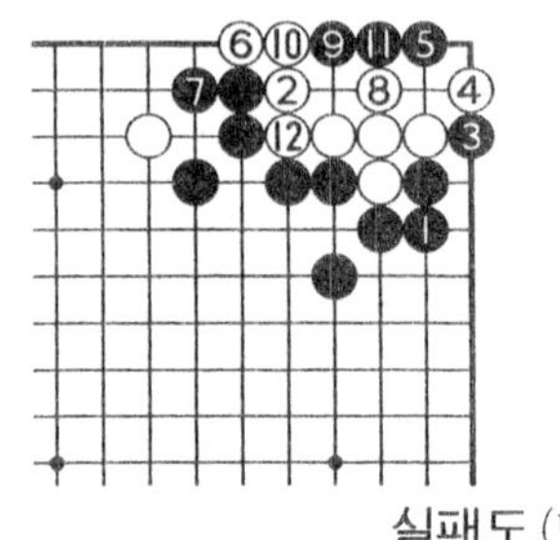

실패도(빅)

〈제 9 형15도〉 정해도 흑 1 로 4 는 백a,흑b,백c 로 패. 참조 =제14형26도. 32도.

실패도 흑 1 에서 5 는 백 6 이 좋아 빅.

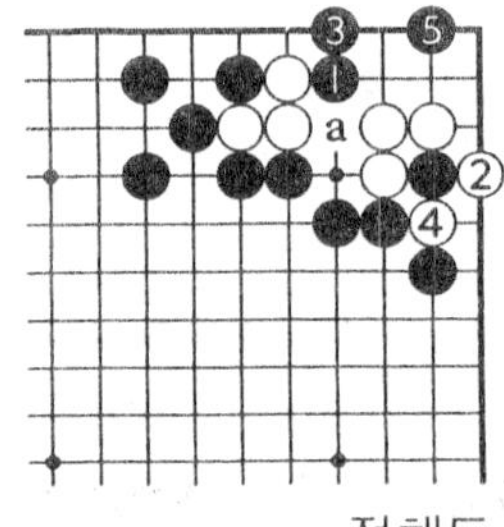

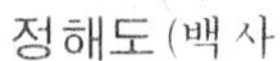

정해도(백 사)

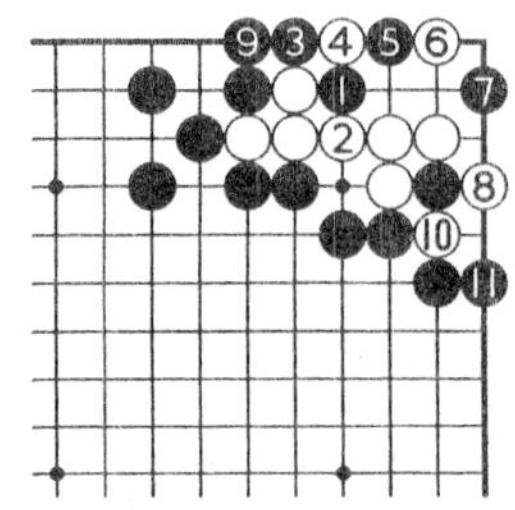

변화도(백 사)

〈제 9 형16도〉 정해도 흑 1 로 2 를 엿보면, 백 4 에 흑 5 까지 전개된다. 백이 죽게 된다.

변화도 흑 1 에 백이 2 로 잇는다 해도 백10, 흑11 까지의 진행으로 역시 백이 죽는다.

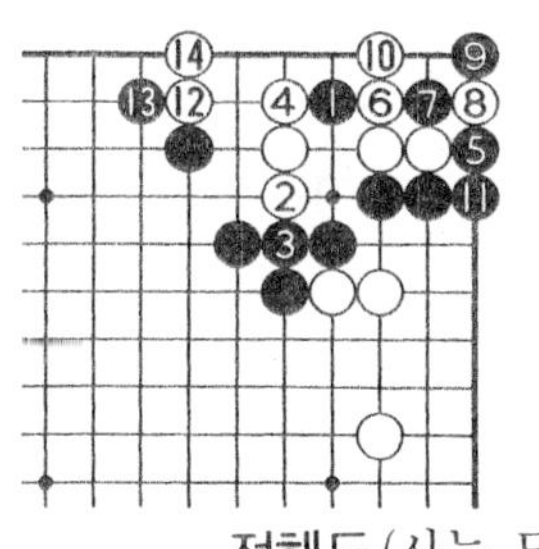

정해도(사는 모양)

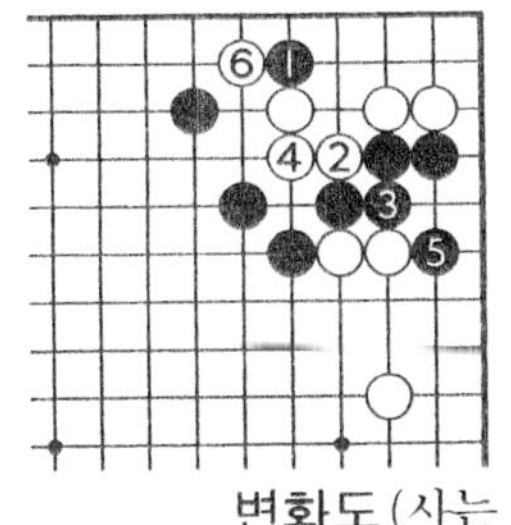

변화도(사는 모양)

〈제 9 형17도〉 정해도 흑 1 에는 2 에서 14까지 응접. 백은 사는 모양.

변화도 흑 1 에는 백 2 가 요착. 백 6 으로 사는 모양.

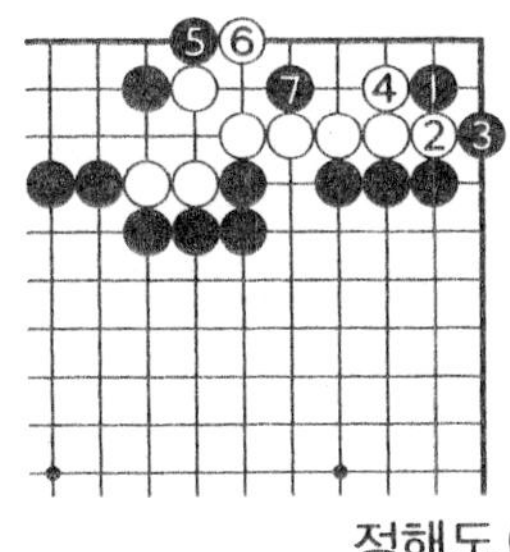

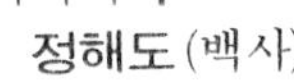

정해도(백사)

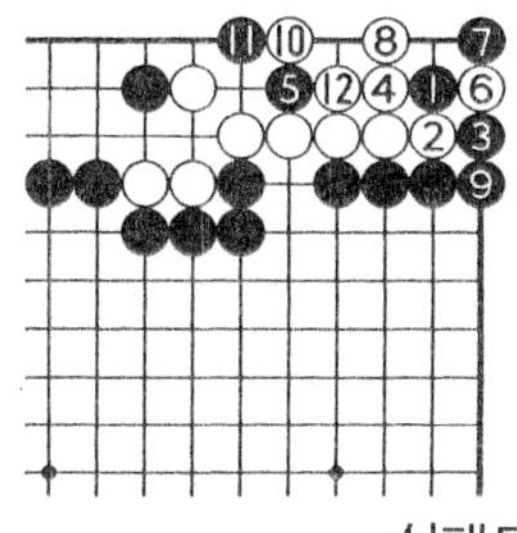

실패도(패)

〈제 9 형18도〉 정해도 흑 5 는 세심한 수순. 저항수단을 봉쇄. 흑 7 로 그만이다.

실패도 흑 5 는 수순착오. 백12까지 패.

제 2 장

변에서의 변화

〔제10형〕

1 도 흑선

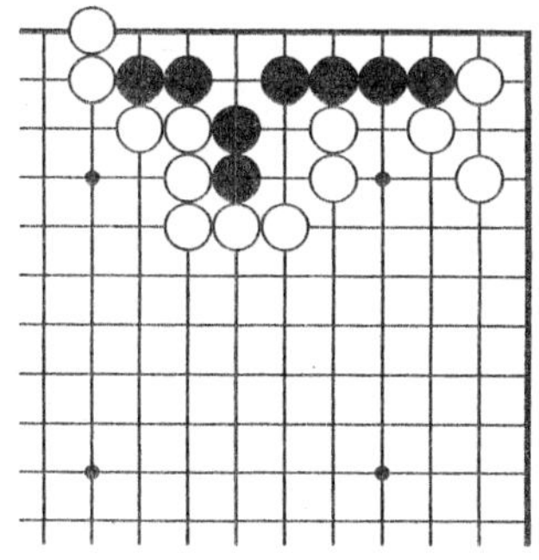

2 도 흑선

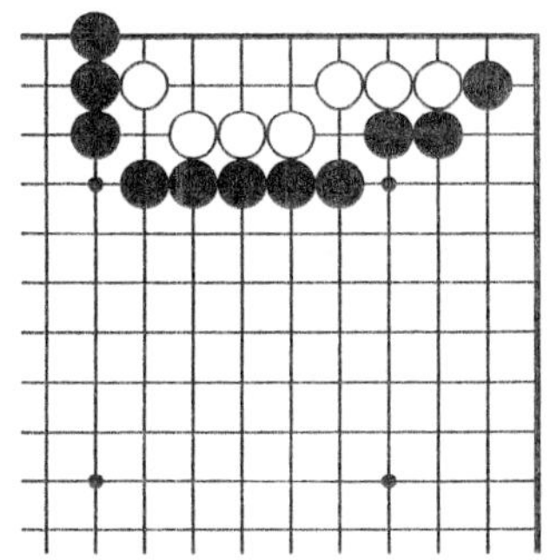

＊3 도 흑선

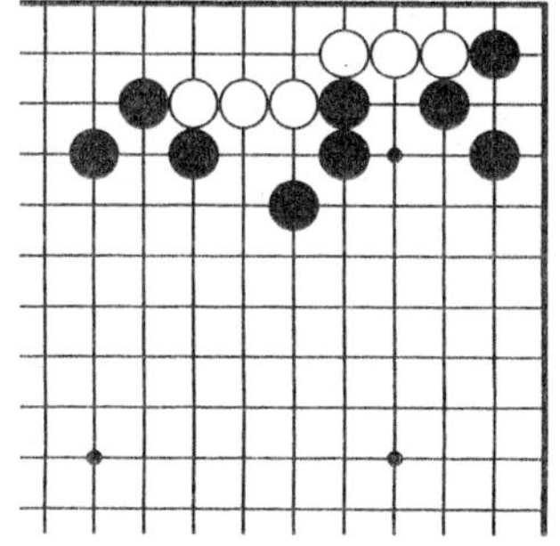

4 도 흑선

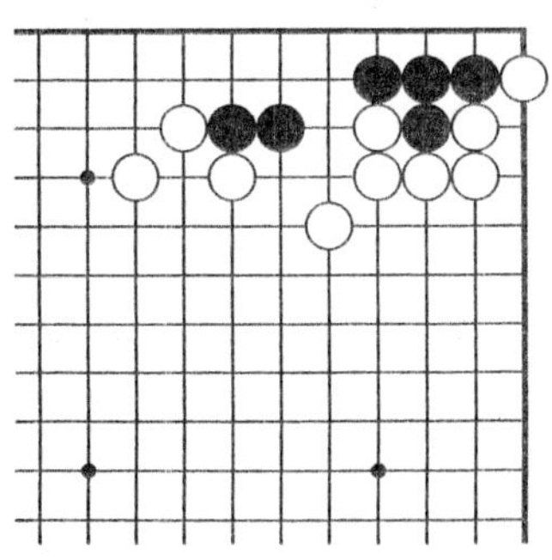

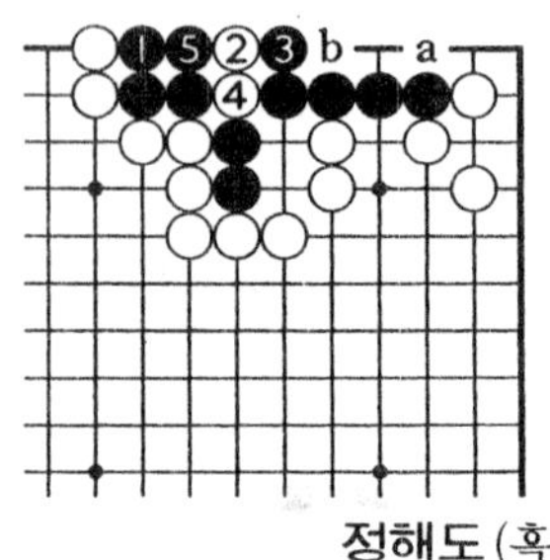

정해도(흑활)

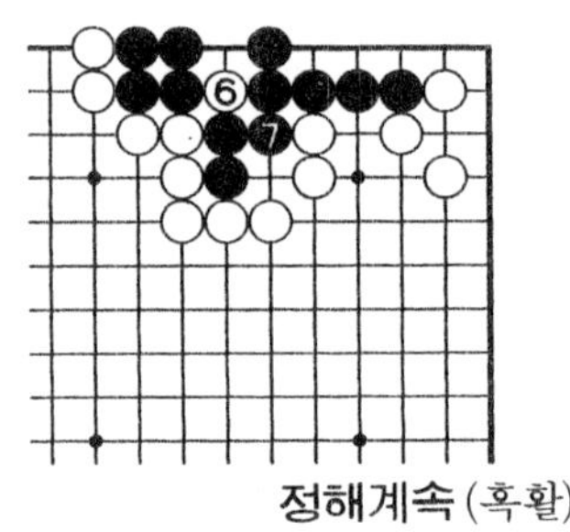

정해계속(흑활)

〈제10형 1 도〉 **정해도** 흑 1 로 삶을 구하는 것이 정수. 흑 1 로 a 는 백 1, 흑 5, 백 b 로 흑사.

정해계속 흑 1 이 요착으로 후절수.

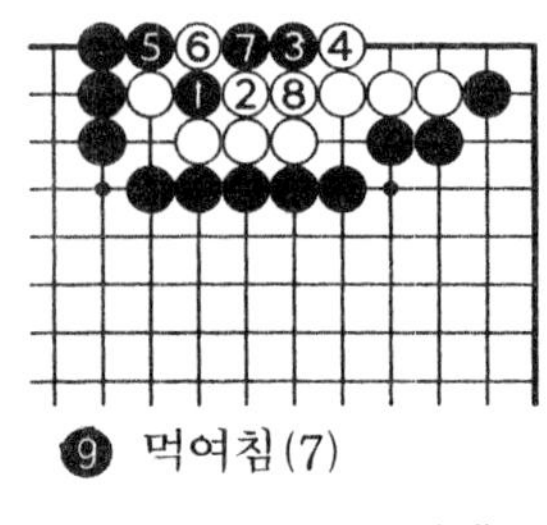

❾ 먹여침(7)

정해도(패)

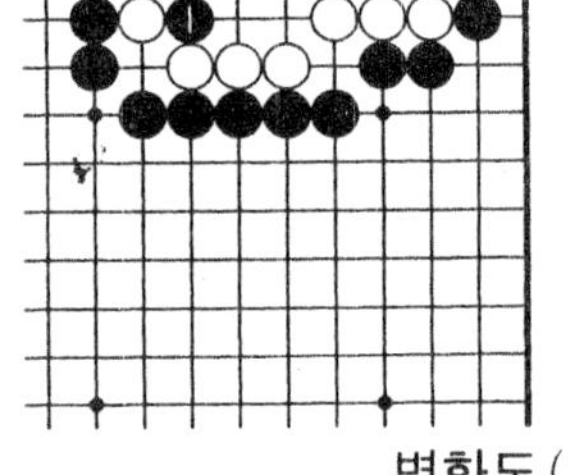

변화도(패)

〈제10형 2 도〉 **정해도** 흑1,3이 호수순. 결과는 흑 9 까지 패.

변화도 흑 1 에 백 2 는 동형반복.

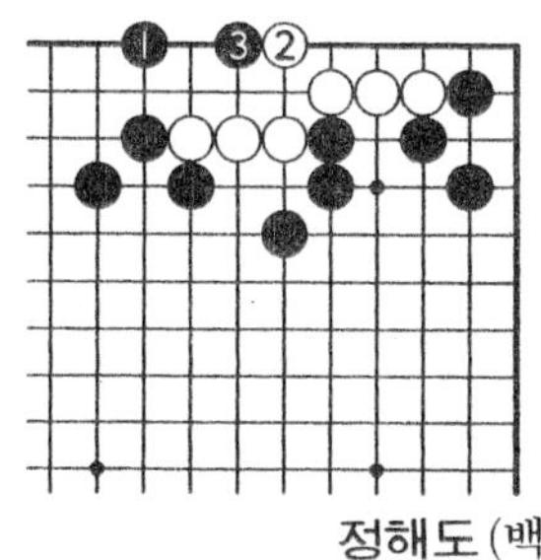

정해도 (백사)

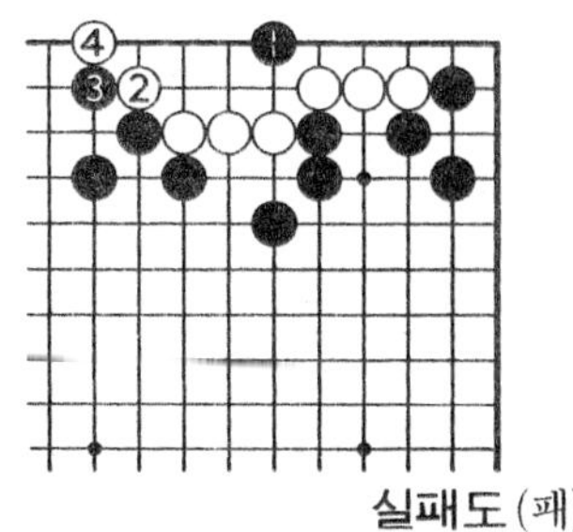

실패도 (패)

〈제10형 3 도〉 **정해도** 흑 1 이 교묘. 백의 저항수단을 봉쇄.
실패도 흑 1 은 수순이 나쁘다. 패.

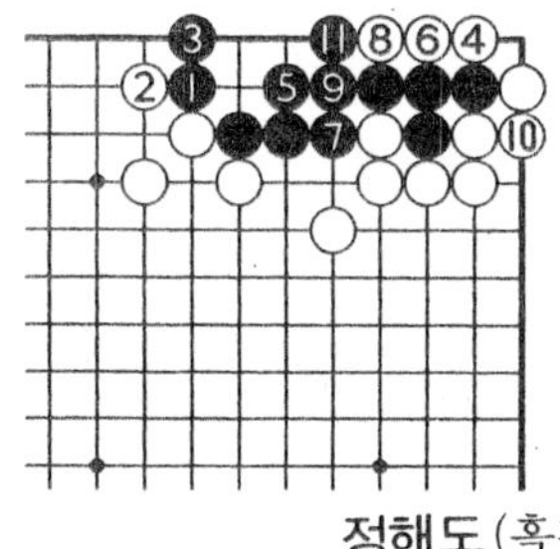

정해도 (흑활)

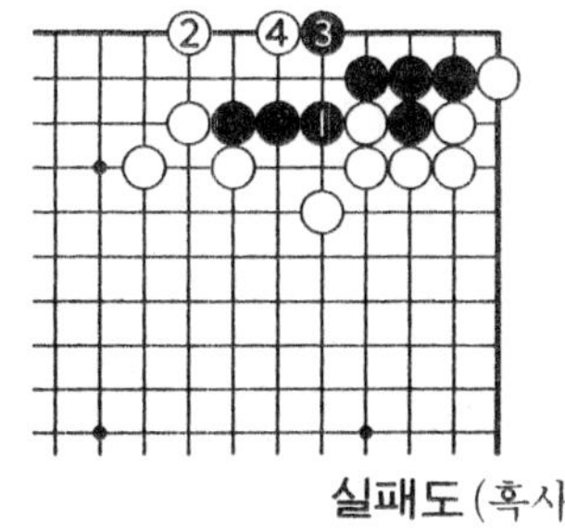

실패도 (흑사)

〈제10형 4 도〉 **정해도** 흑 1 이하의 수순으로 두 눈을 확보. 백10이 생략할 수 없다.

실패도 흑 1 은 응수착오. 참조=동형 3 도.

＊5도 흑선

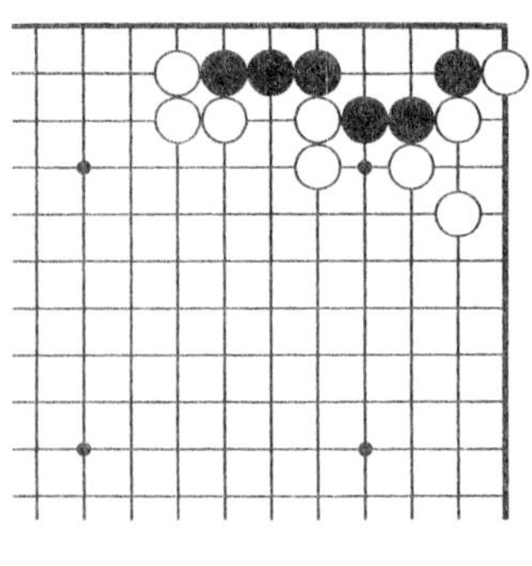

6도 흑선

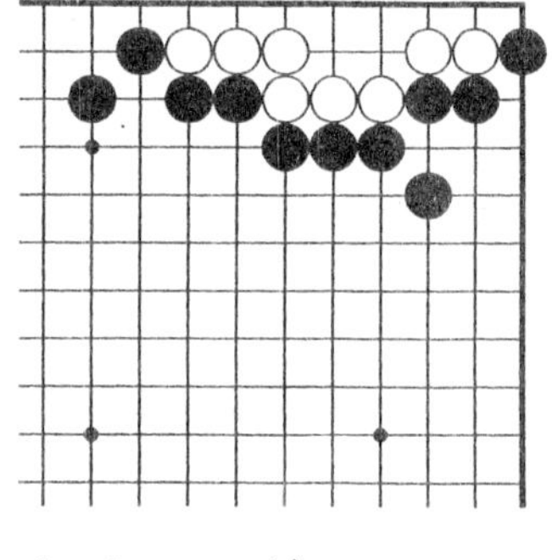

7도 흑선

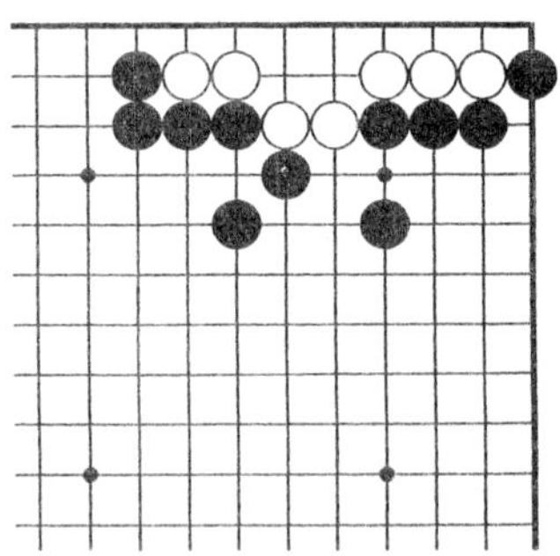

〔제11형〕

＊1도 흑선

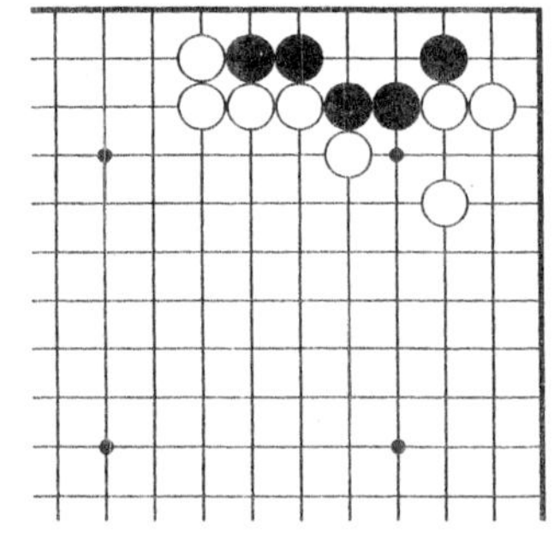

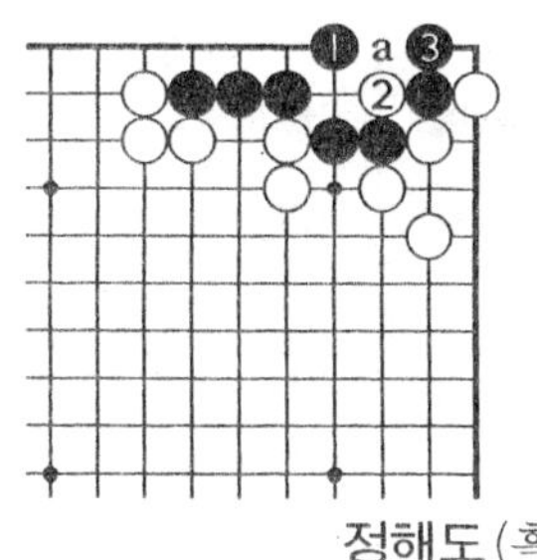

정해도(흑활)

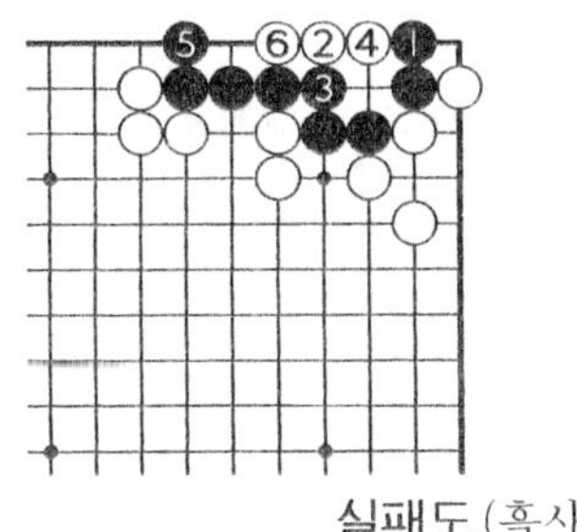

실패도(흑사)

〈제10형 5 도〉 정해도 흑 1 이 요착. 백 2 에 흑 3 으로 두 눈을 확보. 흑 1 로 a 는 백 3 으로 패.

실패도 흑 1 은 악수. 백 2 로 대항한다.

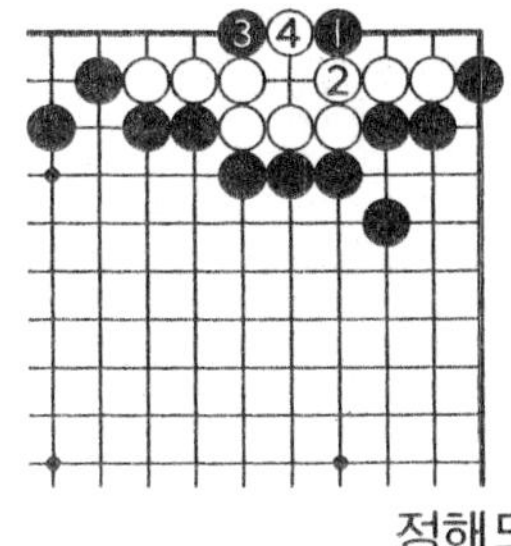

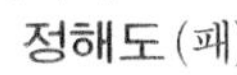

정해도(패)

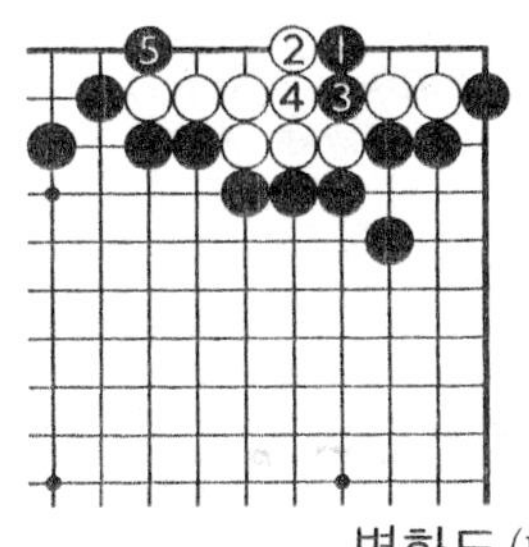

변화도(백사)

〈제10형 6 도〉 정해도 흑 1 이 급소. 백 2 는 최선의 응수. 결과는 백 4 까지 패.

변화도 흑 1 에 백 2 는 흑3,5로 백사.

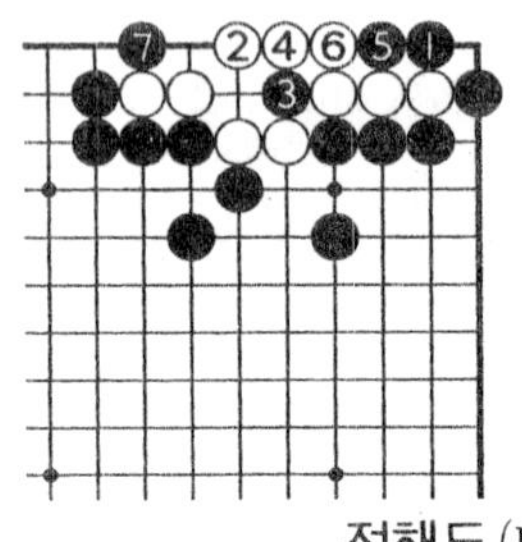
정해도(백사)

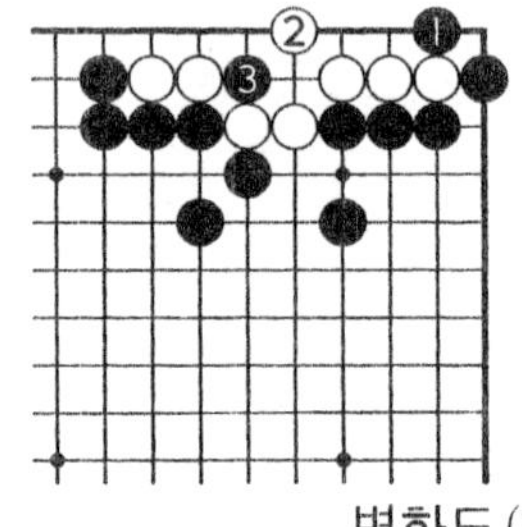
변화도(백사)

〈제10형 7 도〉 정해도 흑 1 이 급소. 이하 7 까지. 흑 1 로 4 는 백 2,흑 3,백 7 로 산다.

변화도 흑 1 에 백 2 는 흑 3 으로 같은 결과.

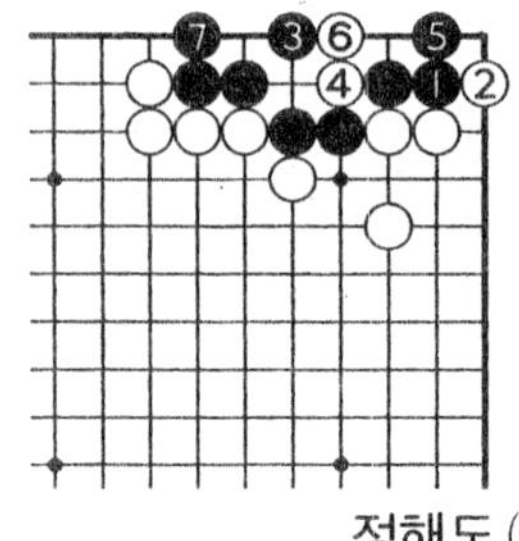
정해도(흑활)

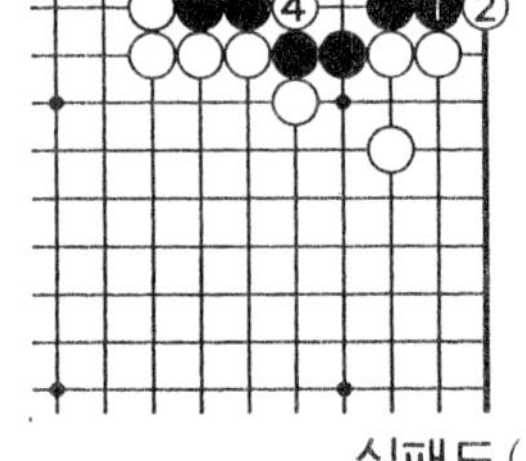
실패도(흑사)

〈제11형 1 도〉 정해도 귀의 특수성을 이용. 흑5,7로 산다. 다른 곳에서는 죽는 모양.

실패도 흑 3 은 방향착오. 참조=이맥13도.

〔제12형〕

* 1도 흑선

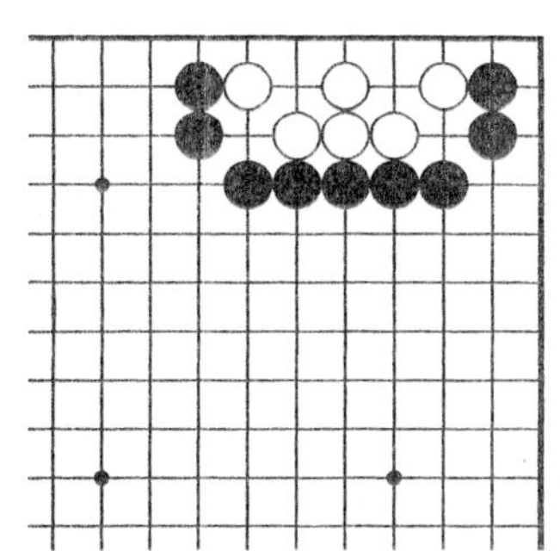

* 2도 흑선

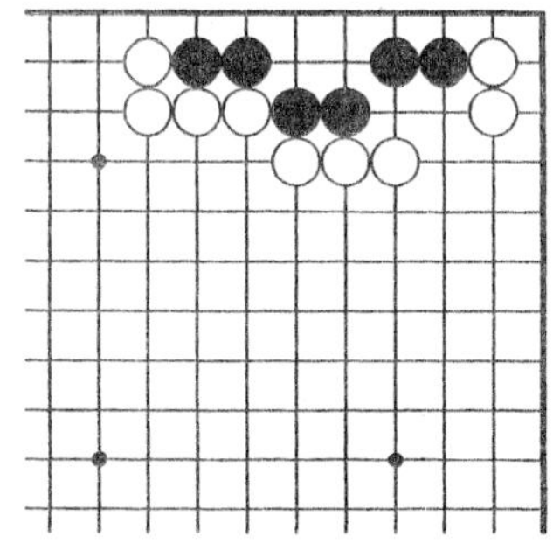

2도 흑선

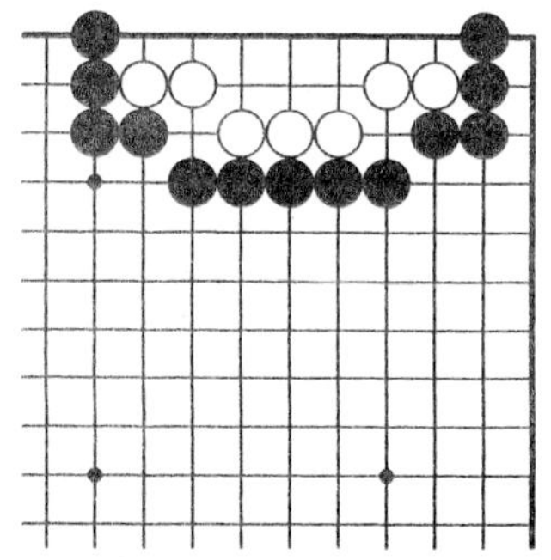

* 3도 흑선

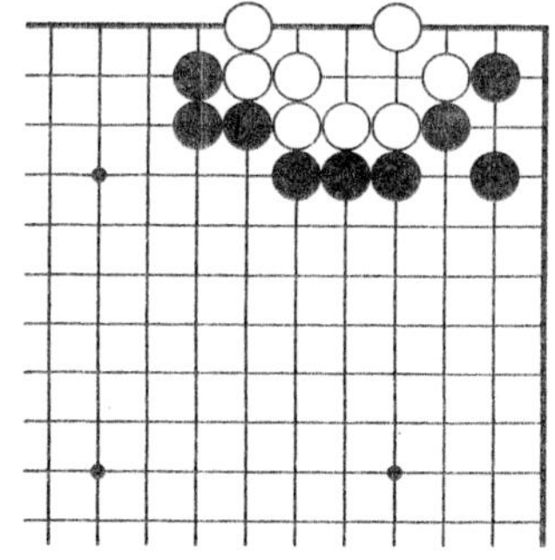

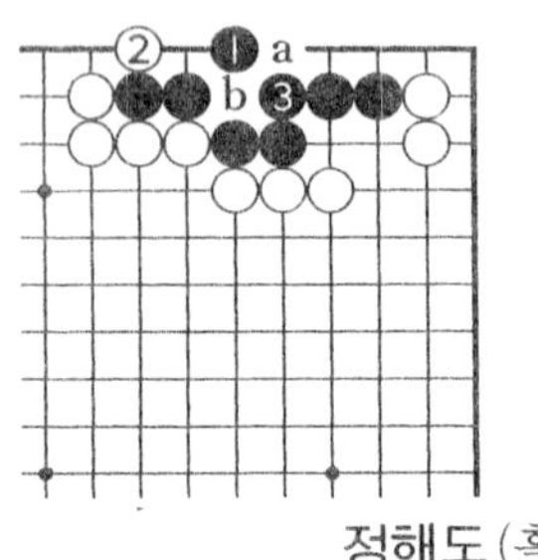

정해도(흑활)

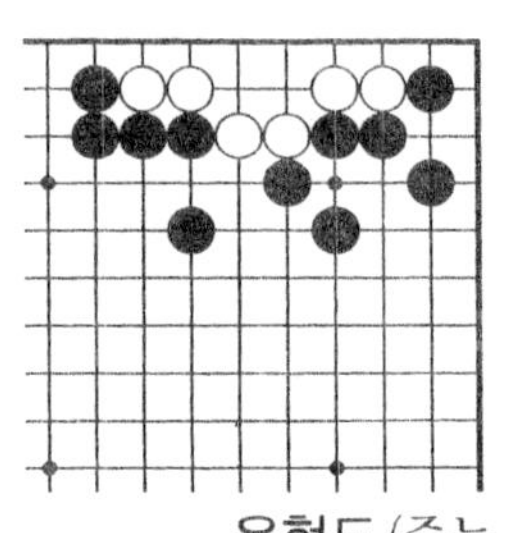

유형도(죽는 모양)

〈제11형 2 도〉 **정해도** 흑 1 이 요착으로 두 눈을 확보. 흑 1 로 a는 백b로 흑사.

유형도 백의 사는 수는 없다.

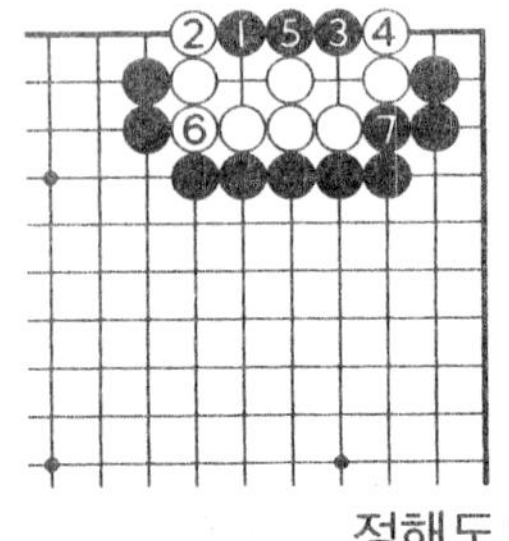

정해도(백사)

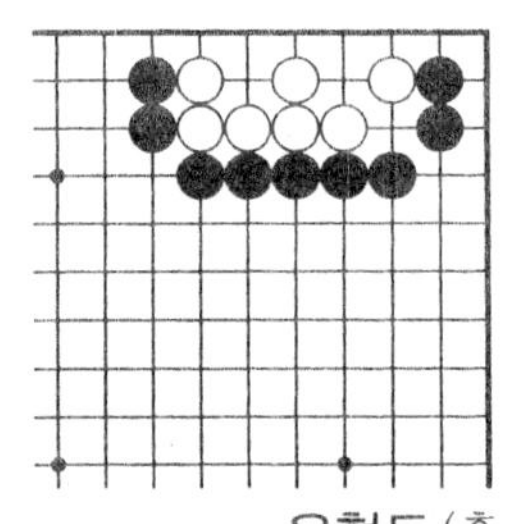

유형도(흑선 빅)

〈제12형 1 도〉 **정해도** 흑 1 에서 7 까지 3 점으로 키운다. 흑 7 이 급소. 빅이 나지 않는다.

유형도 빅으로 사는 모양을 나타냄.

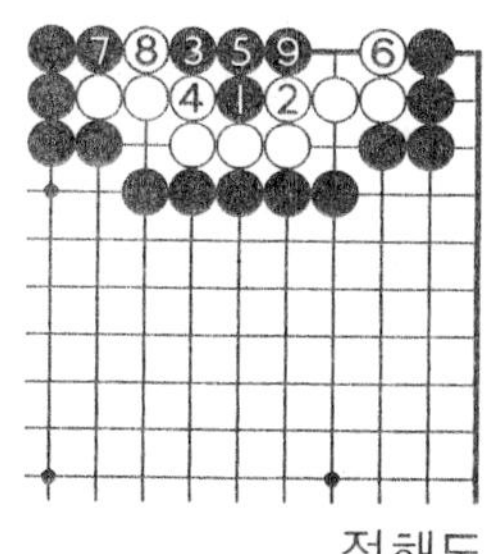
정해도(백사)

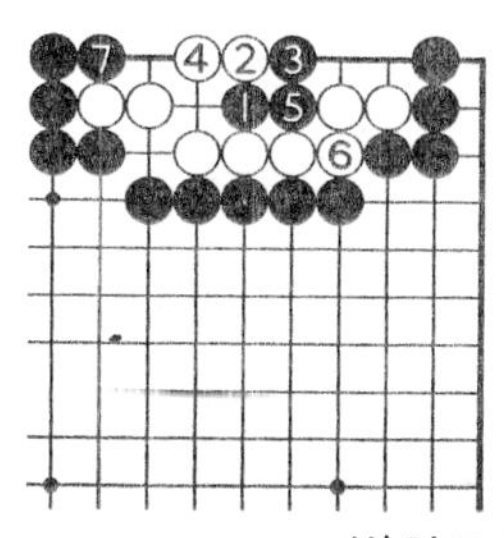
변화도(백사)

〈第12형 2 도〉 **정해도** 흑 1 이 좌우동형의 급소. 백 2 에는 흑 3 에서 9 까지 자충유도.

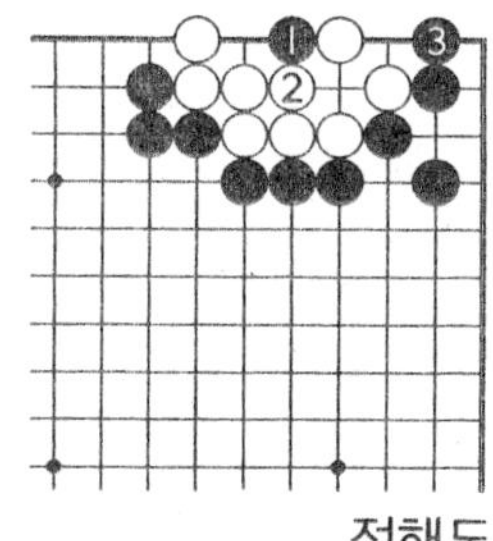
정해도(백사)

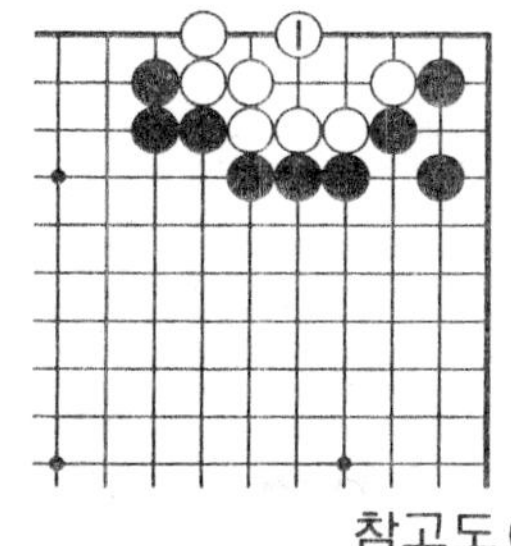
참고도(정형)

〈第12형 3 도〉 **정해도** 흑 1 다음 3 이 좋은 수로 눈을 빼앗는다. 흑 1 로 3 은 백 1 로 산다.

참고도 이 형은 백 1 이 정착. 백이 산다.

＊4도 흑선

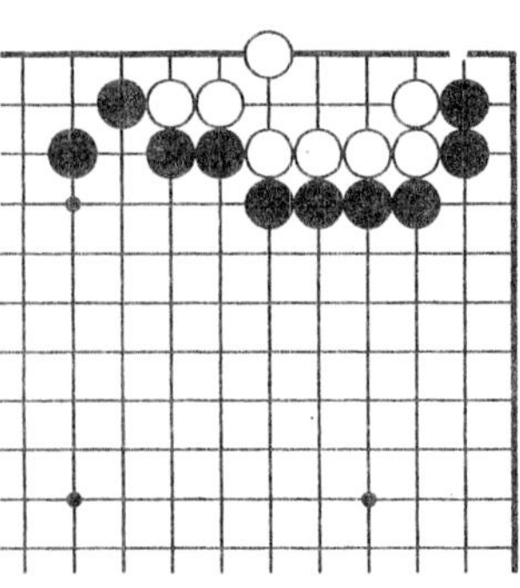

5도 흑선

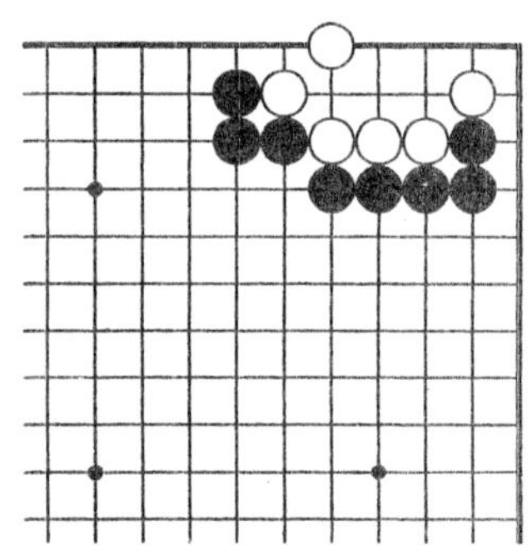

＊6도 흑선

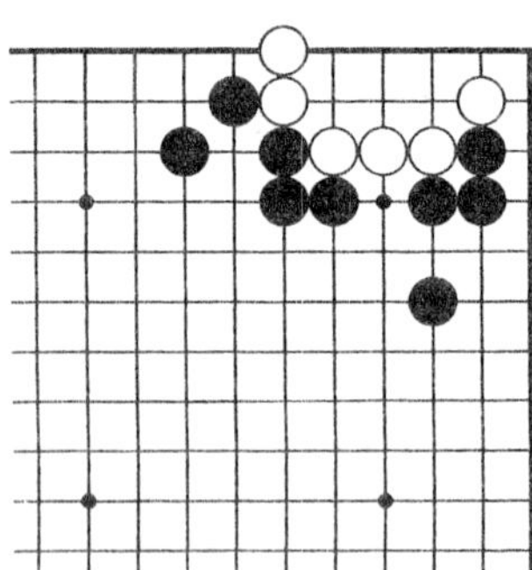

＊7도 흑선

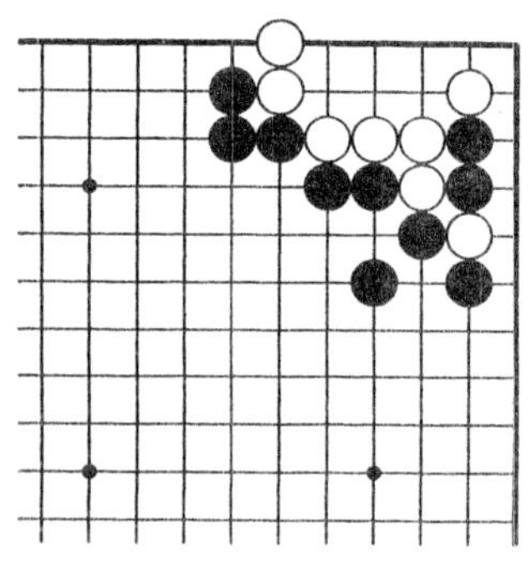

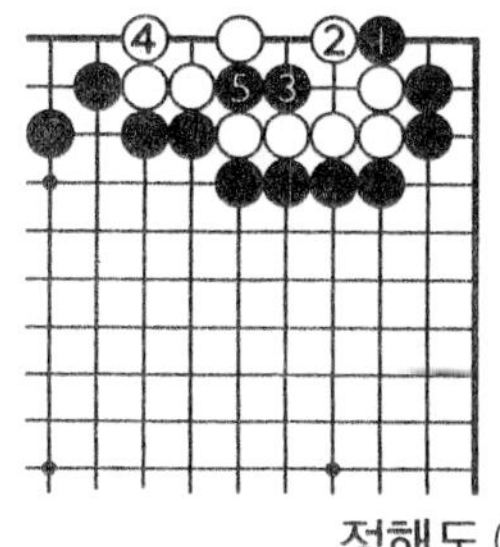

정해도(백사)

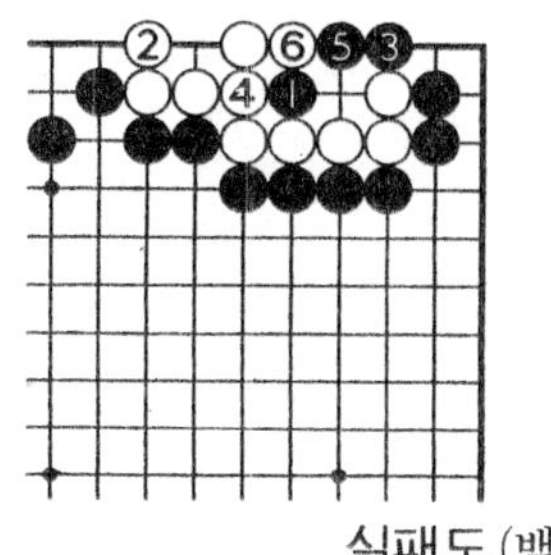

실패도(백활)

〈제12형 4 도〉 정해도 흑1,3의 수순이 중요. 흑5로 백사.

실패도 흑1은 수순착오. 흑5로 백사. 백2에서 6까지 산다.

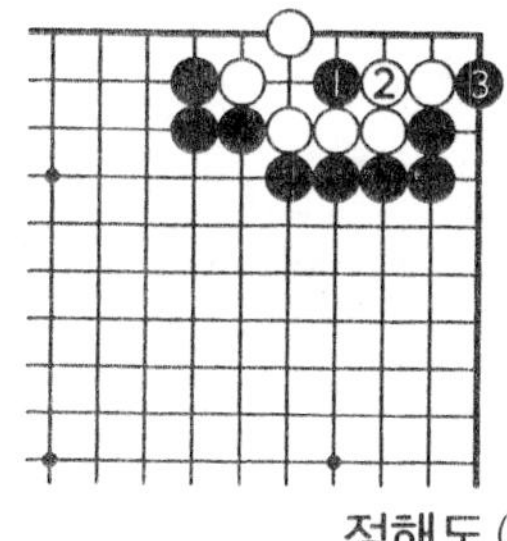

정해도(백사)

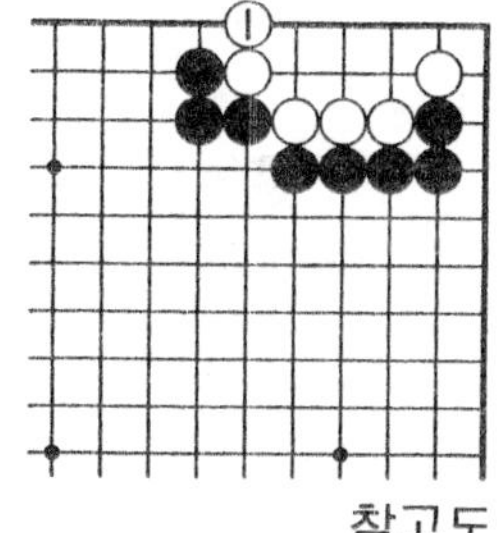

참고도(정형)

〈제12형 5 도〉 정해도 흑1이 급소. 백2에는 흑3으로. 흑1로 3은 백1로 패를 피할 수 없다.

참고도 정형을 나타냄. 참조=동형6도.

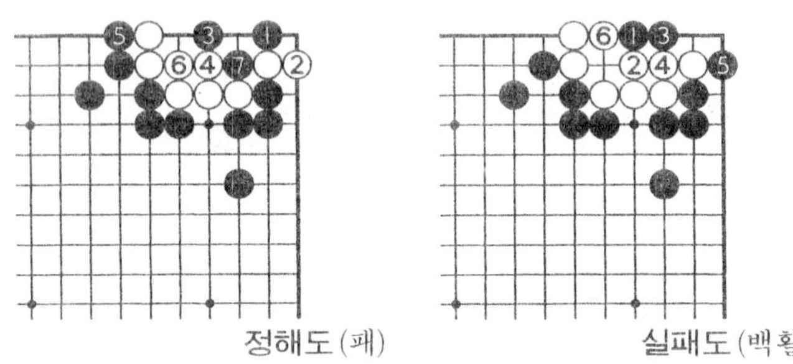
정해도(패)　　실패도(백활)

〈제12형 6 도〉 정해도 흑1,3이 급소. 수순중 흑5가 좋다. 흑7까지 패.

실패도 흑1은 수순이 나쁘다. 백2에서 6까지 산다.

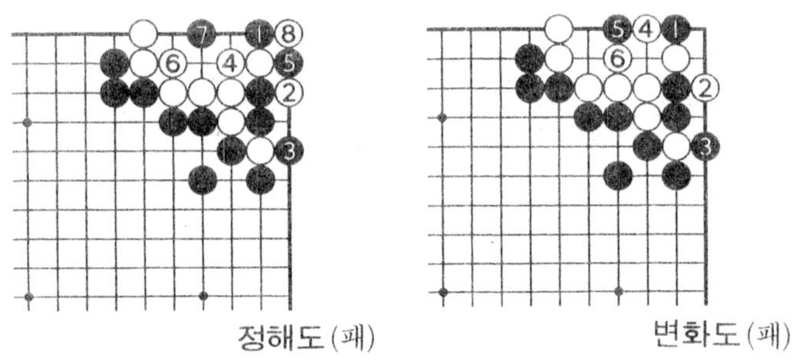
정해도(패)　　변화도(패)

〈제12형 7 도〉 정해도 흑1 이하로 움직여 백8까지 패. 참조=동형6 도, 제3 형 9 도.

변화도 흑3에 백4는 흑5, 백6의 패.

8 도 흑선

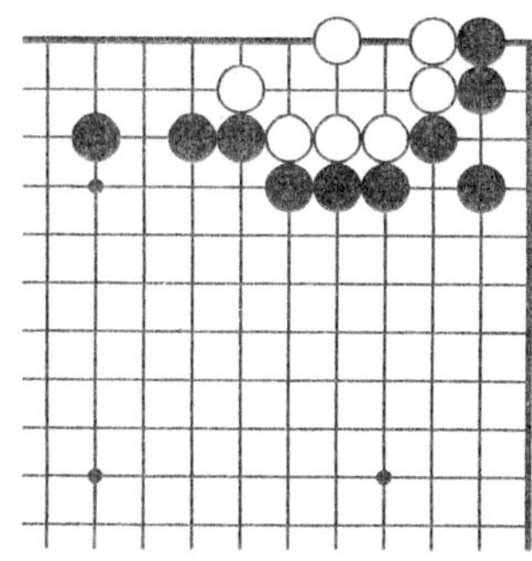

*9 도 흑선

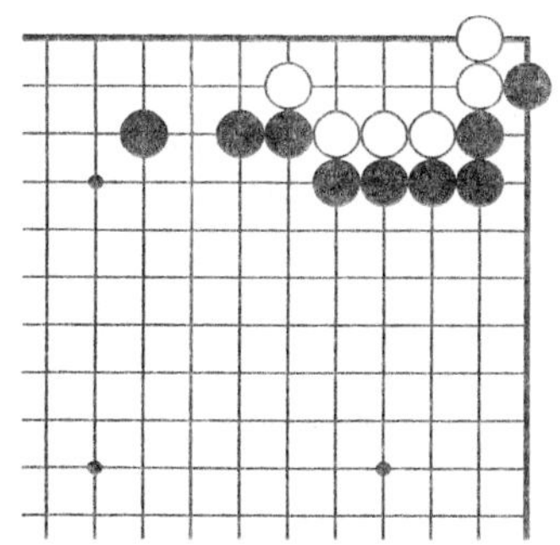

*10도 흑선

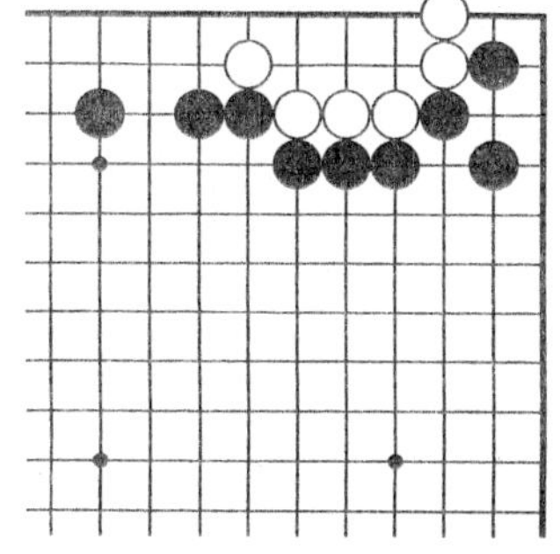

11도 흑선

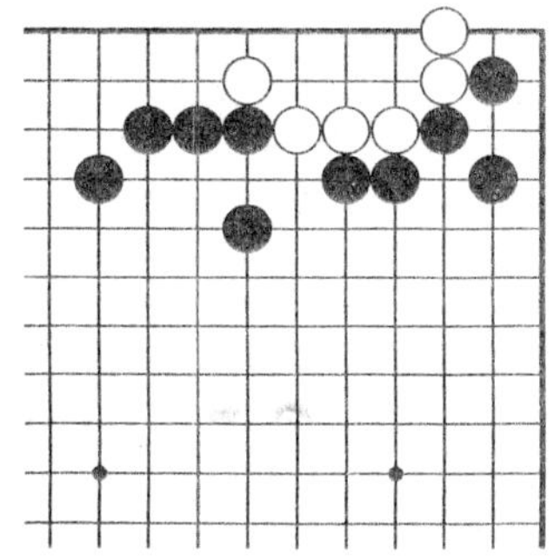

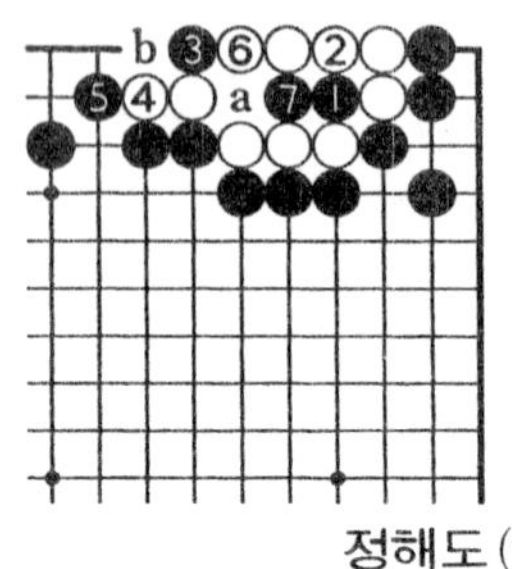
정해도 (백사)

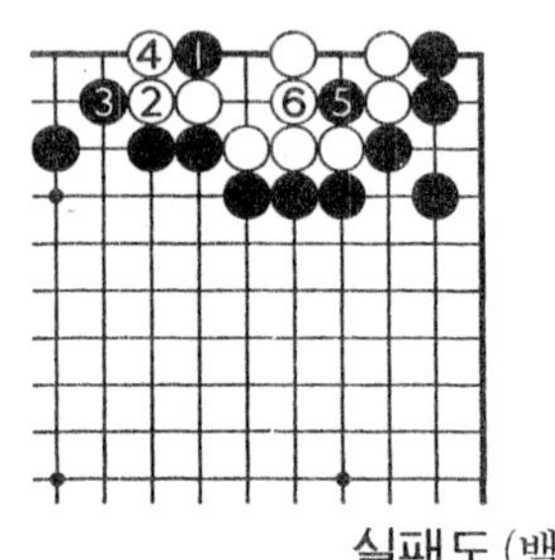
실패도 (백활)

〈제12형 8 도〉 정해도 흑 3 이 교묘하여 a 와 b를 맞본다.
실패도 흑 1 은 수순착오. 백 6 으로 산다.

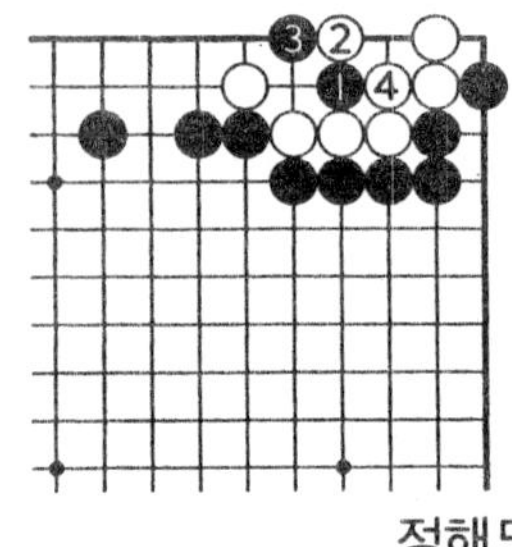
정해도 (패)

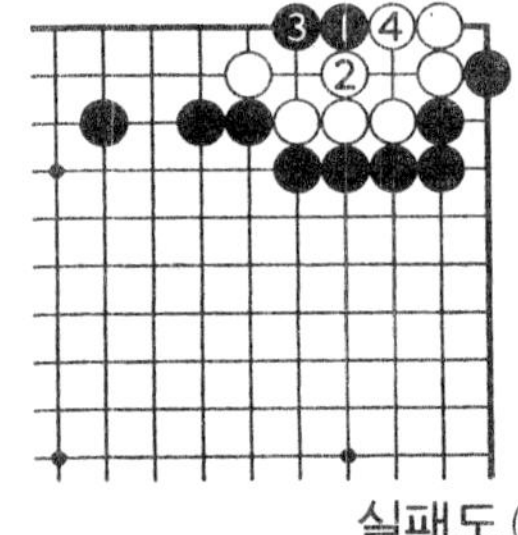
실패도 (백활)

〈제12형 9 도〉 정해도 흑 1 부터 공격하는 것이 정수. 귀의 특수성을 유의. 참조=동형10도.
실패도 흑 1 의 수는 본도에선 적합하지 않다.

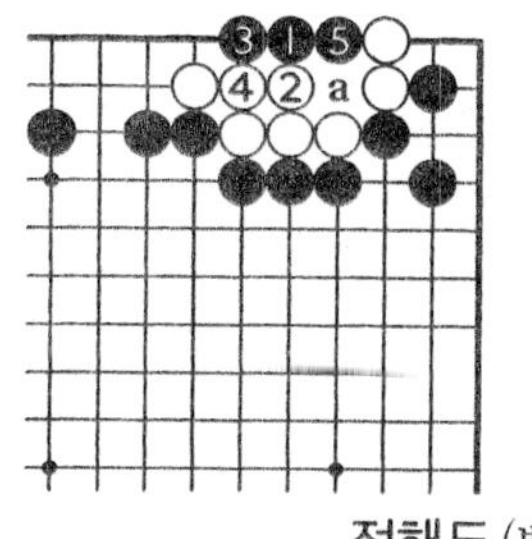

정해도(백사)

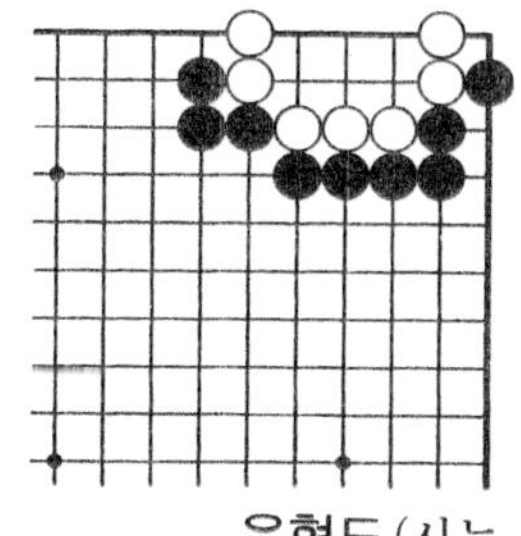
유형도(사는 모양)

〈제12형10도〉 **정해도** 흑 1 이 급소. 흑 1 로 2 는 백 1, 흑 3, 백a, 로 패. 참조=동형 9 도. 12도.

유형도 사는 형을 나타냄.

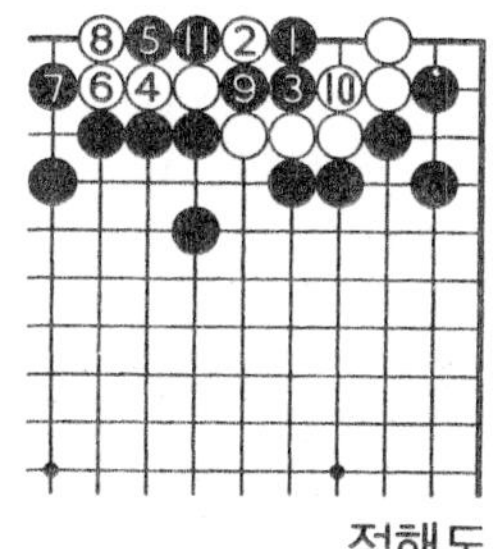

정해도(백사)

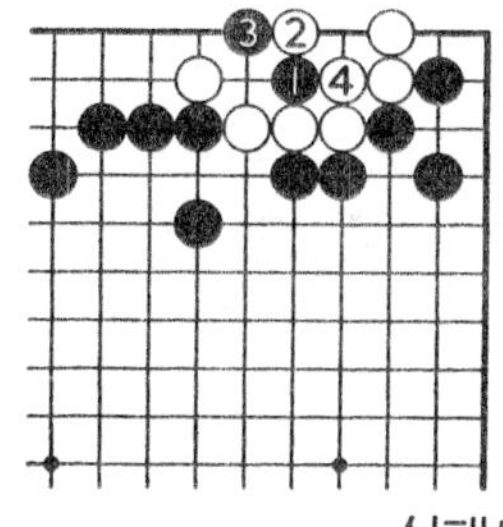

실패도(패)

〈제12형11도〉 **정해도** 흑 1 이하 11까지 움직여 활로를 차단. 수순중 흑 5 가 교묘한 수. 참조=동형12도.

실패도 흑 1 은 주위의 호조건을 무시한 수.

*12도 흑선

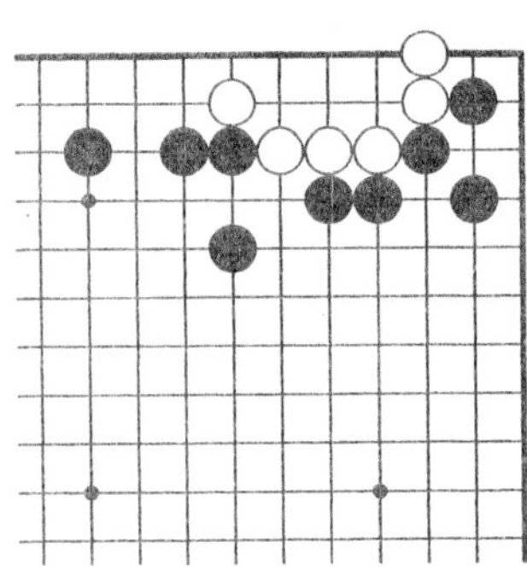

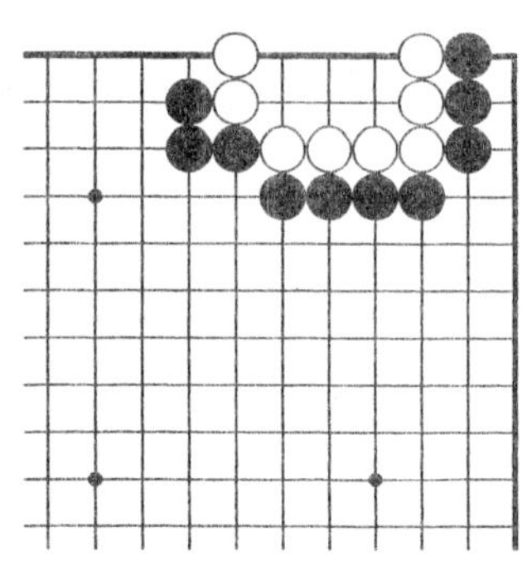

14도 흑선

15도 흑선

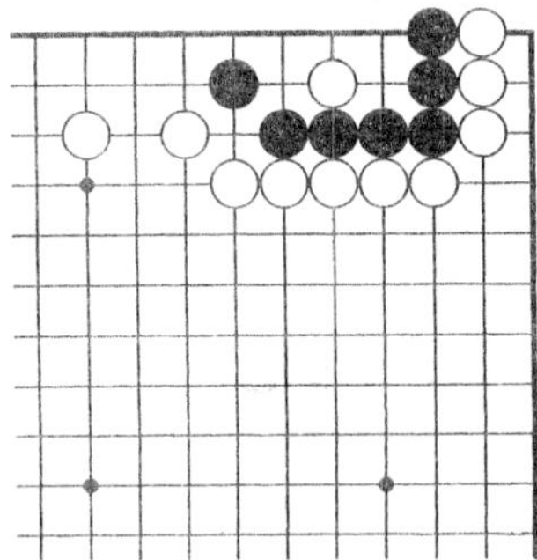

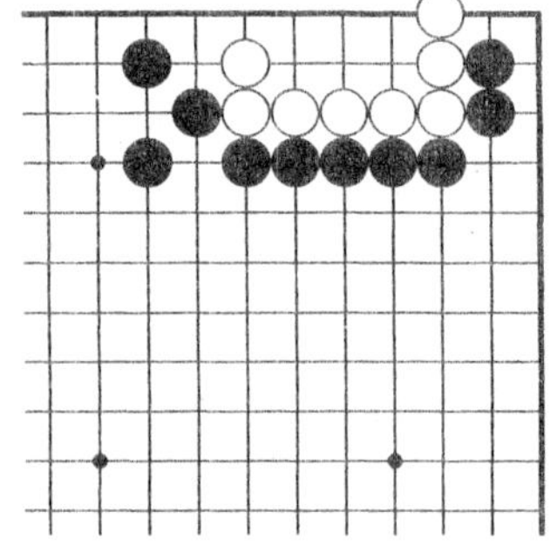

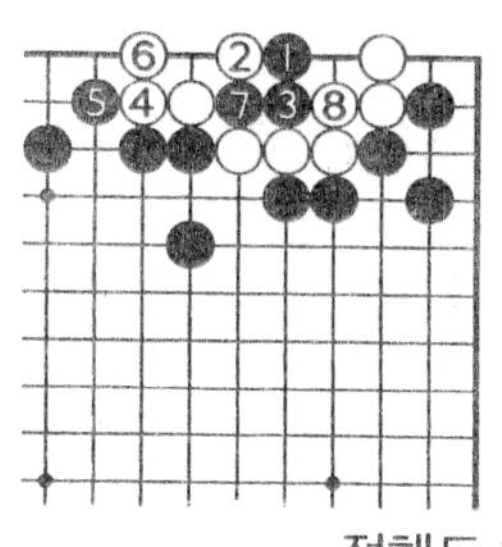

정해도 1 (패)

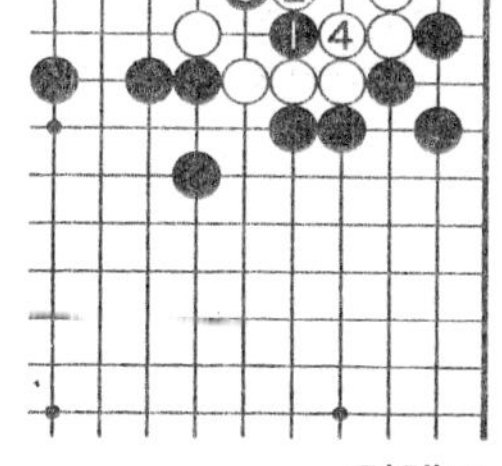

정해도 2 (패)

〈제12형12도〉 **정해도 1** 흑 1 이 급소. 백 2 는 최선의 응수. 결과는 패. 참조=동형10도.

정해도 2 흑 1 의 치중수도 성립.

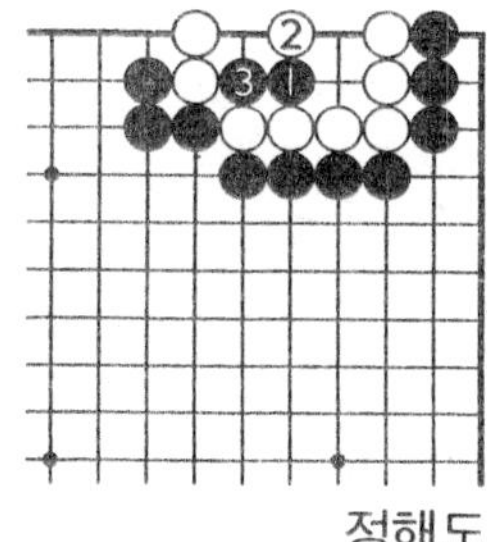

정해도(백사)

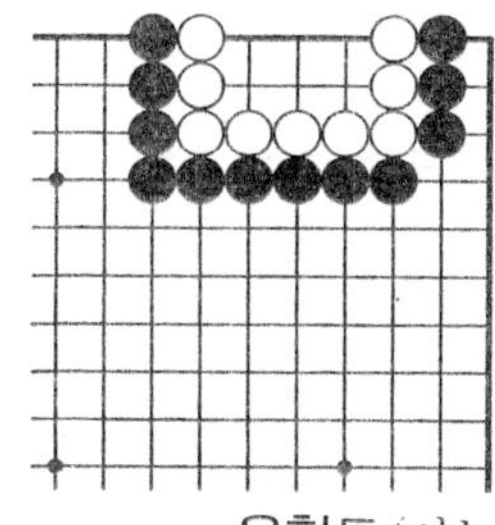

유형도(사는 모양)

〈제12형13도〉 **정해도** 흑 1 이 급소. 백은 자충으로 저항할 수 없다. 흑 1 로 2 는 백 1 로 산다.

유형도 이어진 6 궁은 사는 형.

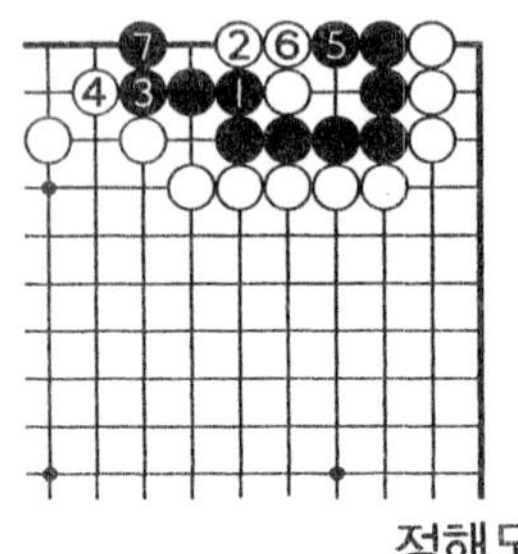

정해도(빅)

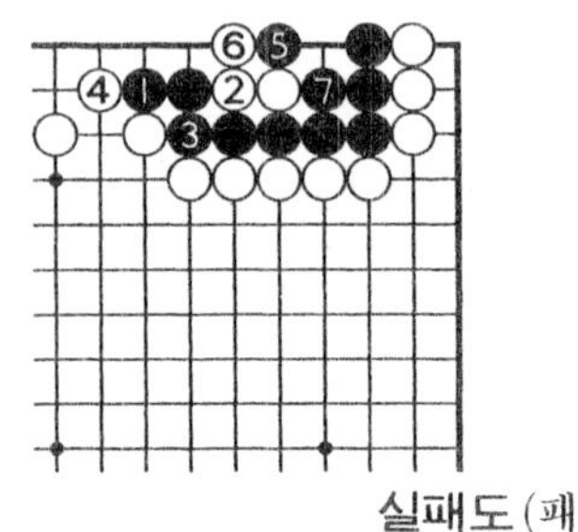

실패도(패)

〈제12형14도〉 정해도 흑 1 이 요착. 백 2 에는 흑 3 에서 7 까지 빅.

실패도 흑 1 은 수순이 나쁘다. 흑 7 까지 패.

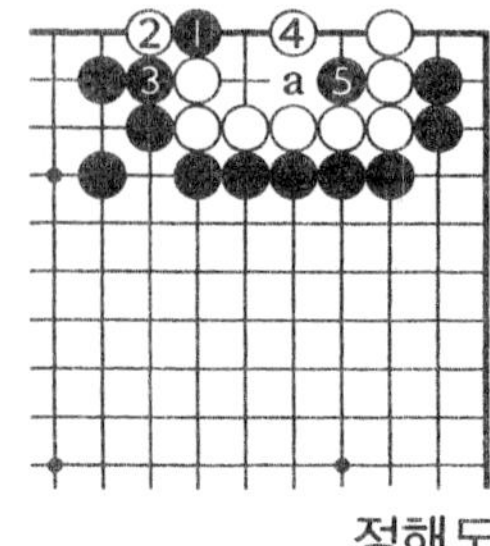

정해도(백사)

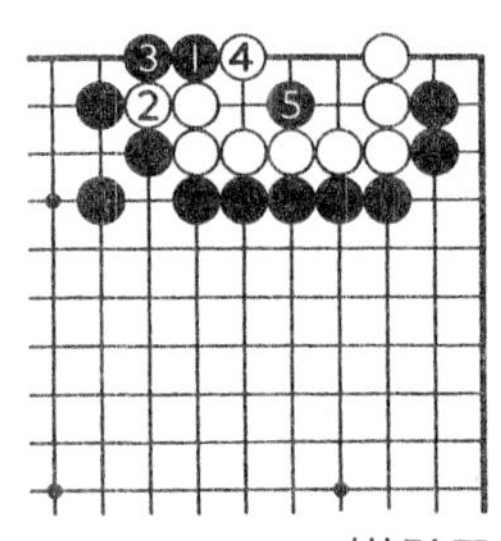

변화도(백사)

〈제12형15도〉 정해도 흑 1 로 공격하는 것이 정수. 흑 1 로 a 는 백 4 이하의 패.

변화도 흑 1 에 백 2 는 흑3,5로 백사.

16도 흑선

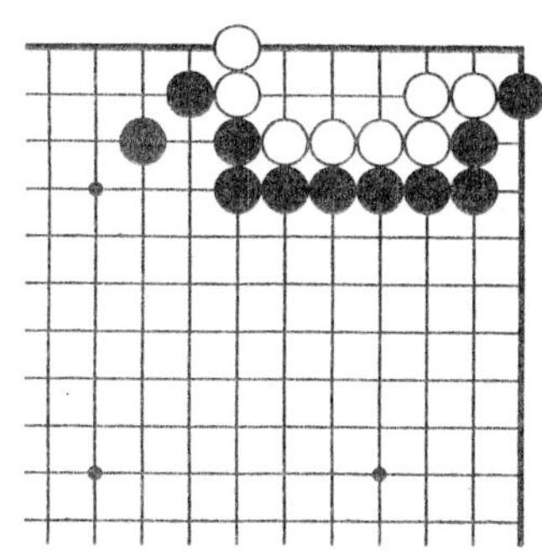

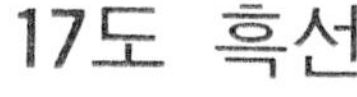

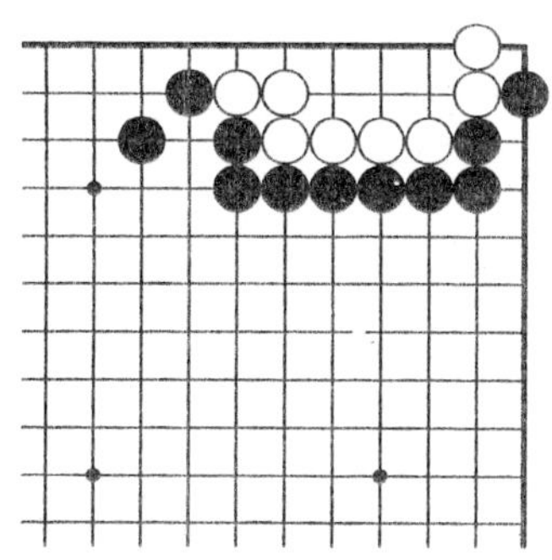

*18도 흑선

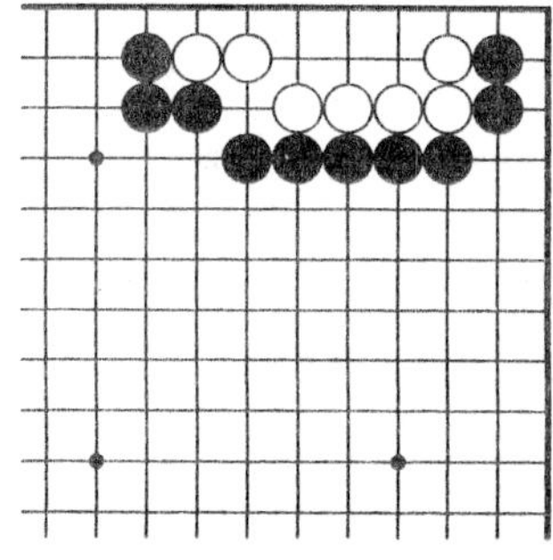

*19도 흑선

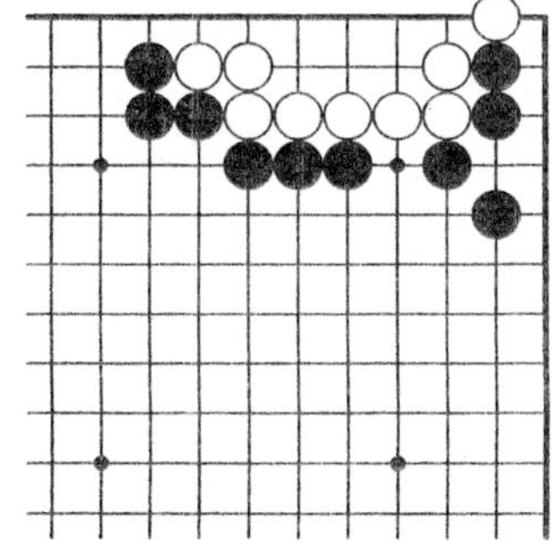

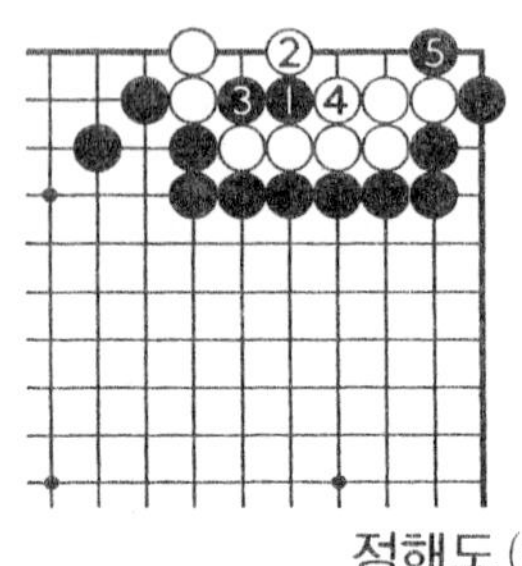

정해도(백사)

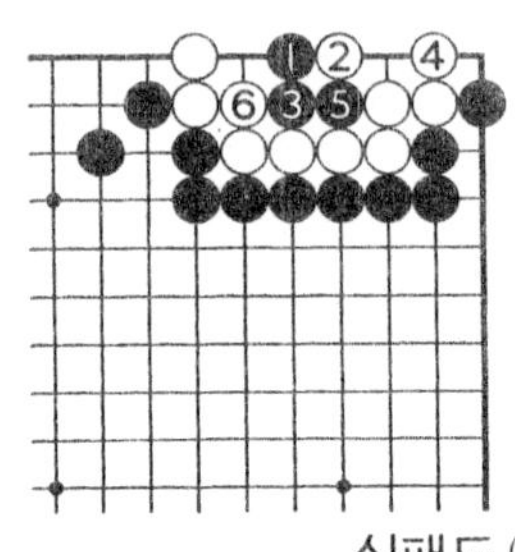

실패도(백활)

〈제12형16도〉 **정해도** 흑 1 이 급소. 백 2 에는 흑 3 으로 삶을 제어한다. 참조=동형17도.

실패도 흑 1 은 본도에서는 다른 맥이다.

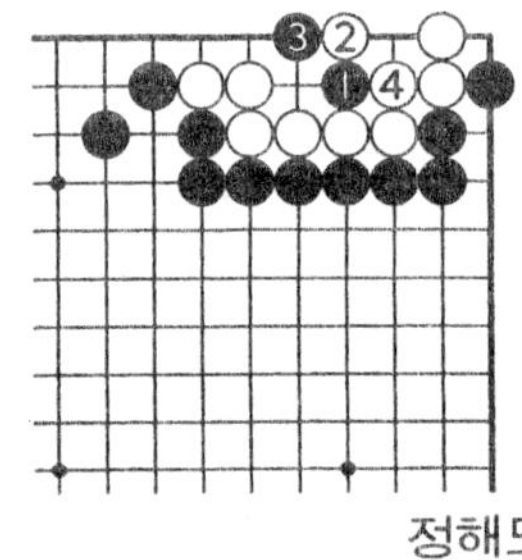

정해도(패)

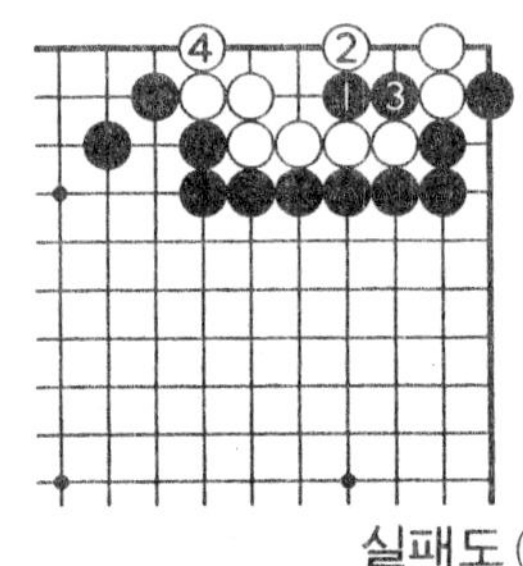

실패도(백활)

〈제12형17도〉 **정해도** 흑 1 이하 백 4 까지 쌍방 최선의 응접. 참조=동형16도.

실패도 흑 3 은 귀의 특수성을 무시. 백 4 로 산다.

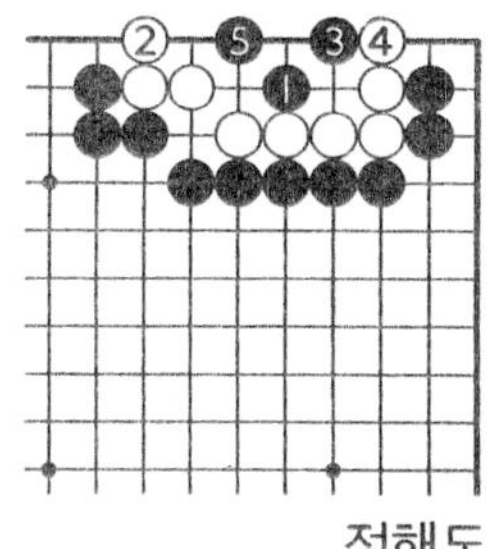

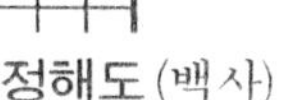

정해도(백사)

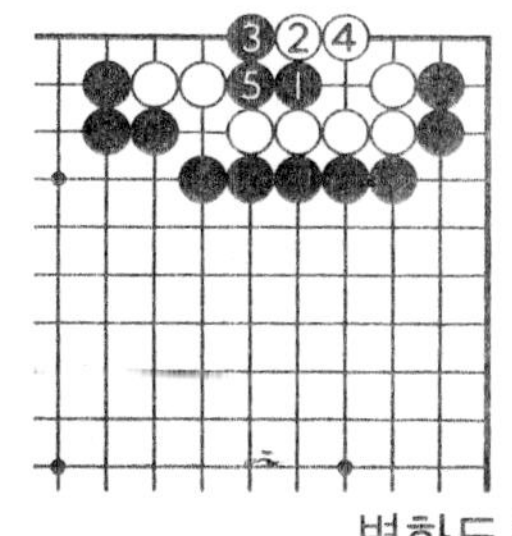

변화도(백사)

〈제12형18도〉 **정해도** 흑 1 에서 3 까지 동형반복. 참조=동형19도.

변화도 흑 1 에 백 2 는 흑3,5로 백사.

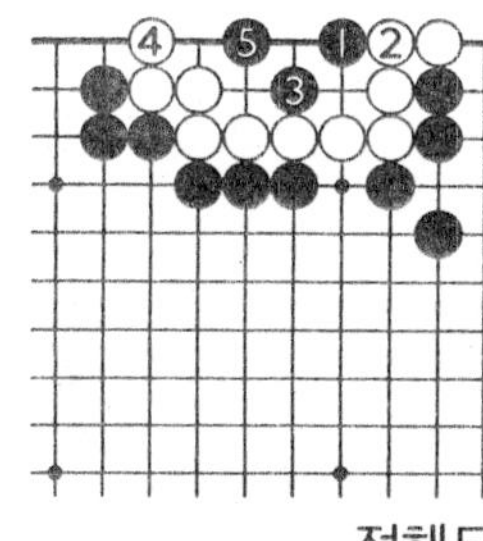

정해도(백사)

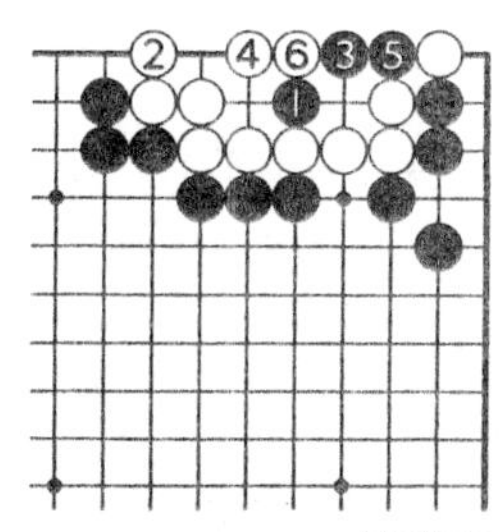

실패도(백활)

〈흑12형19도〉 **정해도** 흑 1 에서 공격하는 것이 정수. 참조=동형18도.

실패도 흑 1 은 수순착오. 백 4 가 호착.

*20도 흑선

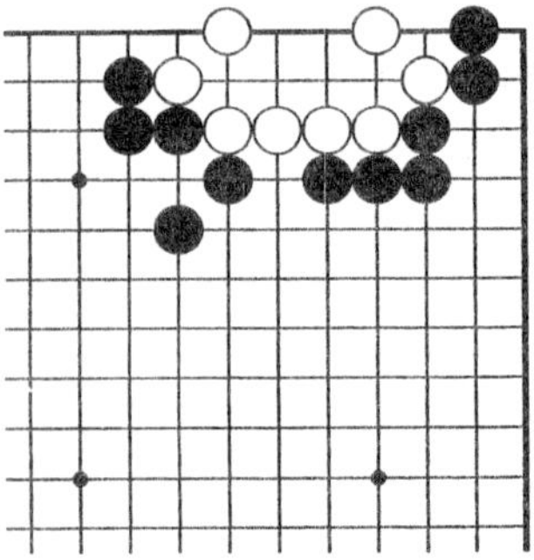

*21도 흑선

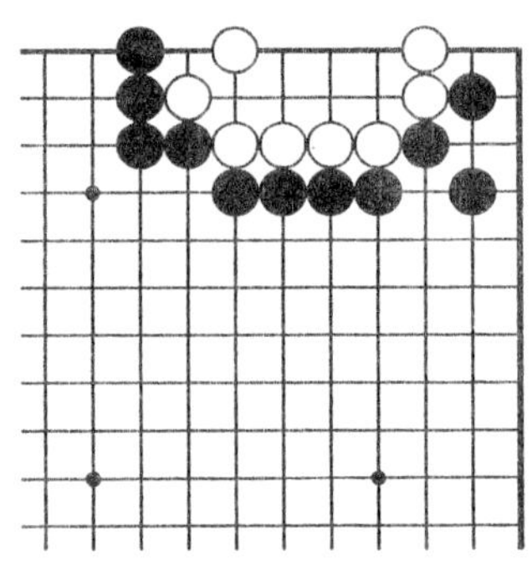

*22도 흑선 (빅)

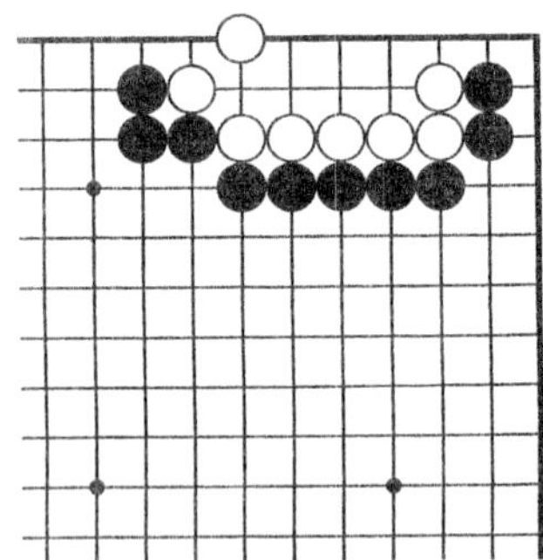

23도 흑선 (빅)

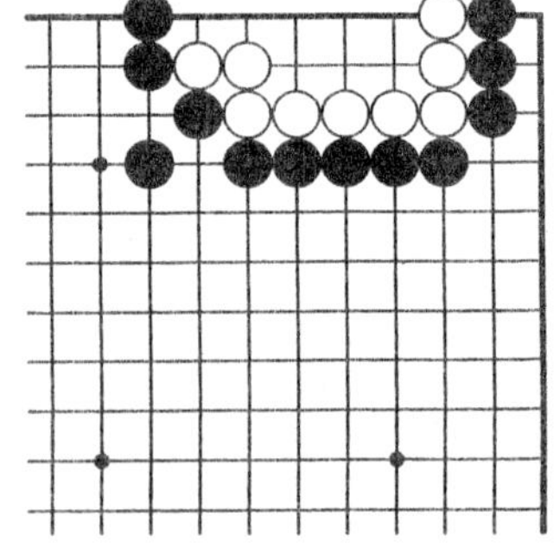

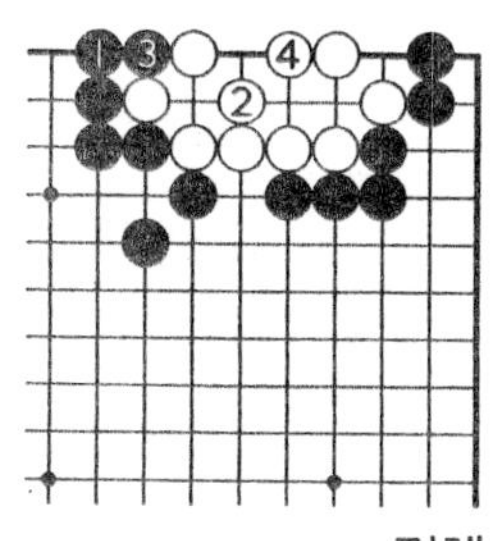

정해도(패)

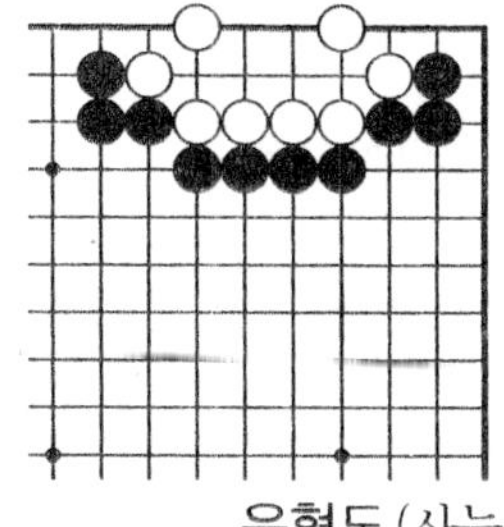
유형도(사는 모양)

〈제12형20도〉 **정해도** 흑 1 이하 백 4 까지 쌍방 최선의 응접으로 패.

유형도 사는 모양을 나타냄. 참조=동형21도.

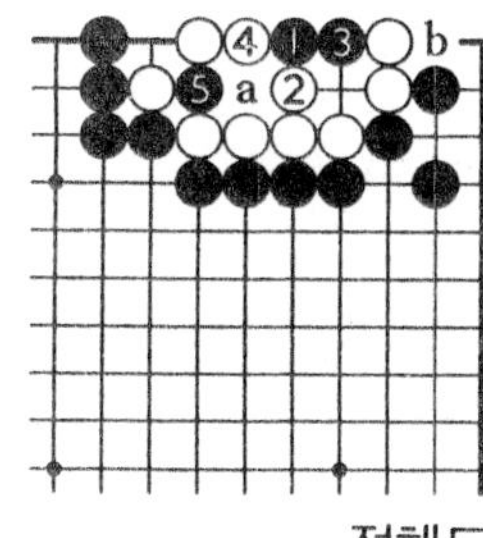

정해도(백사)

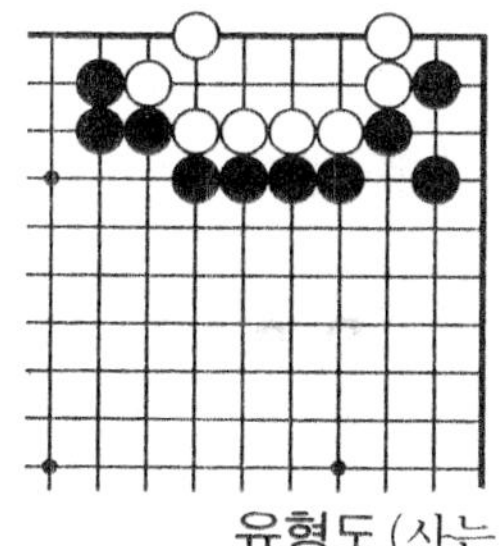
유형도(사는 모양)

〈제12형21도〉 **정해도** 흑 1 에서 5 까지, 이하 백a, 흑 1, 백 2, 흑b의 수순이 성립.

유형도 사는 형을 나타냄. 참조=동형20도. 22도.

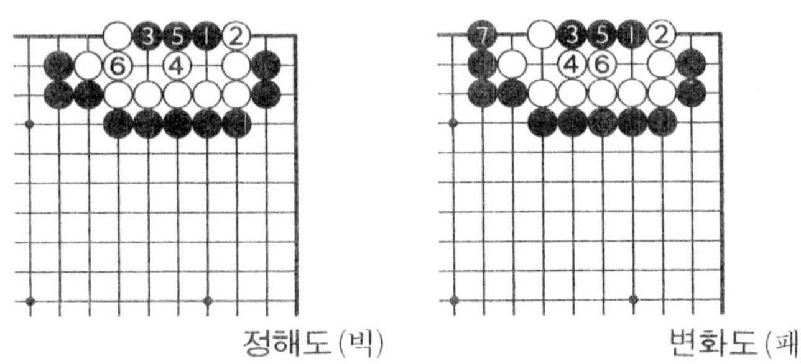

정해도(빅)　　　　변화도(패)

〈제12형22도〉 정해도 흑1,3,5의 수순으로 빅. 백 4 는 응수. 변화도 백 4 는 악수. 패를 피할 수 없다.

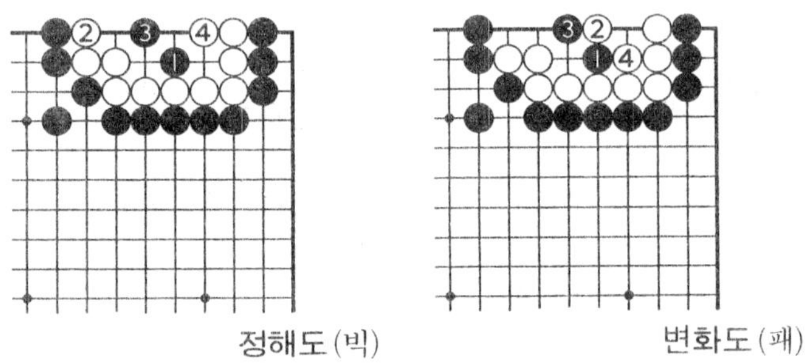

정해도(빅)　　　　변화도(패)

〈제12형23도〉 정해도 흑 1 이 급소. 백 2 는 최선의 응수. 결과는 빅.

변화도 백 2 는 응수착오. 흑 3, 백 4 로 패.

24도 흑선(장생)

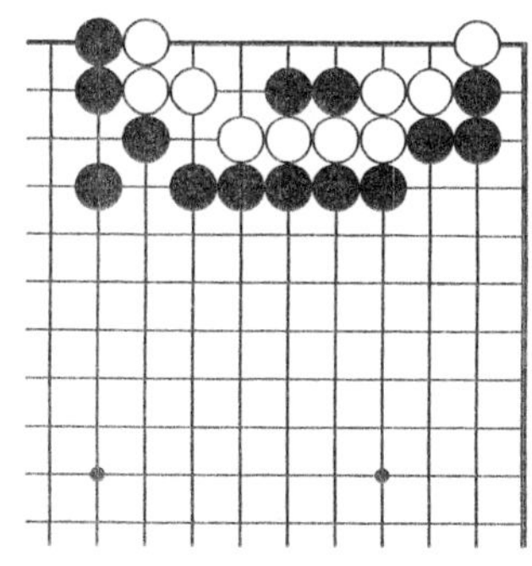

*25도 사는 모양

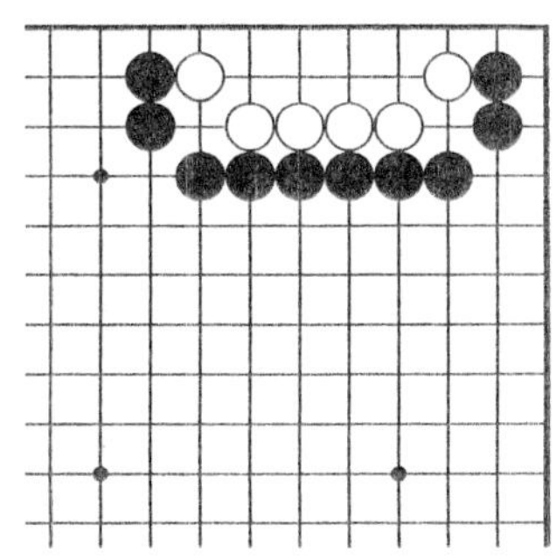

〔제13형〕

1도 흑선

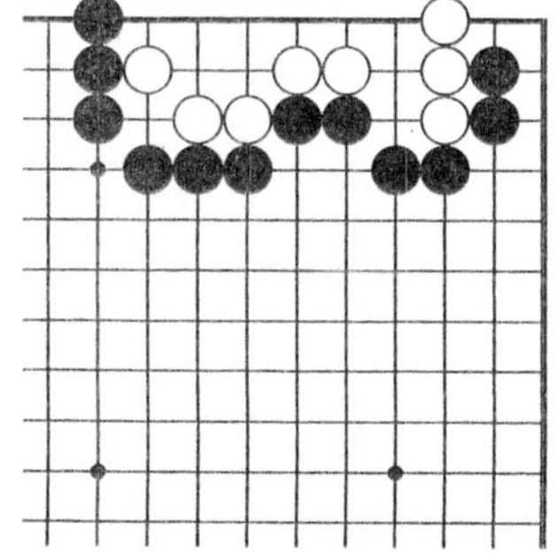

2도 흑선(요석)

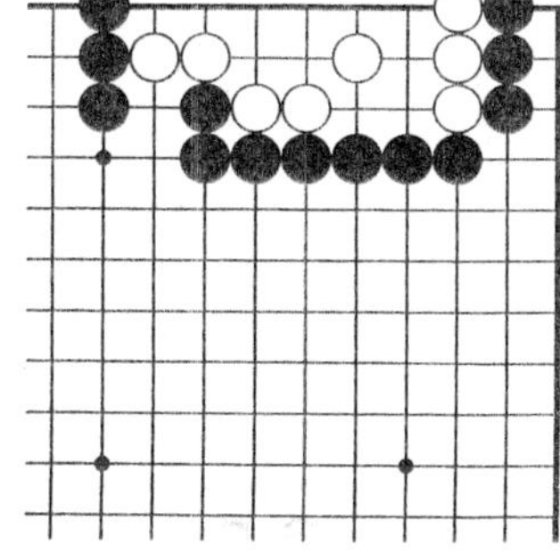

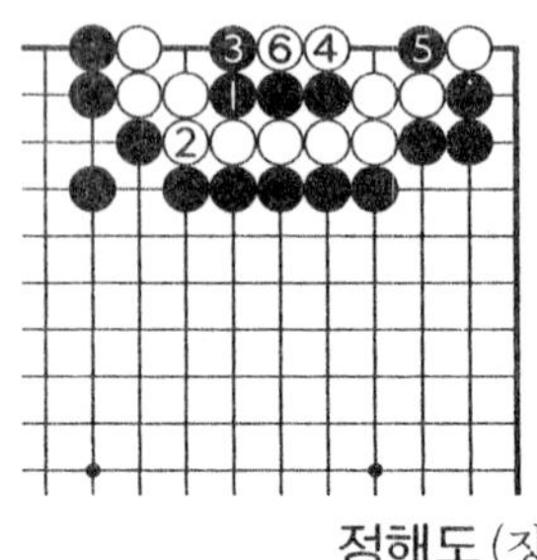

정해도(장생)

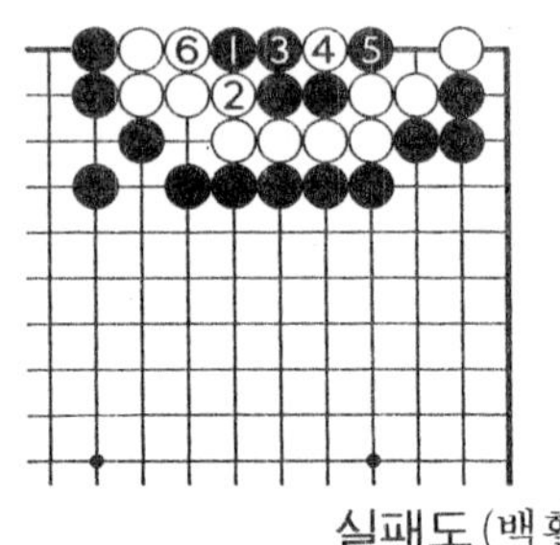

실패도(백활)

〈제12형24도〉 **정해도** 흑 1 이하 백 6 이하로 장생. 흑 3 으로 6 은 백 5 로 양패 활.

실패도 흑 1 은 공략착오. 백 6 으로 산다.

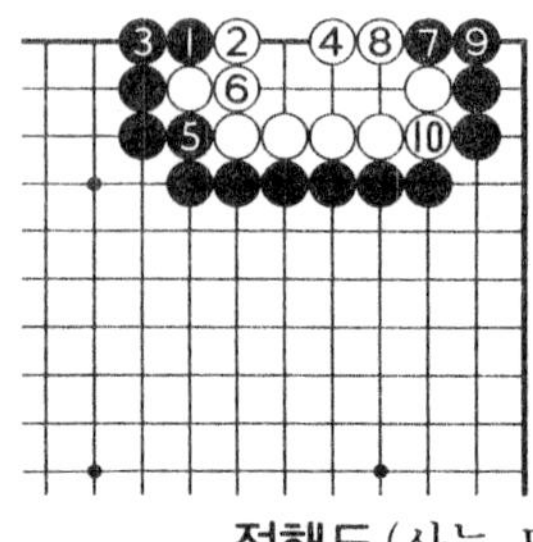

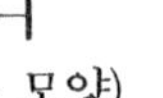

정해도(사는 모양)

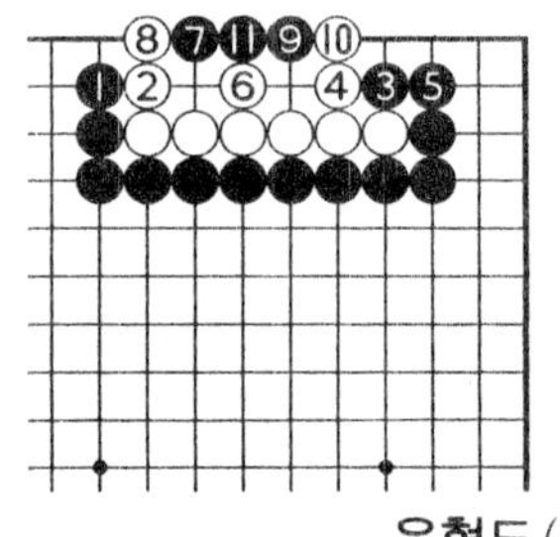

유형도(빅)

〈제12형25도〉 **정해도** 흑 1 에는 백 2 에서 10으로 응접. 백의 사는 모양.

유형도 3 선의 6 활을 나타냄.

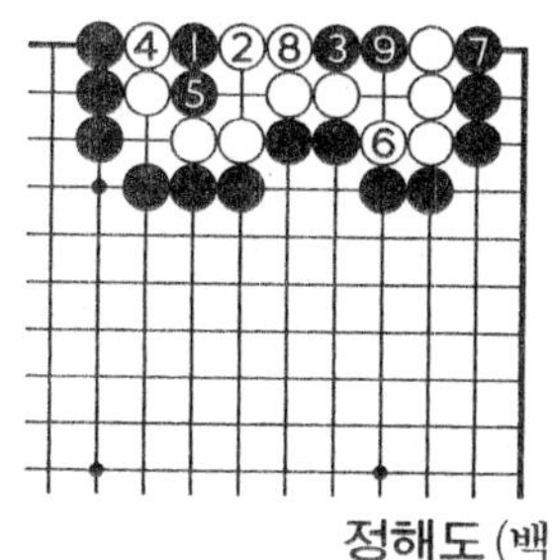

정해도 (백사)

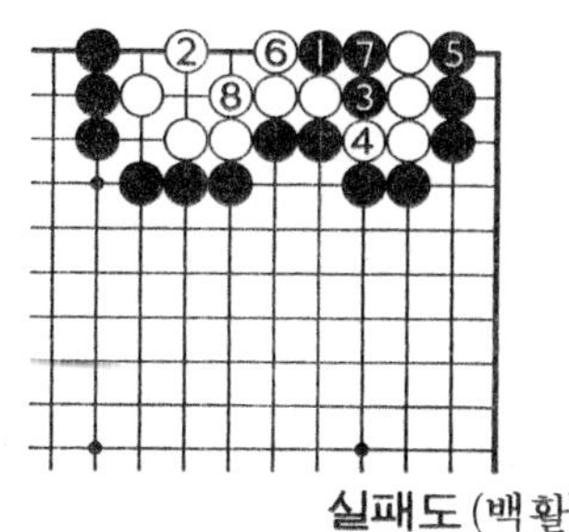

실패도 (백활)

〈제13형 1 도〉 **정해도** 흑1,3이 호수순. 흑 9 까지 사는 수가 없다.

실패도 흑 1 은 수순착오. 백 2 의 요점을 허락.

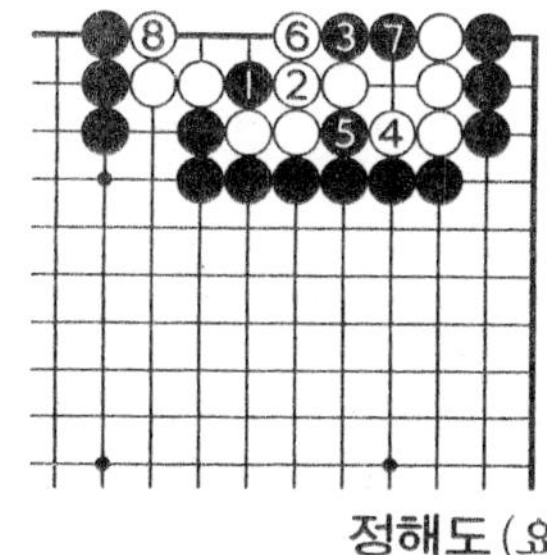

정해도 (요석)

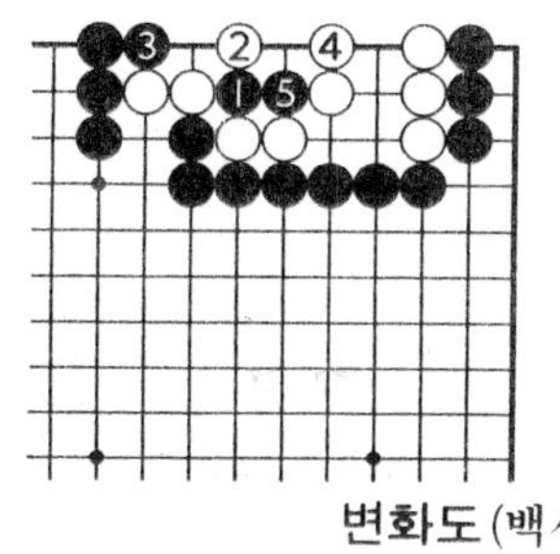

변화도 (백사)

〈제13형 2 도〉 **정해도** 흑 1 이하로 움직여 눈을 빼앗는다. 흑 3 이 교묘. 흑 7 에 백 8 로 타개하여 반이 산다.

변화도 흑 1 에 백 2 는 흑3, 5로 백사.

3 도 흑선

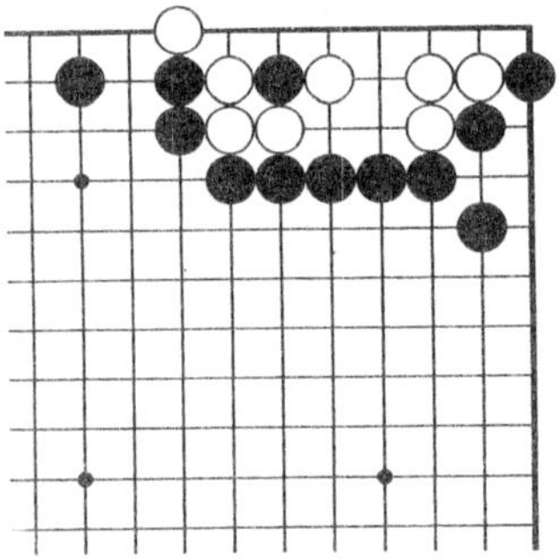

4 도 흑선

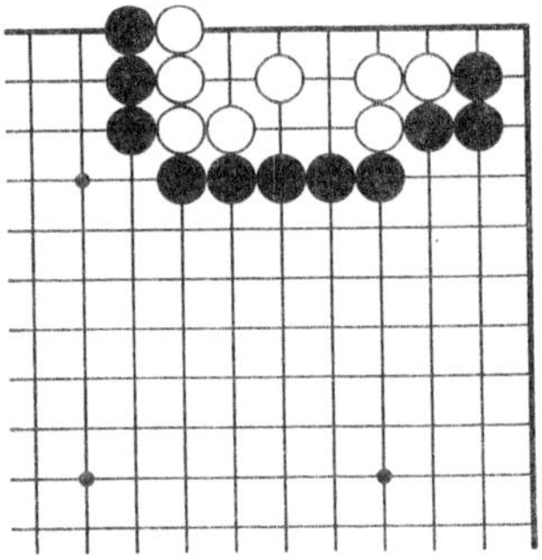

5 도 흑선

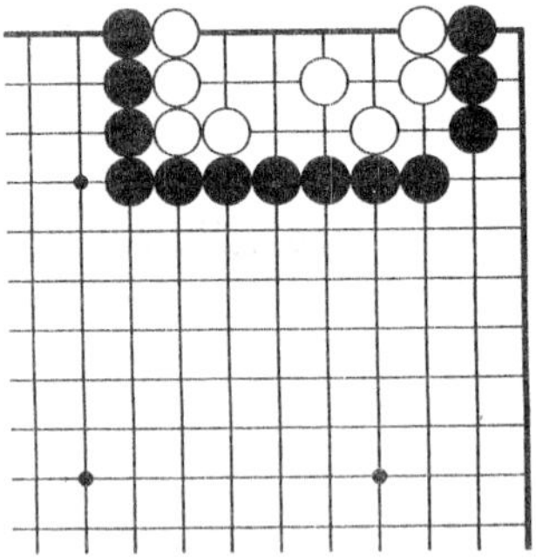

6 도 흑선

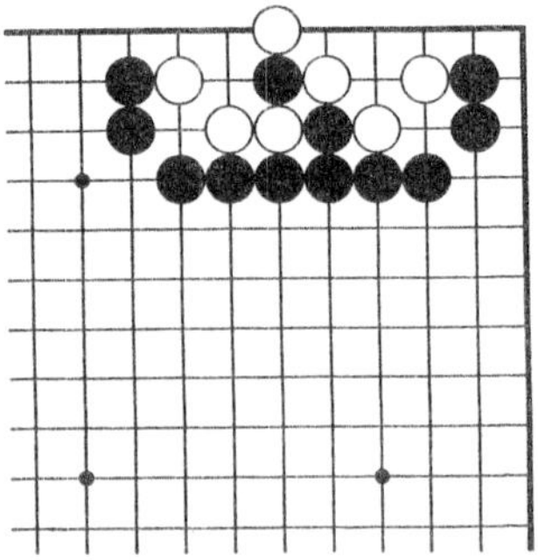

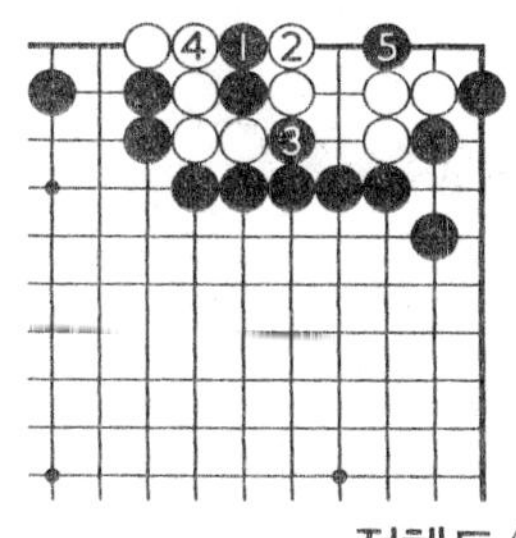

정해도(백사)

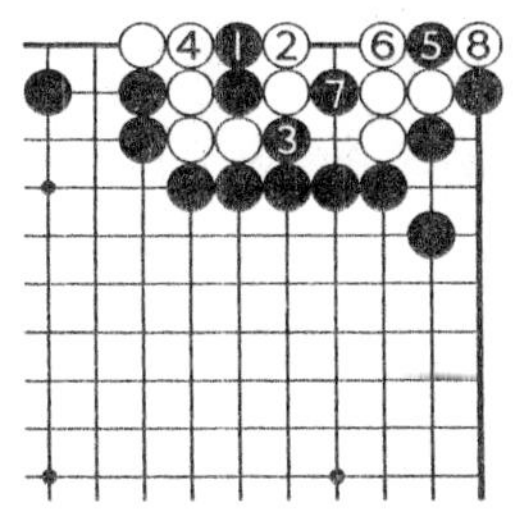

실패도(패)

〈제13형 3 도〉 **정해도** 흑 1 이하 백 4 까지. 흑 5 가 교묘. 백의 저항을 봉쇄.

실패도 흑 5 는 악수. 귀에서 패.

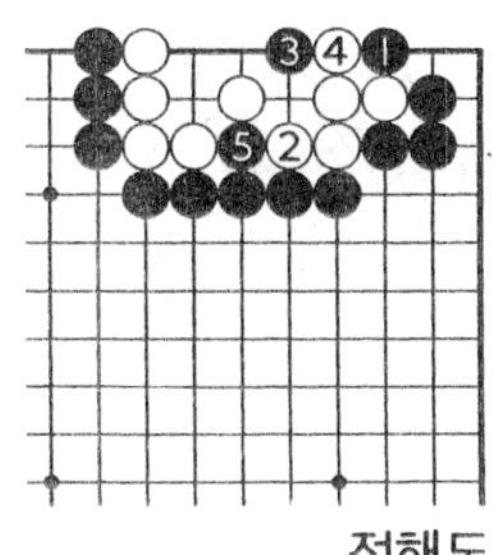

정해도(백사)

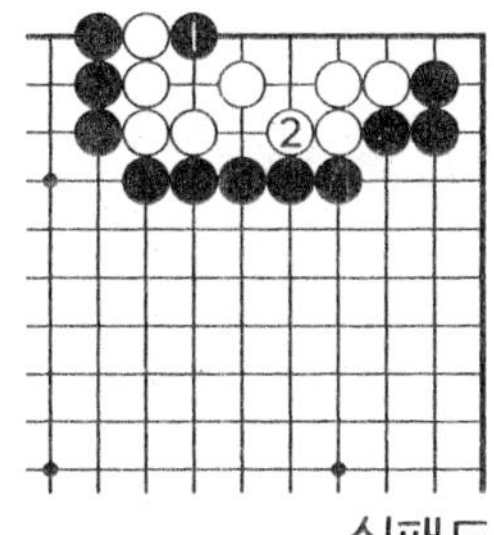

실패도(백활)

〈제13형 4 도〉 **정해도** 흑 1 에서 5 까지의 수순. 자충을 유도.

실패도 흑 1 은 공략착오. 백 2 로 산다.

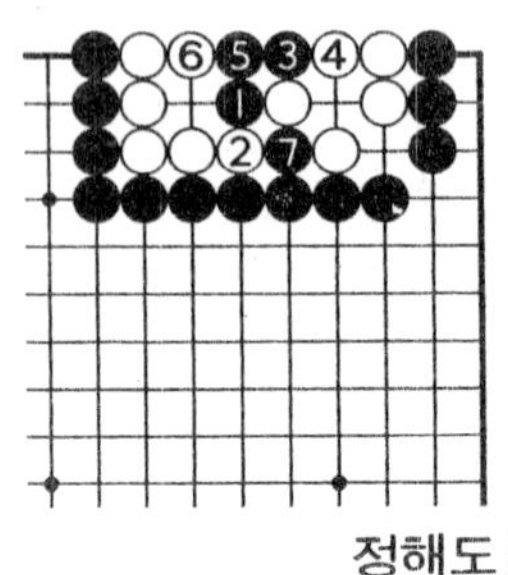
정해도 (백사)

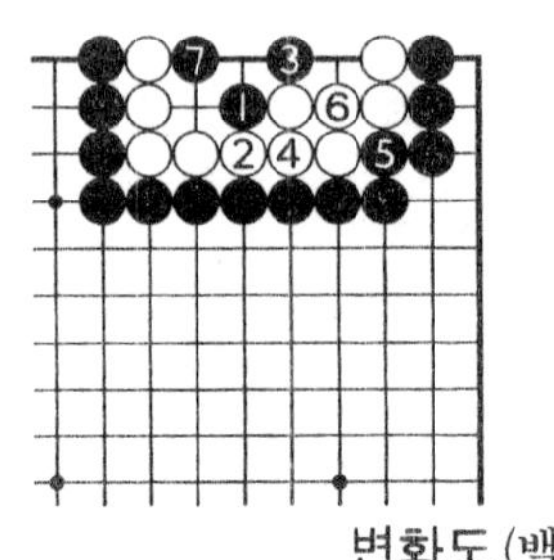
변화도 (백사)

〈제13형 5 도〉 **정해도** 흑1,3이 호 수순. 이하 흑 7 까지 백은 사는 수 없다.

변화도 흑 3 에 4 는 흑5,7로 백사.

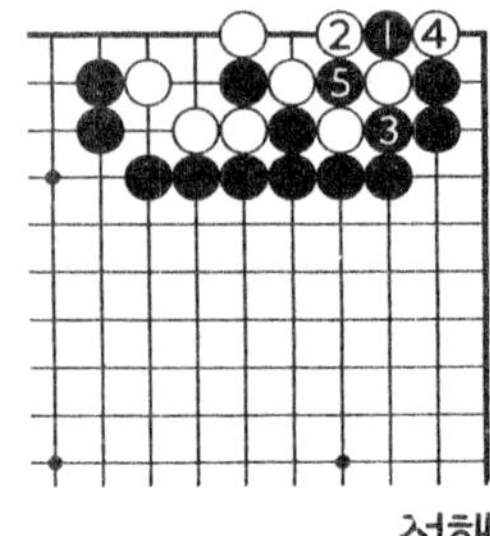
정해도 (패)

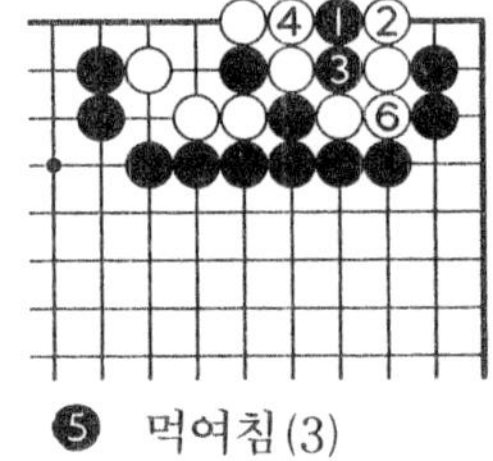
❺ 먹여침 (3)

실패도 (백활)

〈제13형 6 도〉 **정해도** 흑1,3이 수순. 모양의 허술함을 찌른다. 흑 5 로 패.

실패도 흑 1 에서 5 는 백 6 으로 불성립.

7 도 흑선

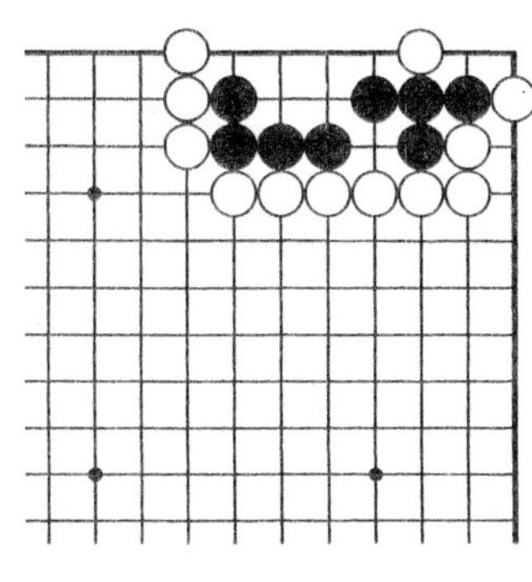

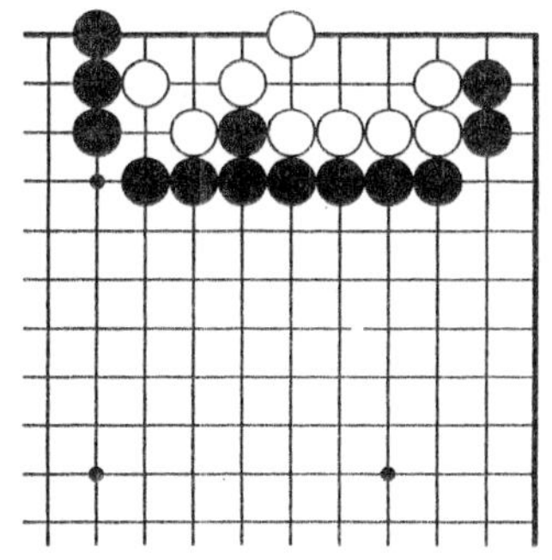

〔제14형〕

1 도 흑선

2 도 흑선

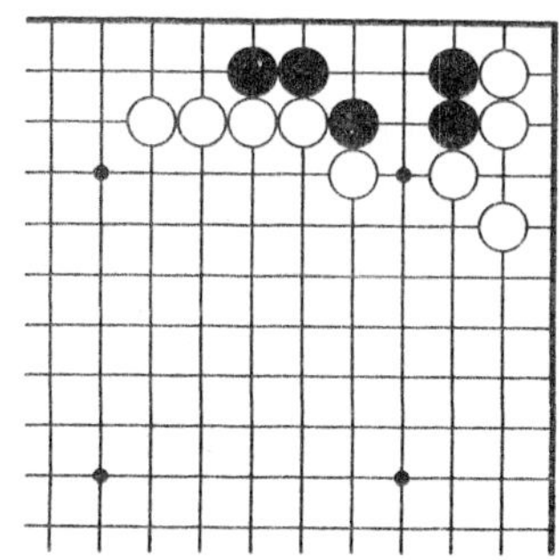

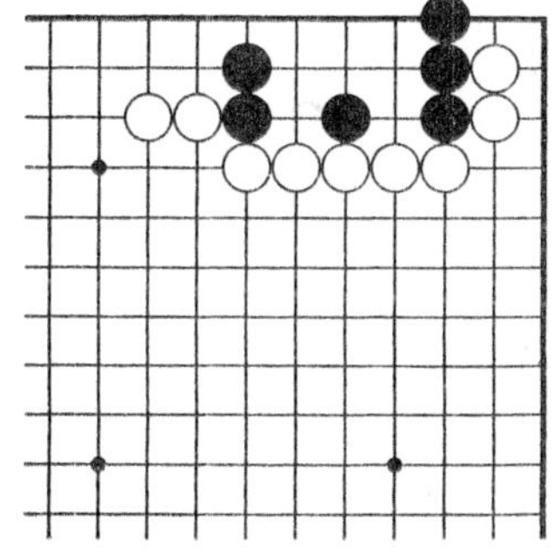

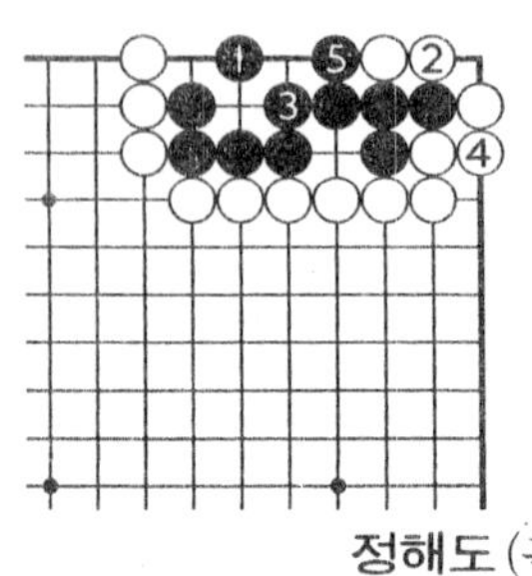
정해도 (흑활)

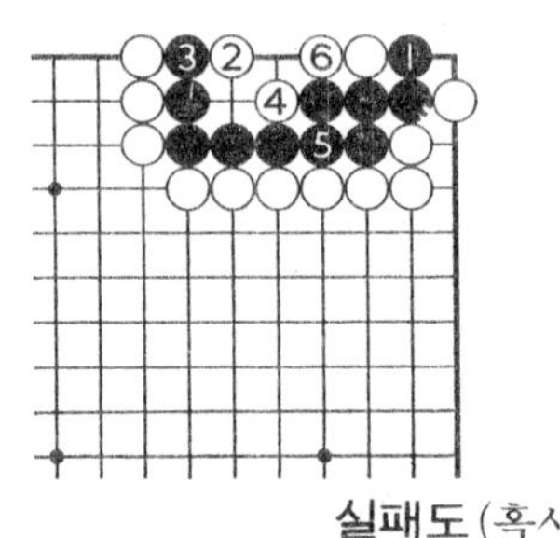
실패도 (흑사)

〈제13형 7 도〉 **정해도** 흑 1 이 교묘. 백 2 에는 흑3,5로 산다.

실패도 흑 1 은 무리. 백 2 에서 6 까지 흑사.

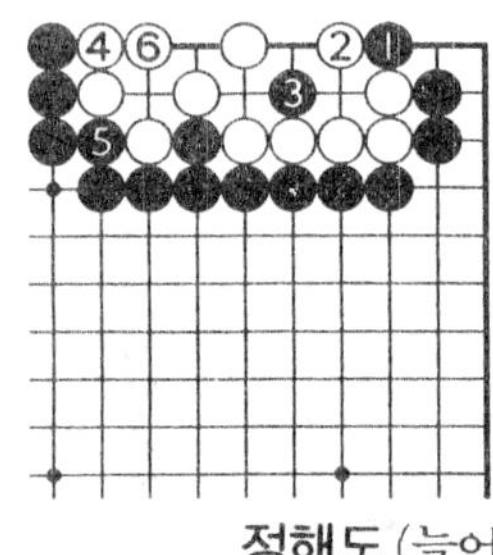
정해도 (늘어진 패)

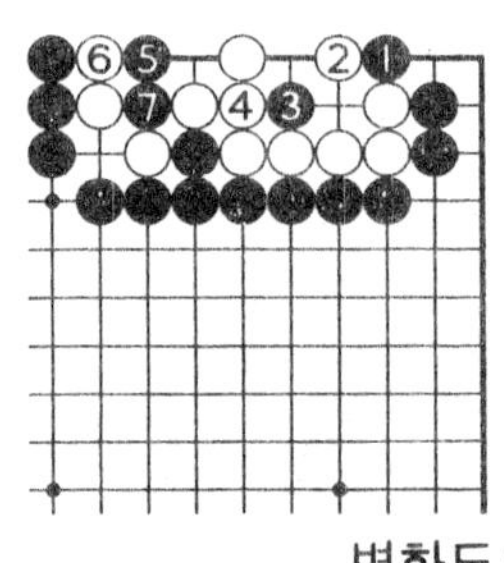
변화도 (백사)

〈제13형 8 도〉 **정해도** 흑 1 이하 6 까지 쌍방 최선의 응접. 늘어진 패.

변화도 흑 3 에 4 는 흑5,7로 흑사.

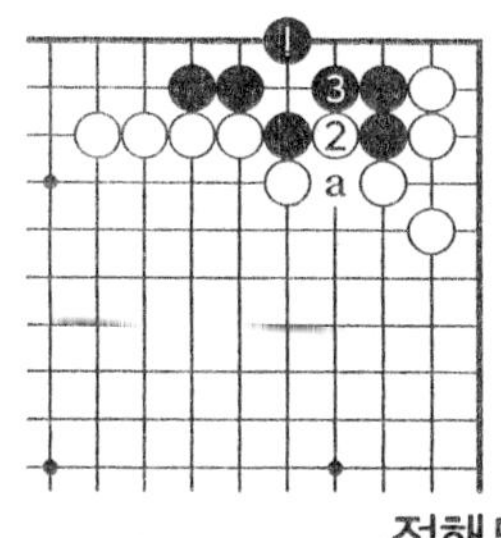

정해도 (패)

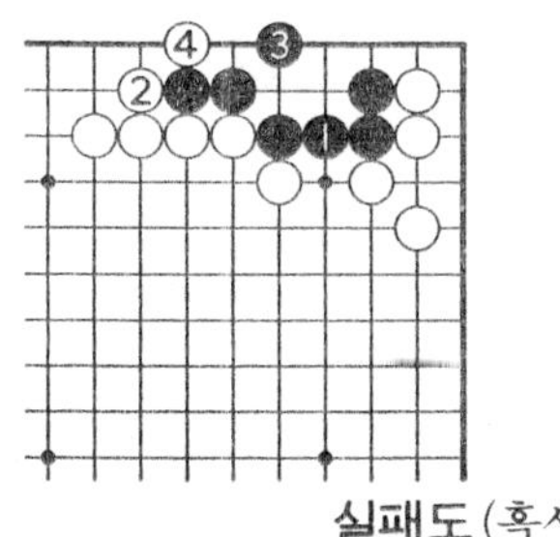

실패도 (흑사)

〈제14형 1 도〉 **정해도** 흑 1 이 요착. 흑 3 에 백이 a 로 이으면 패로 다툰다.

실패도 흑 1 은 두 눈을 내기에는 부족.

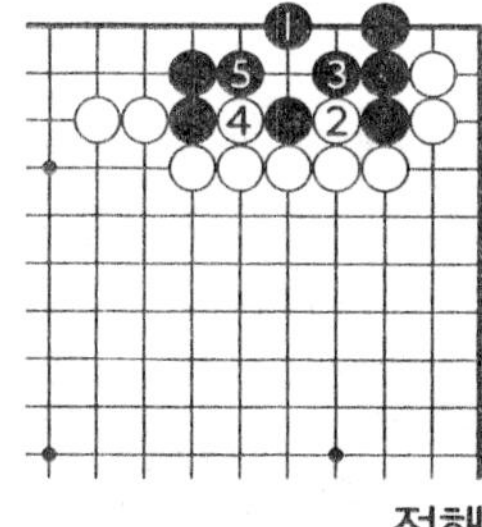

정해도 (패)

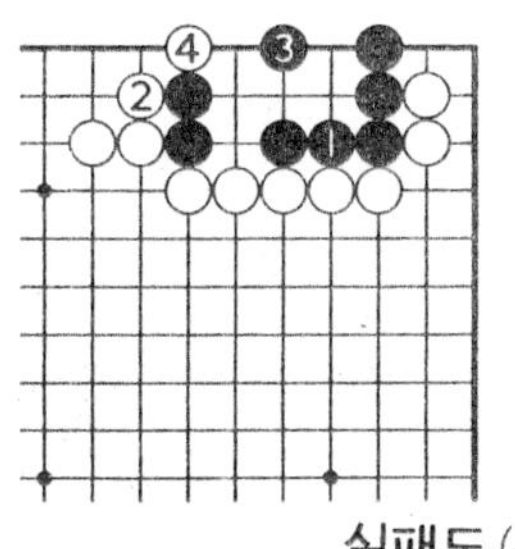

실패도 (흑사)

〈제14형 2 도〉 **정해도** 흑 1 이 요착. 결과는 흑 5 까지 패.

실패도 흑 1 은 악수. 백2,4로 흑사.

*3 도 흑선

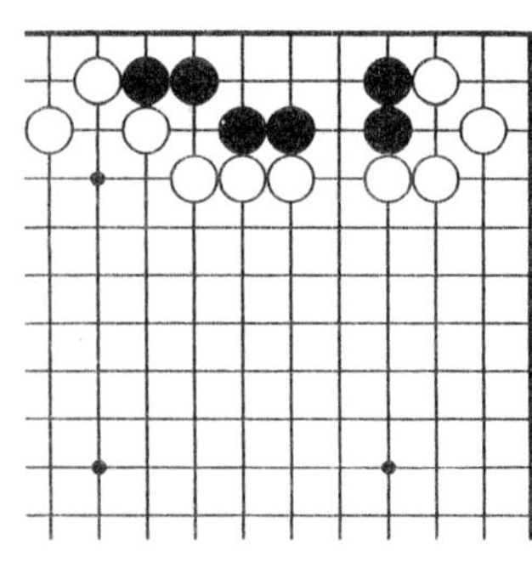

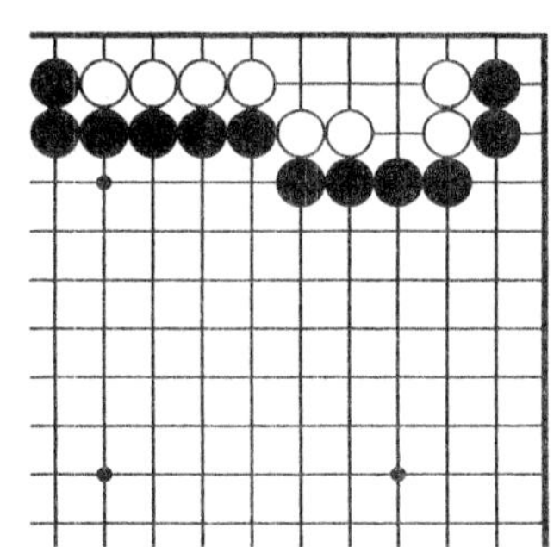

5 도 흑선

6 도 흑선

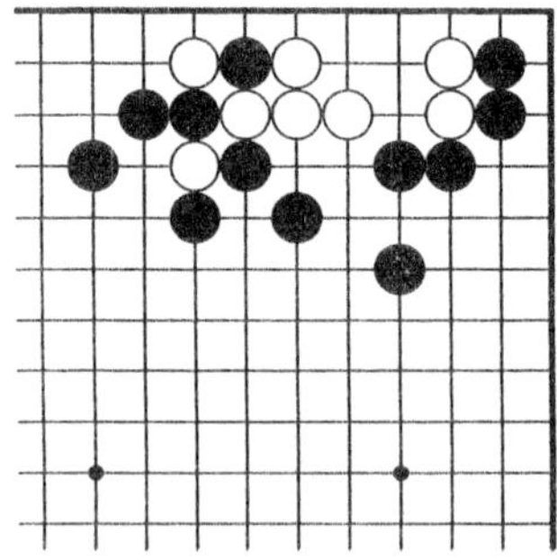

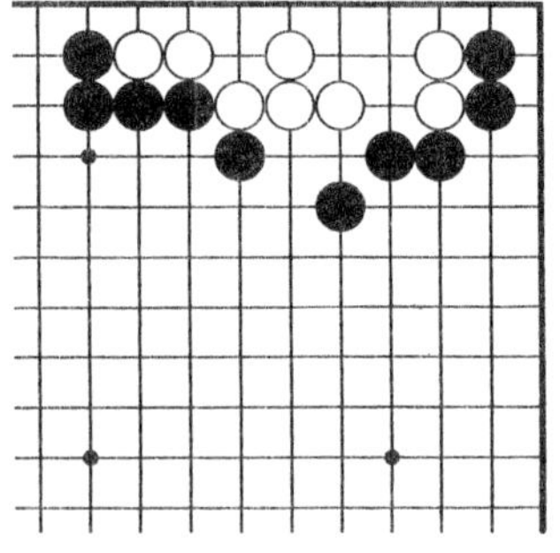

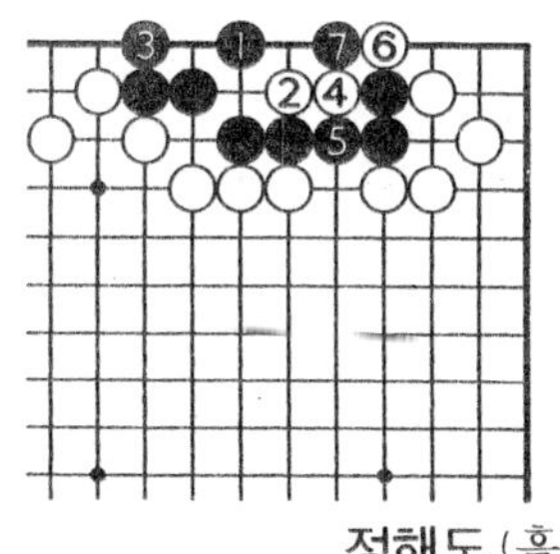
정해도 (흑활)

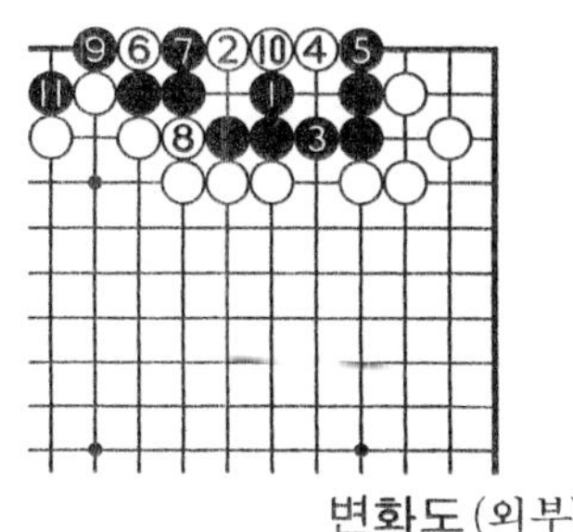
변화도 (외부)

〈제14형 3 도〉 **정해도** 흑 1 이 요착. 백 2 에는 흑 3 에서 7 까지 연단수로 산다.

변화도 흑 1 이하 11은 외부상황 고려.

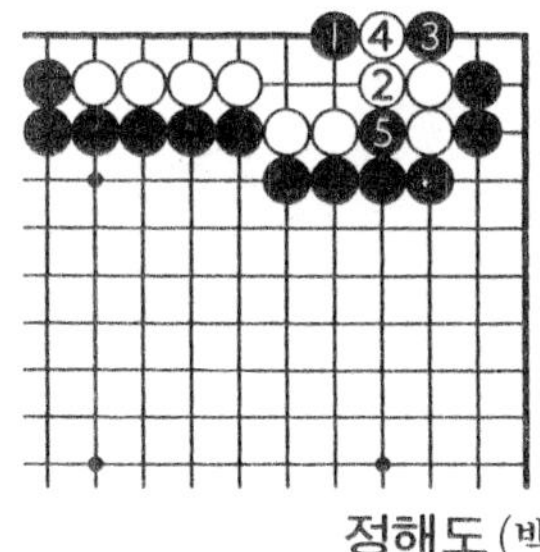
정해도 (백사)

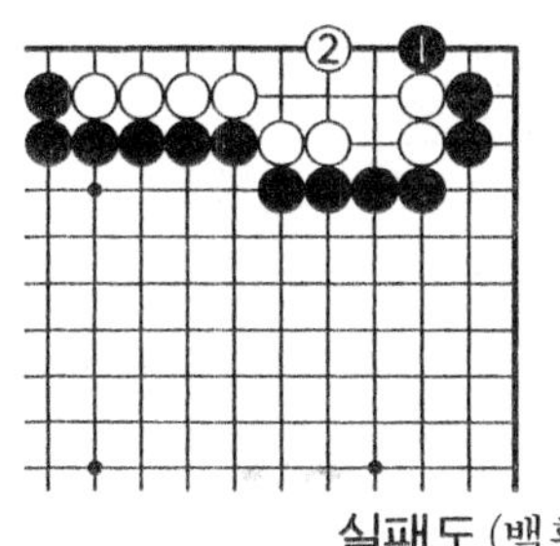
실패도 (백활)

〈제14형 4 도〉 **정해도** 흑 1 이 급소. 백모양을 자충으로 유도. 흑 5 까지 백사.

실패도 흑 1 은 수순착오. 백 2 의 요점을 허락한다.

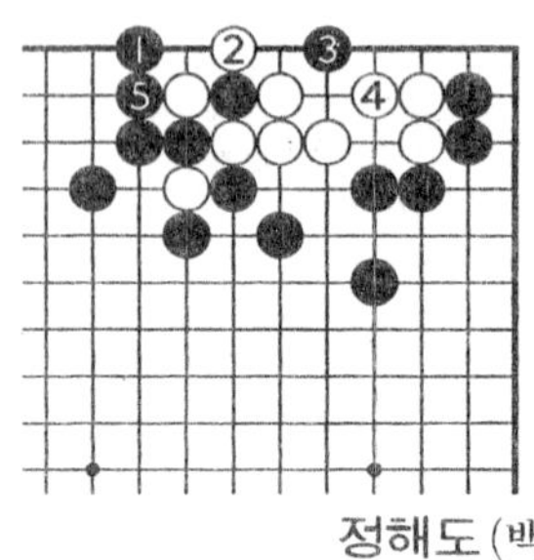

정해도 (백사)

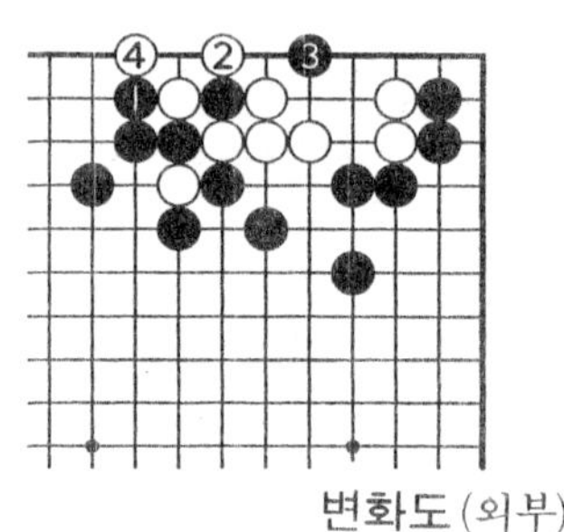

변화도 (외부)

〈제14형 5 도〉 정해도 흑 1 이 호착. 백의 저항수단을 봉쇄. 백 2 에는 흑 3 이 급소.

변화도 흑 1 은 불충분. 외부와 관련된 문제가 생김.

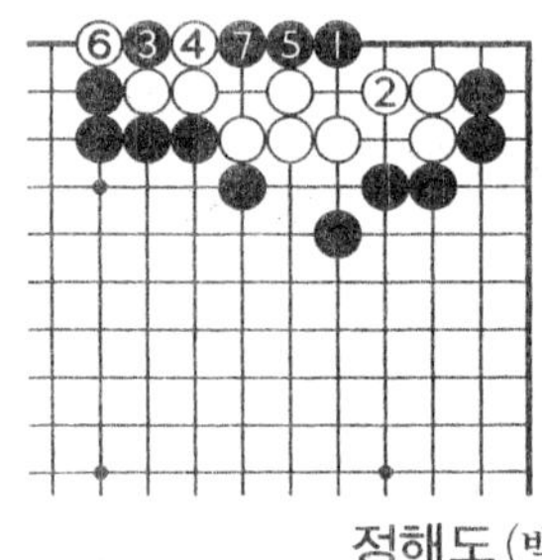

정해도 (백사)

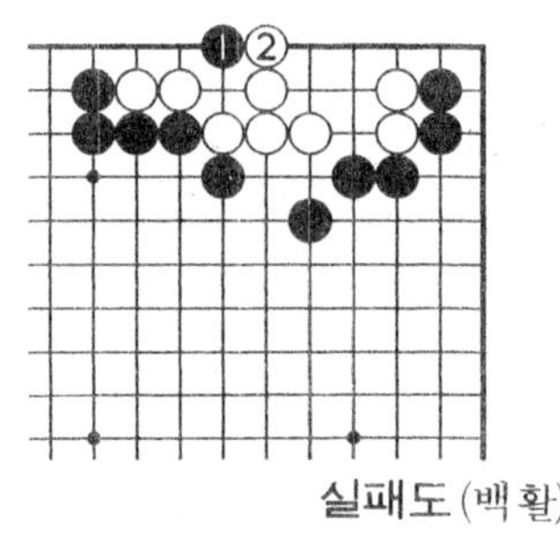

실패도 (백활)

〈제14형 6 도〉 정해도 흑 1 이 급소. 백 2 에는 흑 3 에서 7 까지. 백사.

실패도 흑 1 은 공략착오. 백 2 로 산다.

7도 흑선

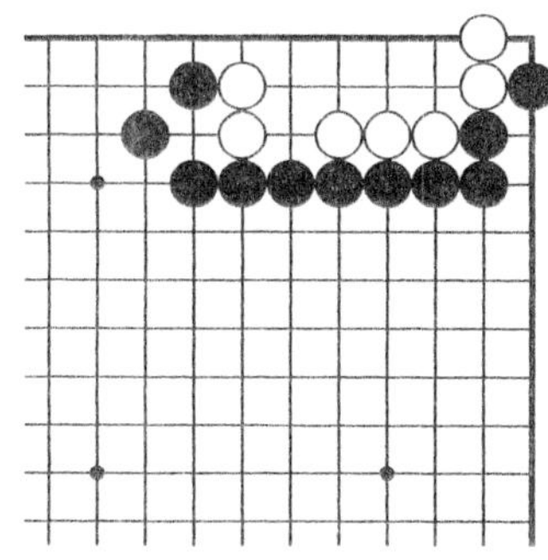

* 8도 흑선

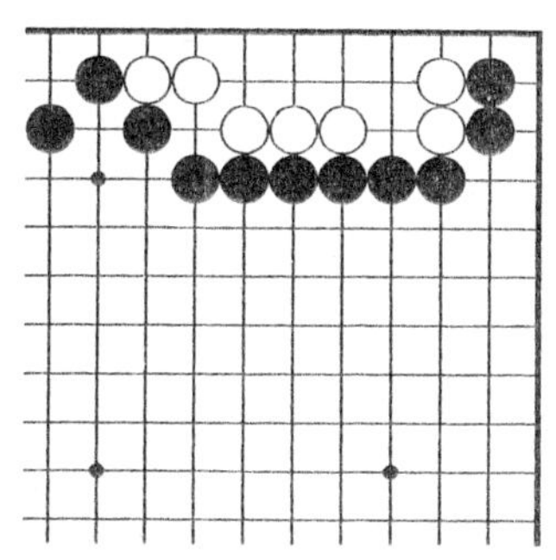

9도 흑선

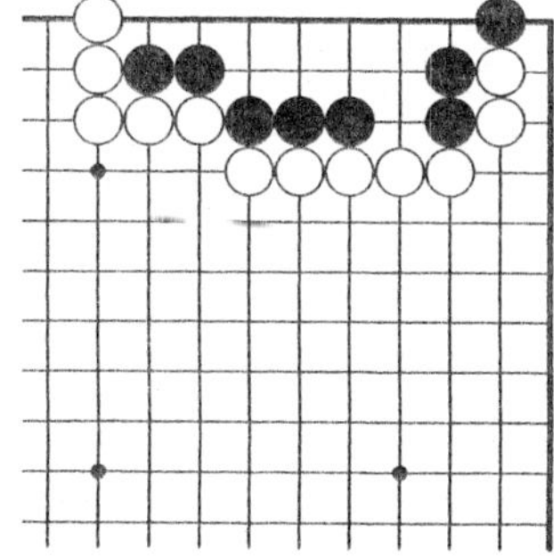

10도 흑선

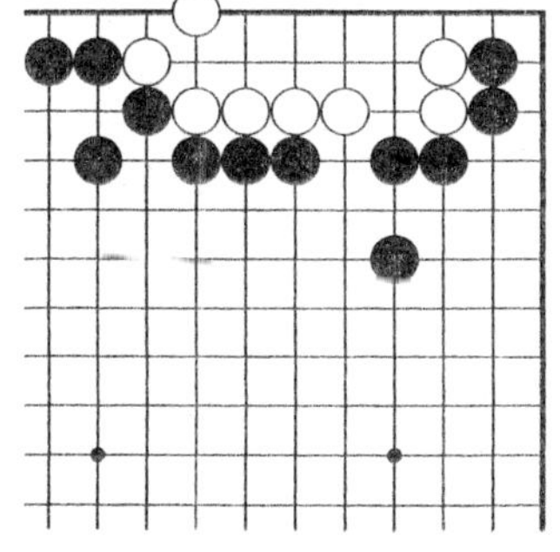

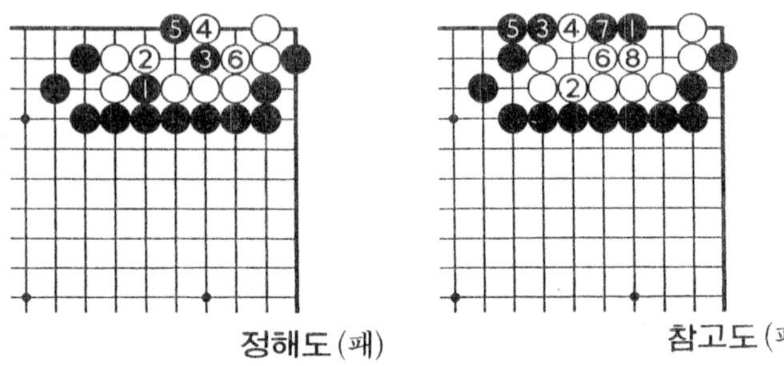

정해도(패)　　참고도(패)

〈제14형 7 도〉 정해도 흑 1 이하 6 까지 쌍방 최선의 응접. 참조=제37형 1 도.

참고도 본도는 백 8 을 손빼면 만년패.

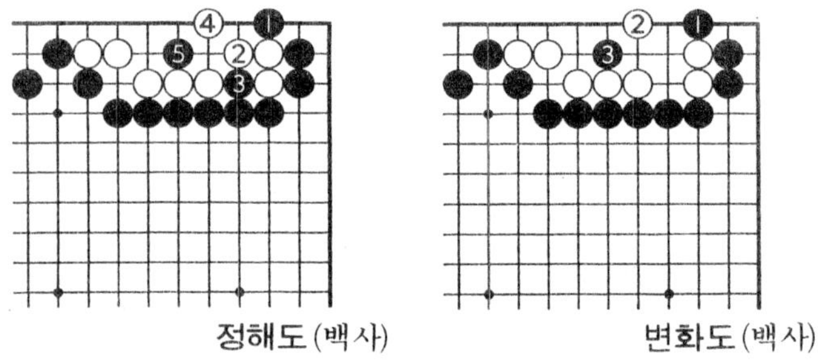

정해도(백사)　　변화도(백사)

〈제14형 8 도〉 정해도 흑 1 이하로 사는 수를 차단.

변화도 흑 1 에 백 2 는 흑 3 으로 백사.

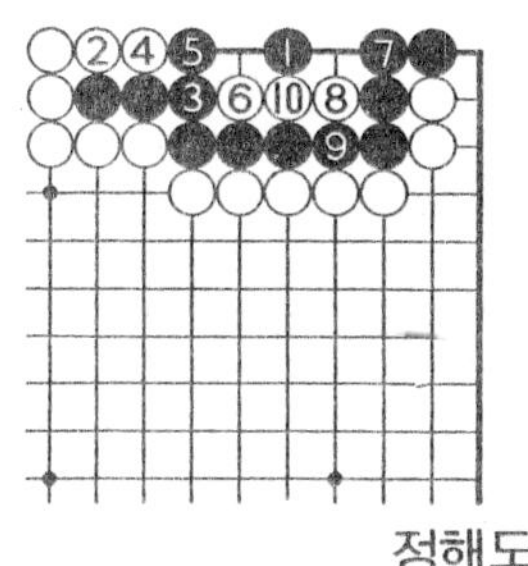

정해도(빅)

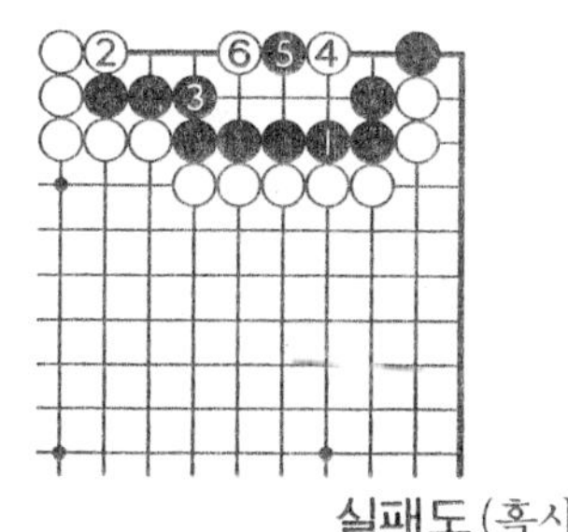

실패도(흑사)

〈제14형 9 도〉 정해도 흑 1 이하 10까지 쌍방 최강의 응접으로 빅.

실패도 흑 1 은 악수. 백 2 에서 6 까지 흑사.

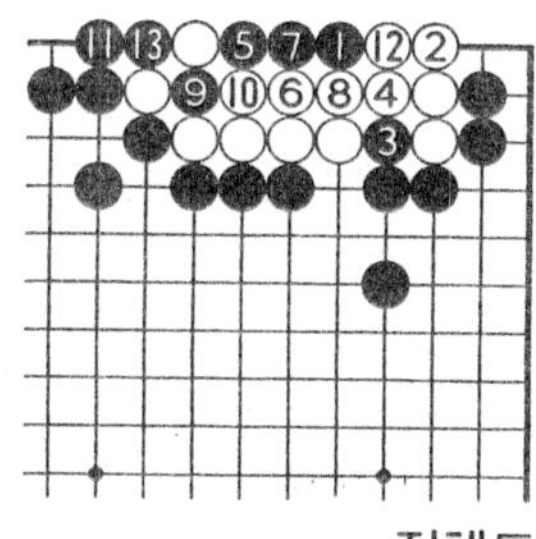

정해도(패)

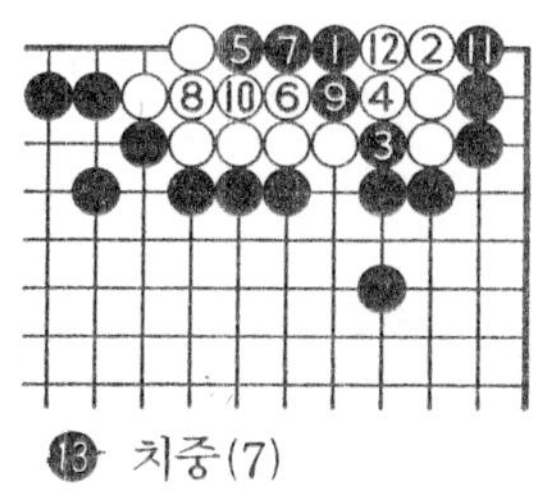

⑬ 치중(7)

변화도(백사)

〈제14형10도〉 정해도 흑 1 로 2 는 백 1 로 산다.

변화도 백 8 은 무리. 흑 9 에서 13까지 백사.

11도 흑선

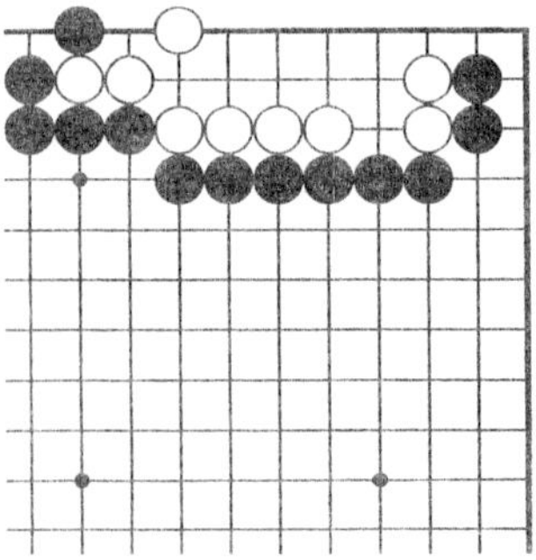

〔제15형〕

＊1도 흑선

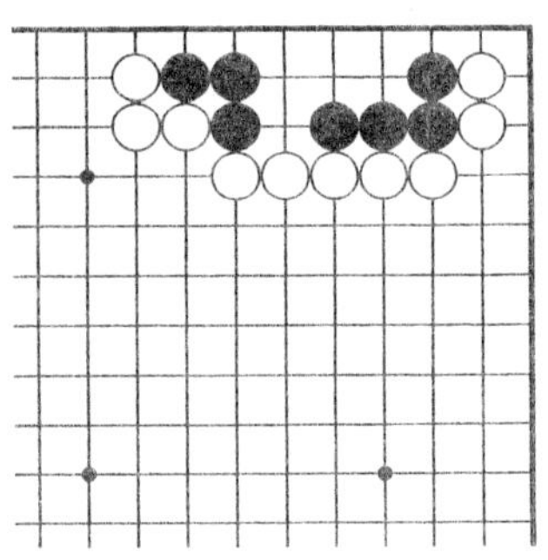

2도 흑선

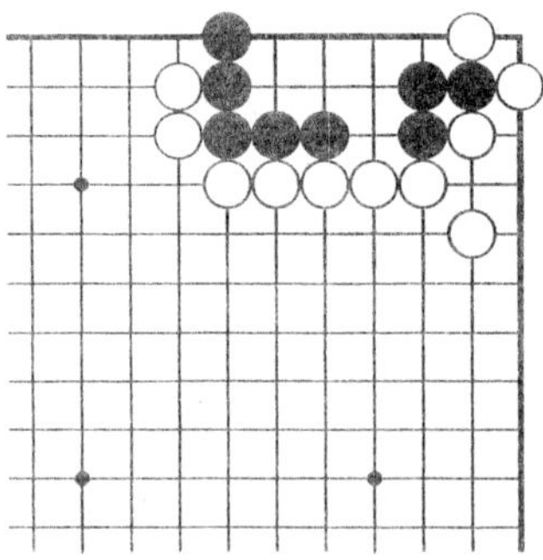

3도 흑선

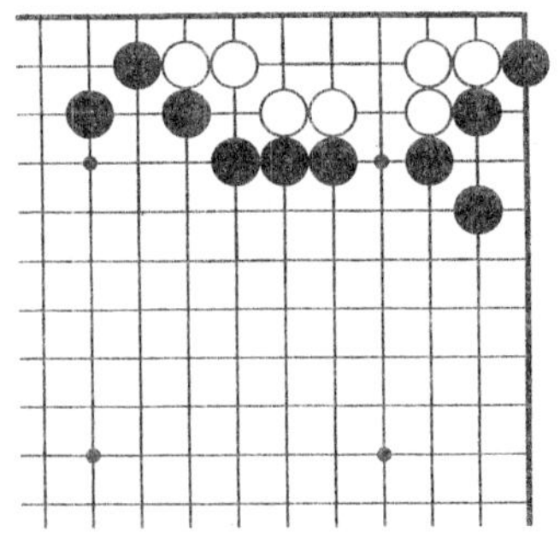

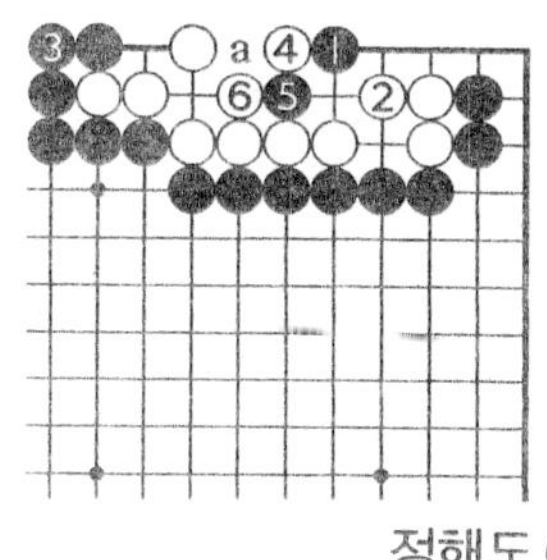

정해도(패)

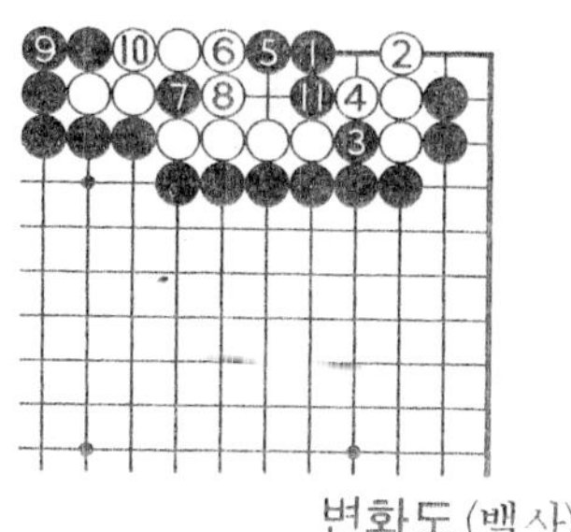
변화도(백사)

〈제14형11도〉 정해도 흑1,3이 호수순 백6 까지 패. 흑3으로 4는 백a로 산다.

변화도 백2는 무리. 참조=동형10도.

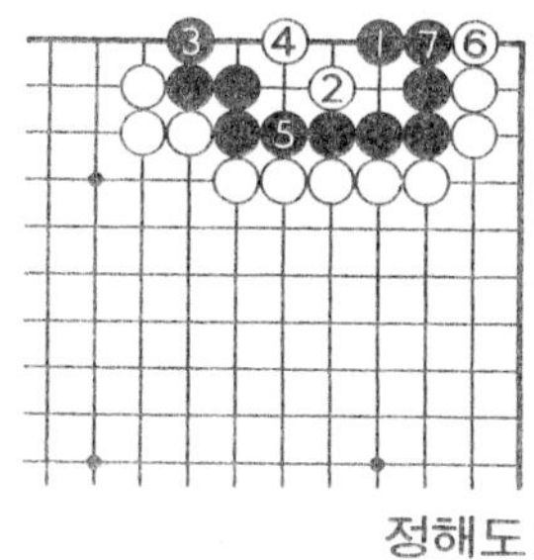
정해도(빅)

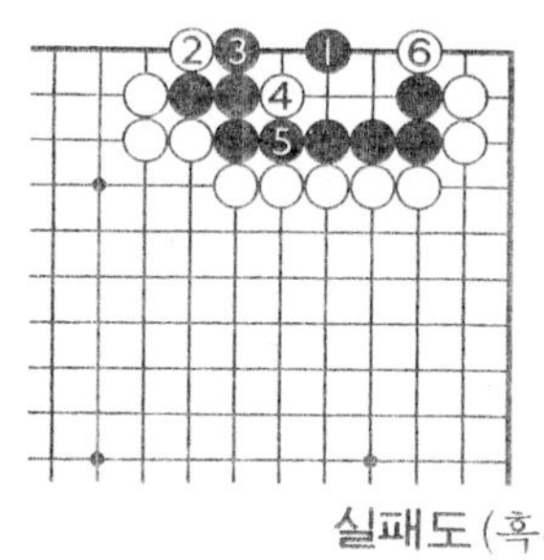
실패도(흑사)

〈제15형1도〉 정해도 흑1이 교묘. 백2에는 흑3에서 7까지 빅을 유도. 참조=제38형14도.

실패도 흑1은 악수. 백2,4가 호수순.

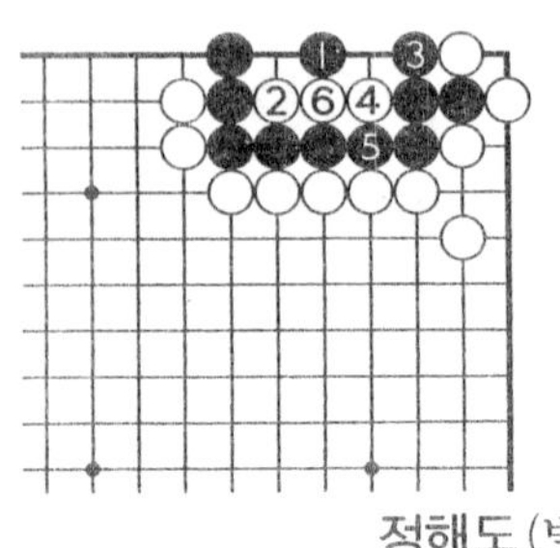

정해도(빅)

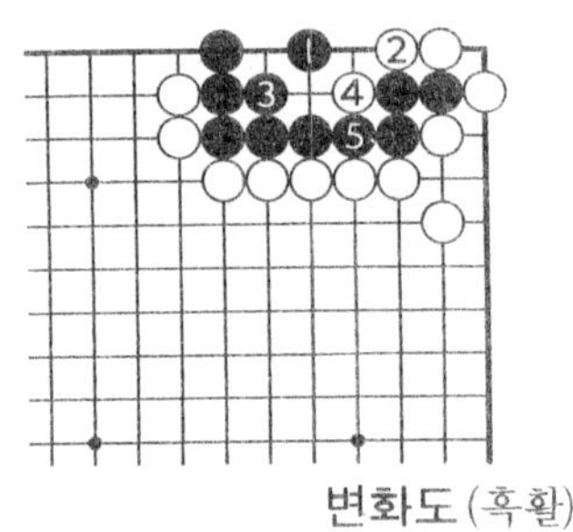

변화도(흑활)

〈제15형 2 도〉 정해도 흑 1 이 요착. 결과는 백 6 까지 빅. 변화도 흑 1 에 백 2 는 흑 3 이 교묘한 수.

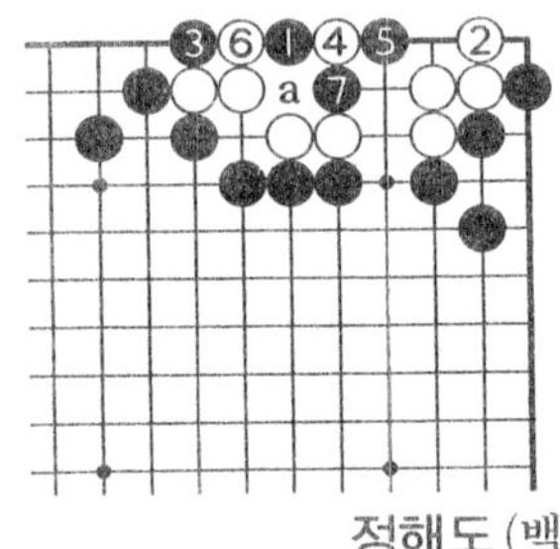

정해도(백사)

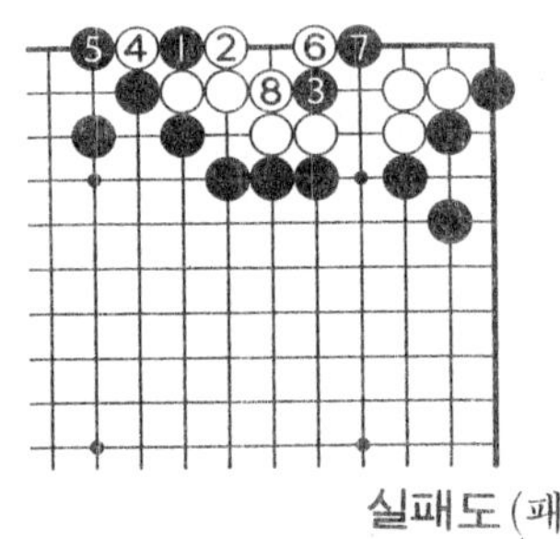

실패도(패)

〈제15형 3 도〉 정해도 흑 1 로 7 은 백 3, 흑 2, 백 1 로 산다. 백 2 로 3 은 흑 2 , 백 4, 흑 7, 백 5, 흑a 로 죽는다.

실패도 흑 1 이하는 백 8 까지 패.

4도 흑선

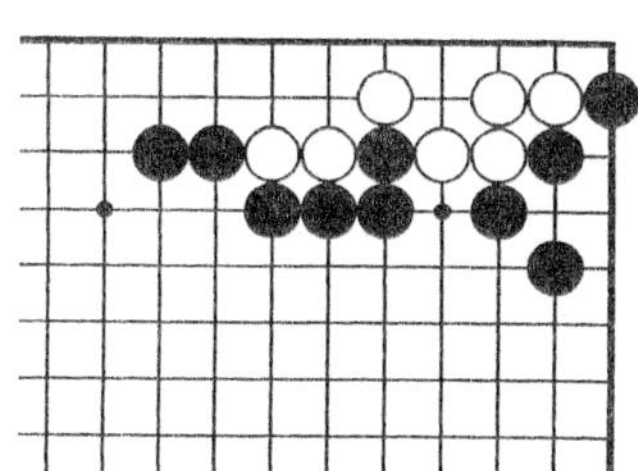

5도 흑선

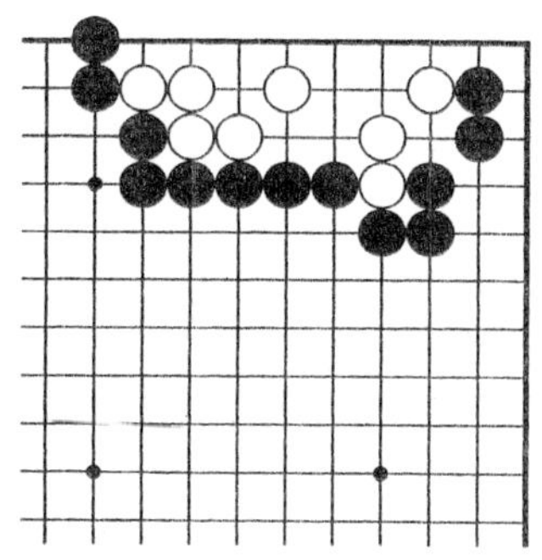

6도 흑선

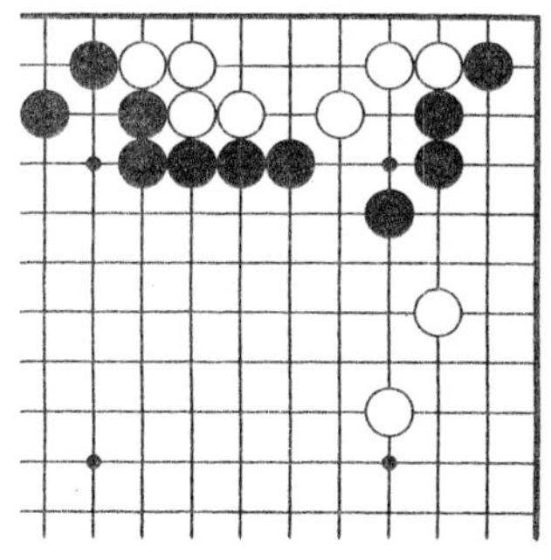

7도 흑선

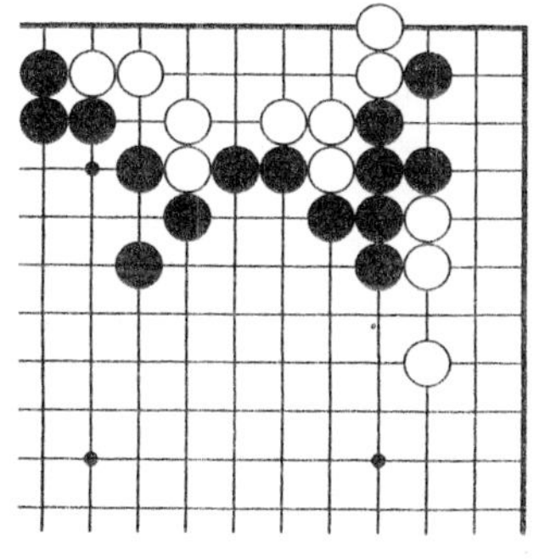

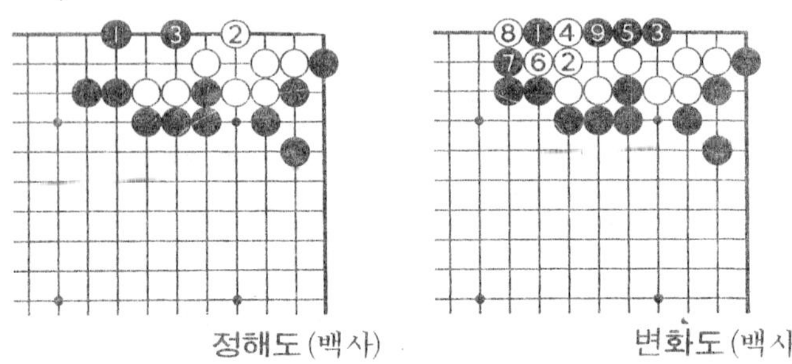
정해도(백사) 변화도(백사)

〈제15형 4 도〉 흑 1 이 교묘한 수. 백 2 에는 흑 3 으로 눈을 없앤다.

변화도 흑 1 에 백 2 는 흑 3 에서 9 까지 백사.

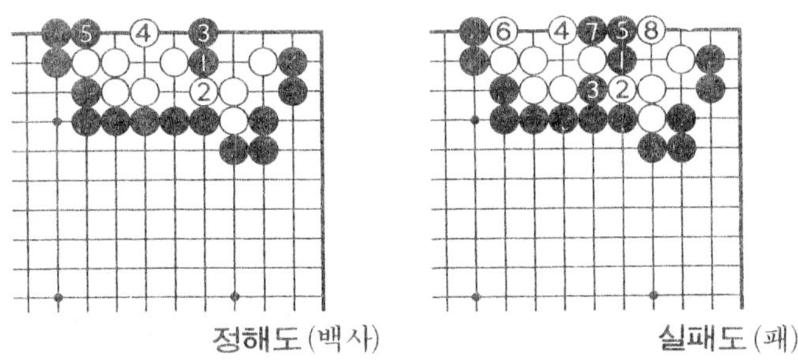
정해도(백사) 실패도(패)

〈제15형 5 도〉 정해도 흑 1 에서 5 까지 움직여 백은 사는 수가 없다.

실패도 흑 3 은 악수. 패를 피할 수 없다.

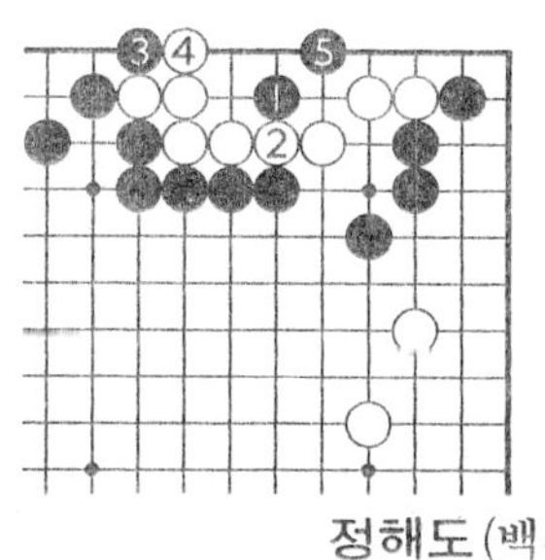

정해도(백사)

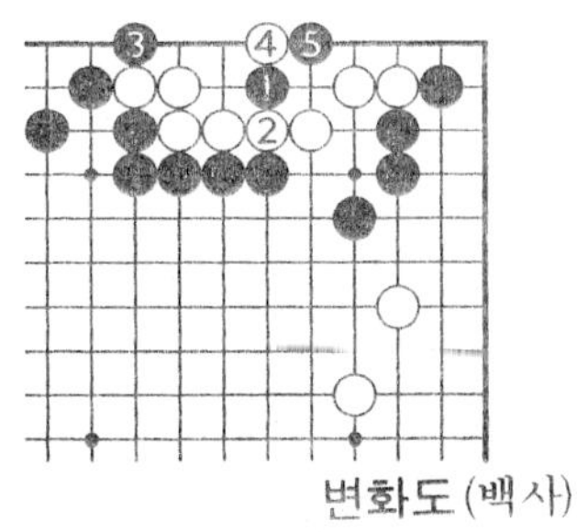

변화도(백사)

〈제15형 6 도〉 정해도 흑1, 3,5가 연결타.

변화도 흑3 에 4 는 흑5 로 백사.

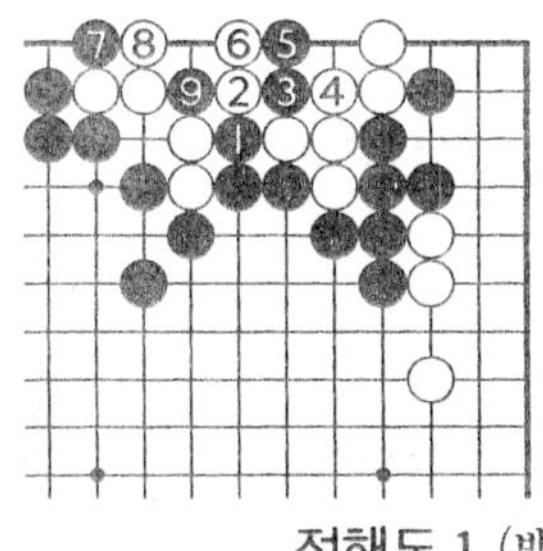

정해도 1 (백사)

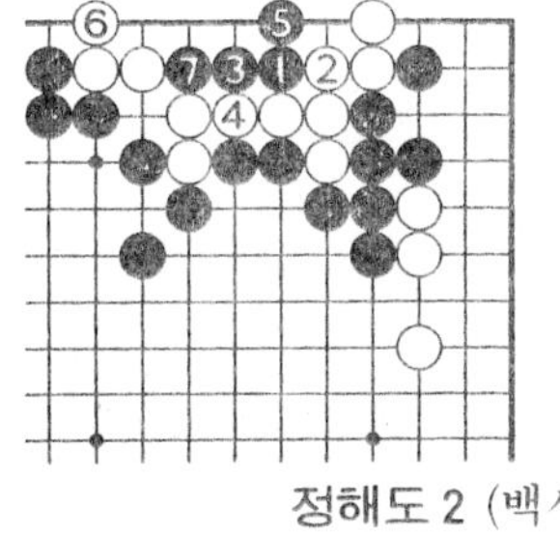

정해도 2 (백사)

〈제15형 7 도〉 정해도 1 흑1 이하 9 까지 백의 활로를 차단.

정해도 2 흑1 에서 7 까지의 수순이 성립.

*8도 흑선

*9도 사는 모양

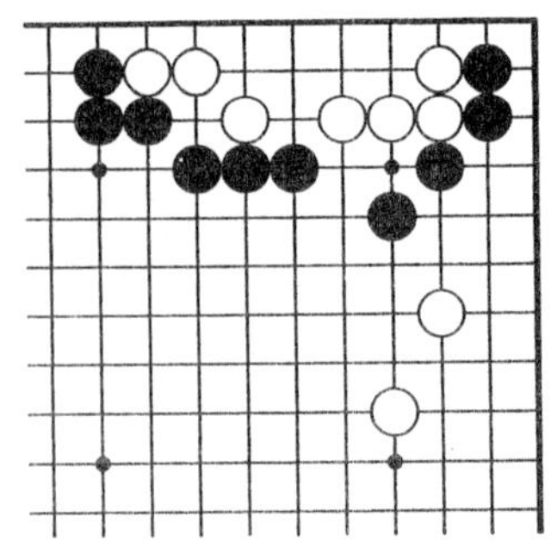

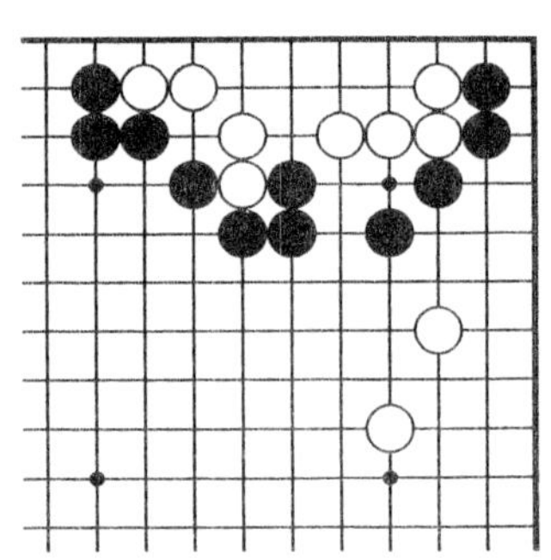

10도 흑선

*11도 흑선 (빅)

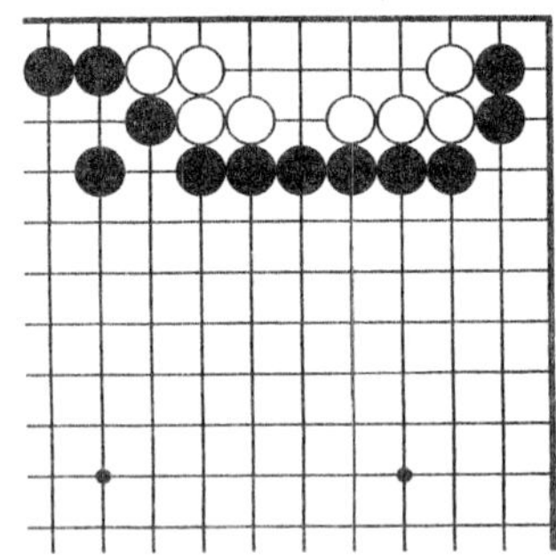

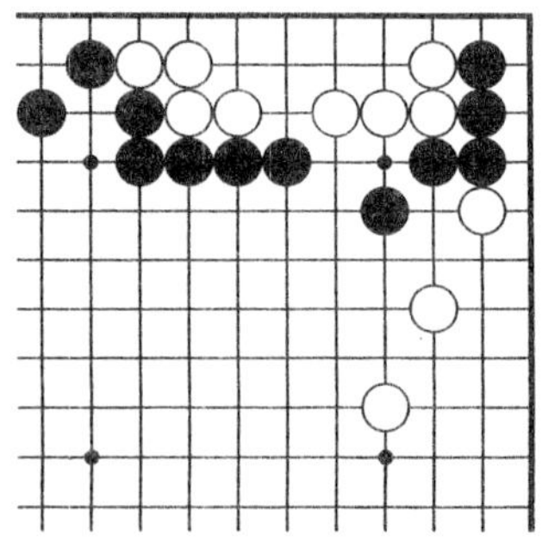

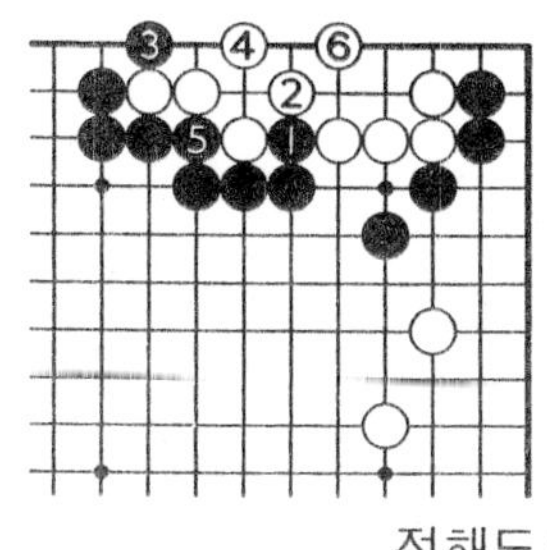

정해도(패)

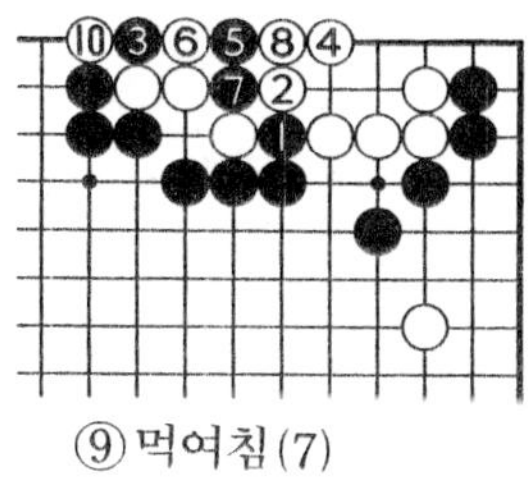

⑨먹여침(7)

변화도(외부)

〈**제15형 8 도**〉 **정해도** 흑 **1** 이하 백 **6** 의 수순으로 결과는 패. 참조=동형 **9** 도.

변화도 본도는 외부의 상황을 고려.

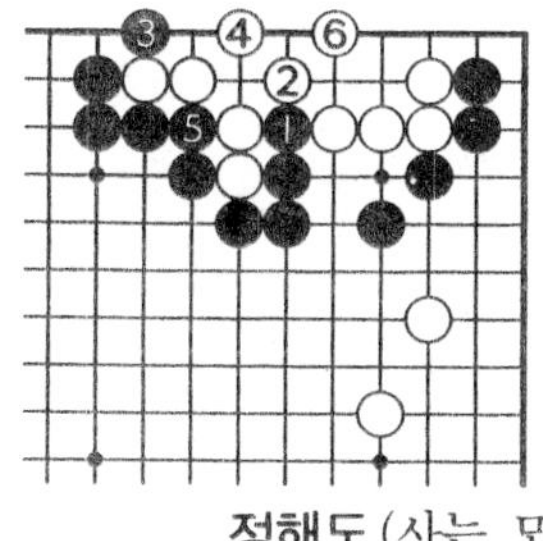

정해도(사는 모양)

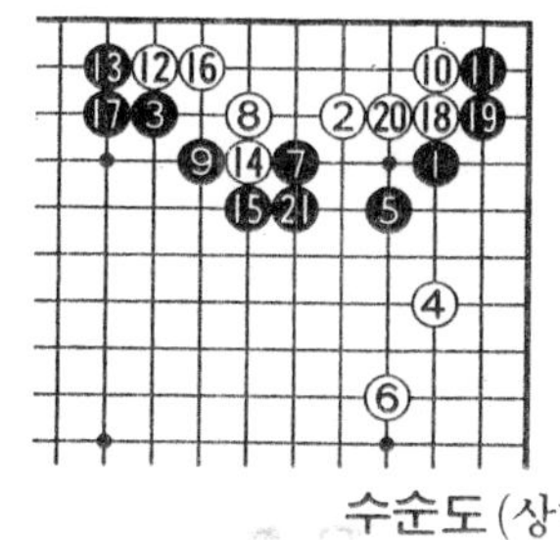

수순도(상형)

〈**제15형 9 도**〉 **정해도** 백 **4** 로 **6** 은 흑 **4** 이하 외부와 관련된 문제가 생긴다. 참조=동형 **8** 도.

수순도 3칸 높은'걸이 정석' 참조=동형**11**도.

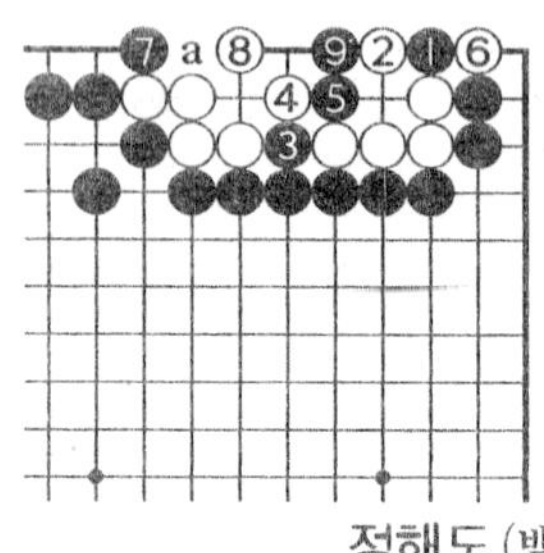

정해도(백사)

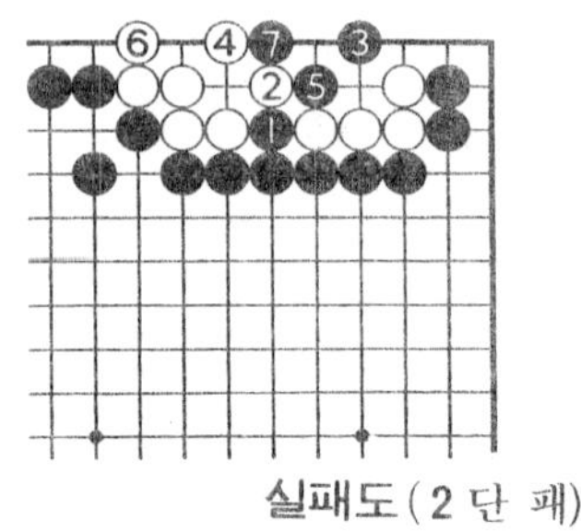

실패도(2단 패)

〈제15형10도〉 정해도 흑1에서 9까지로 백사. 흑7로 9는 백a로 패.

실패도 흑1이하 7은 2단 패.

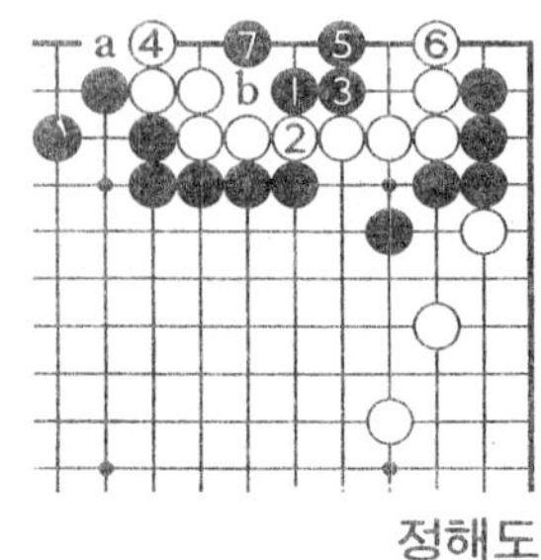

정해도(빅)

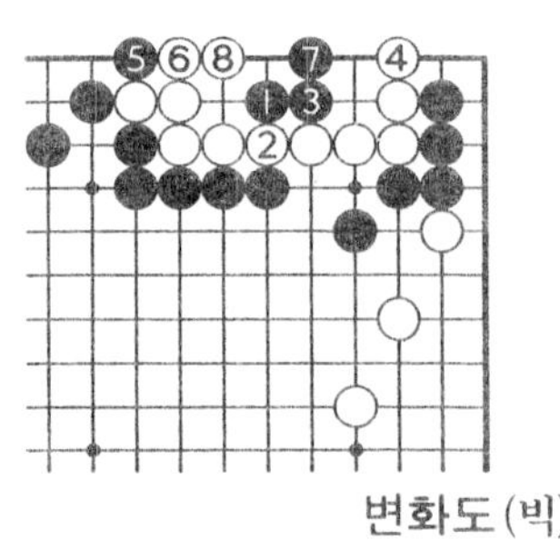

변화도(빅)

〈제15형11도〉 정해도 흑1에서 7까지 빅. 그 다음 a는 b를 주의.

변화도 백8을 생략하면 만년 패.

〔제16형〕

＊1도 흑선

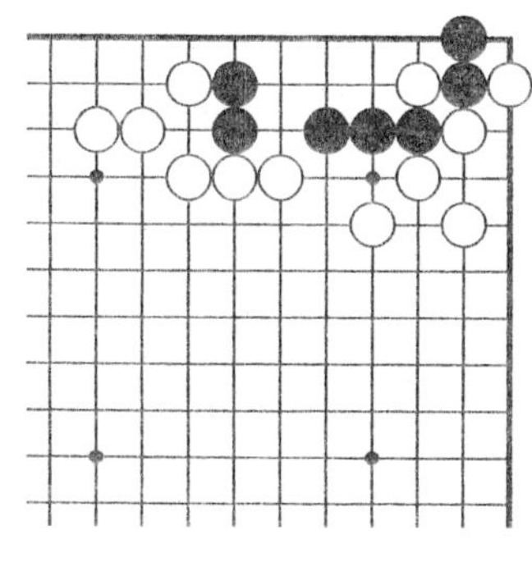

2도 흑선

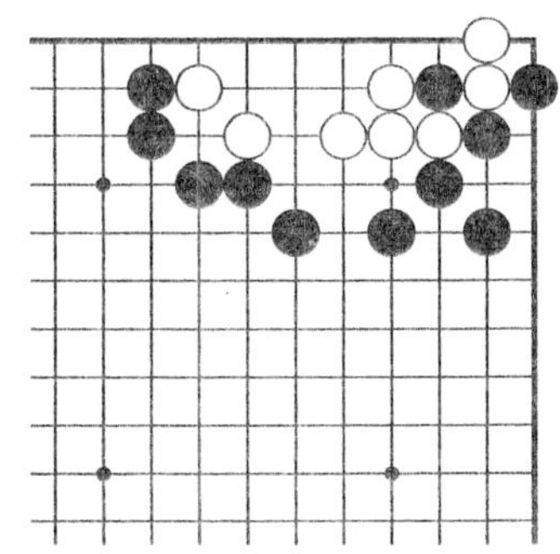

〔제17형〕

＊1도 흑선

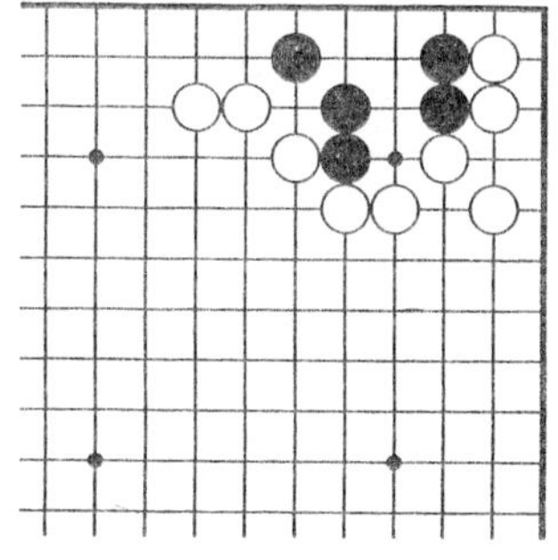

2도 흑선

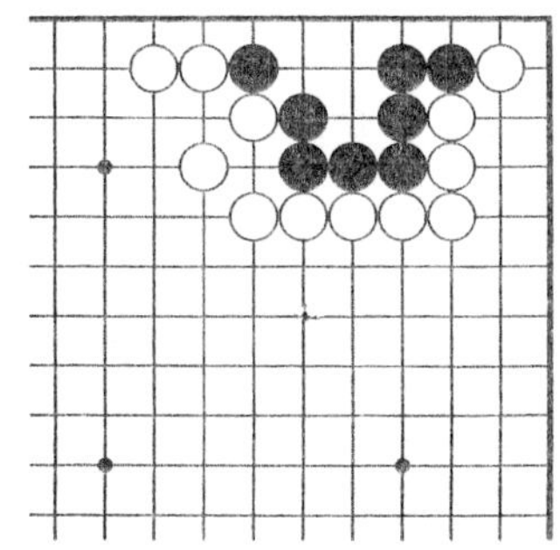

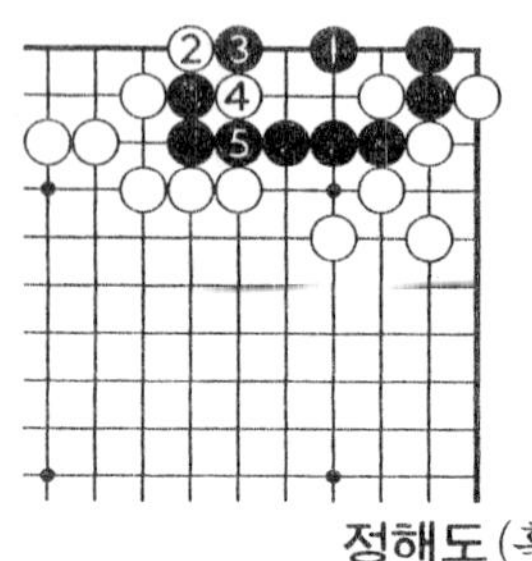

정해도(흑활)

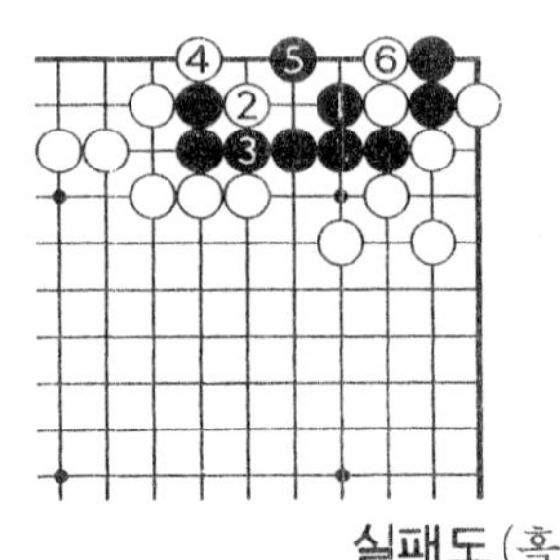

실패도(흑사)

〈제16형 1 도〉 **정해도** 흑 1 이 요착. 백 2 에는 흑 3 이하 연단수. 참조=제 2 형 1 도.

실패도 흑 1 은 악수. 백 2 에서 6 까지 흑사.

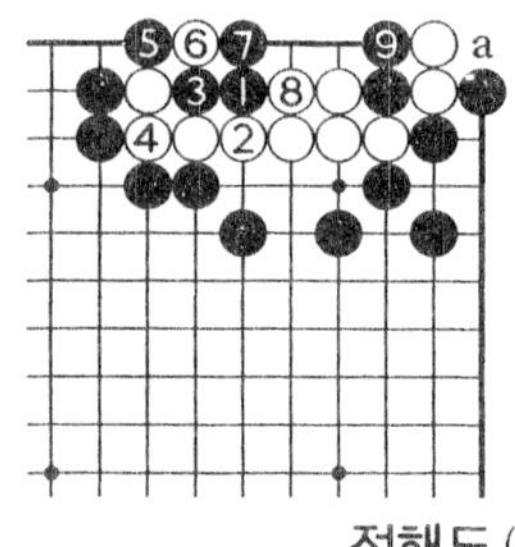

정해도(백사)

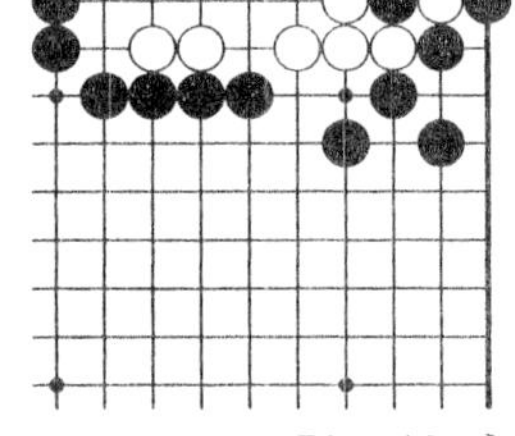

유형도(흑선 백사)

〈제16형 2 도〉 **정해도** 흑 3 으로 9 는 백 5, 흑a, 백 7 이하의 패. 참조=동형 1 도.

유형도 사활형의 유형을 나타냄.

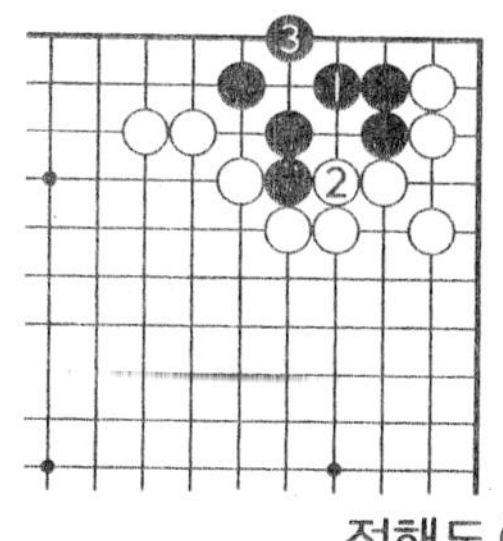

정해도 (흑활)

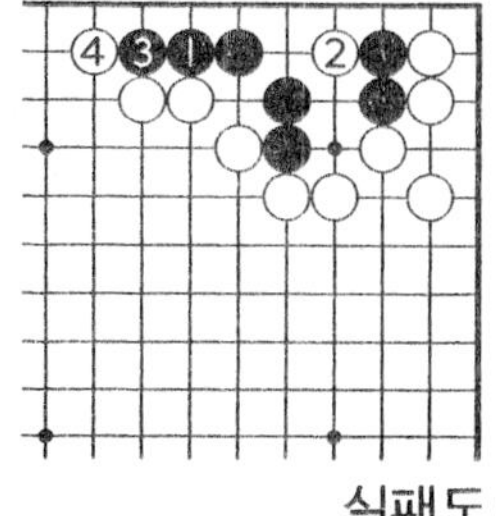

실패도 (흑사)

〈제17형 1 도〉 정해도 흑 1 이 요착. 백 2 에는 흑 3 으로 두 눈을 확보.

실패도 흑 1 은 백 2 로 그만이다.

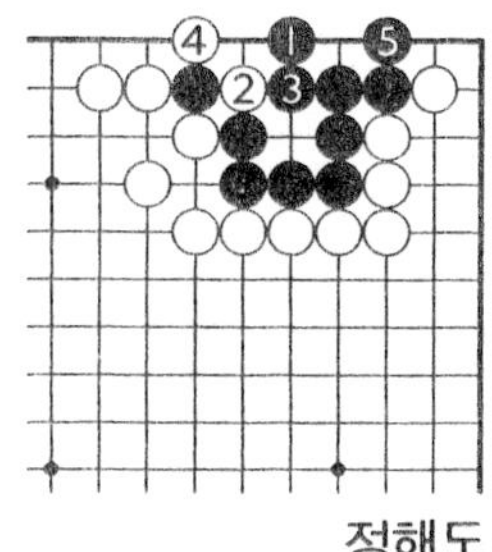

정해도 (흑활)

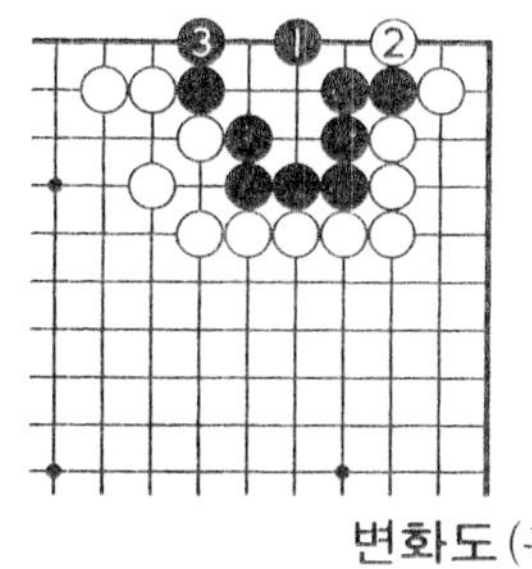

변화도 (흑활)

〈제17형 2 도〉 정해도 흑 1 로 3 은 백 4 로 패. 흑 1 로 2 는 백 4 로 흑사. 참조=수순 4 도.

변화도 흑 1 에 백 2 는 흑 3 으로 산다.

* 3 도 흑선

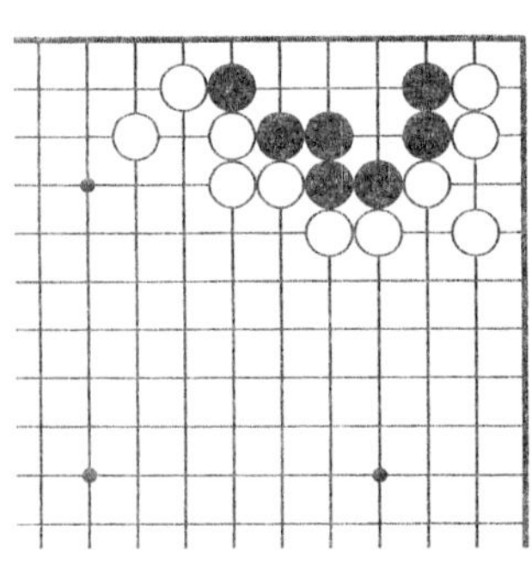

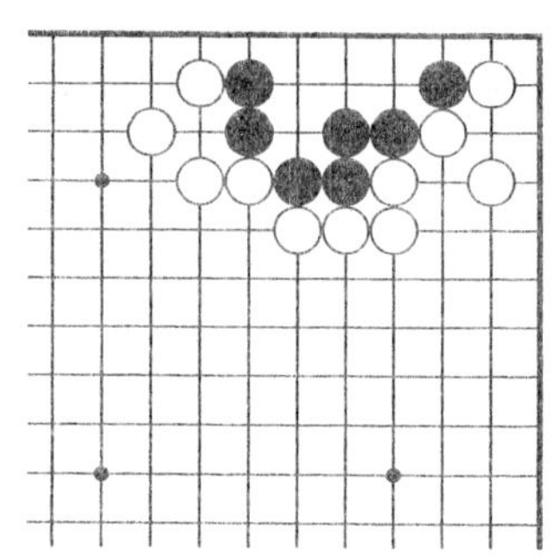

5 도 흑선

* 6 도 흑선

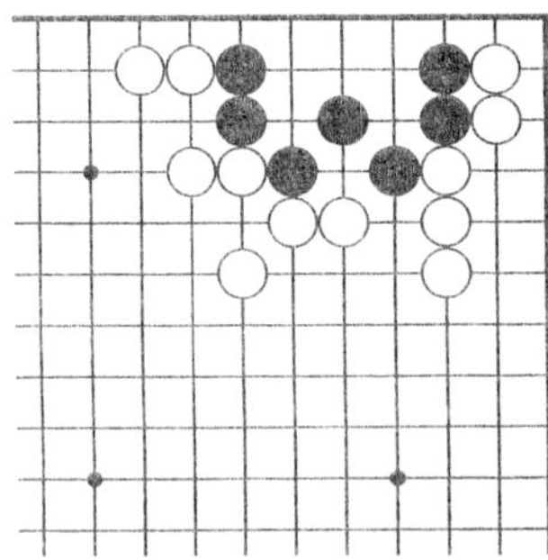

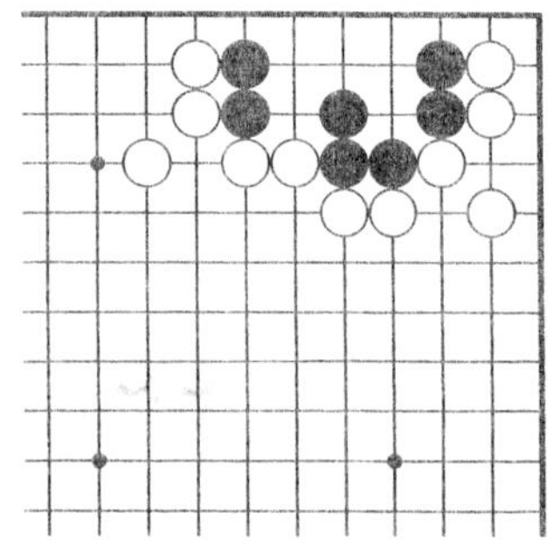

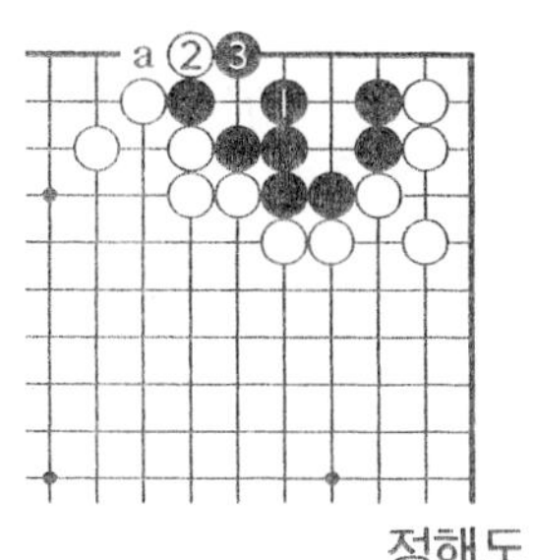

정해도(패)

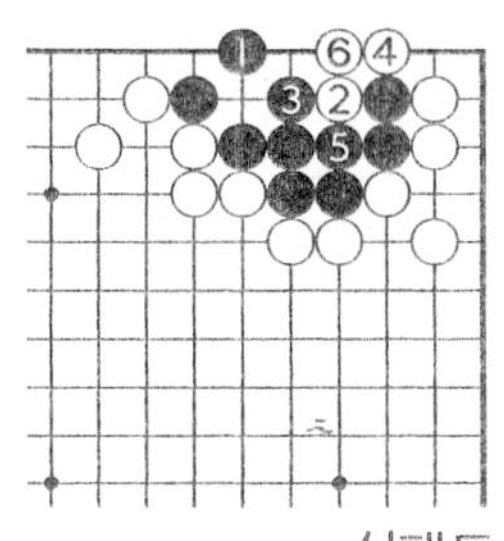

실패도(흑사)

〈제17형 3 도〉 정해도 흑 3 으로 받아 백이 a 로 이으면 패. 참조=동형 4 도.

실패도 흑 1 로 삶을 구하는 것은 무리.

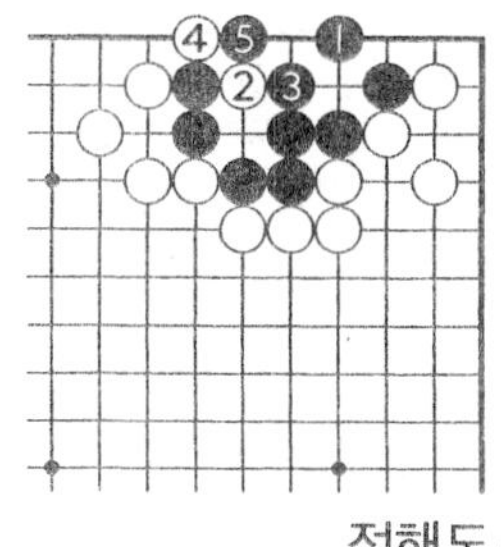

정해도(흑활)

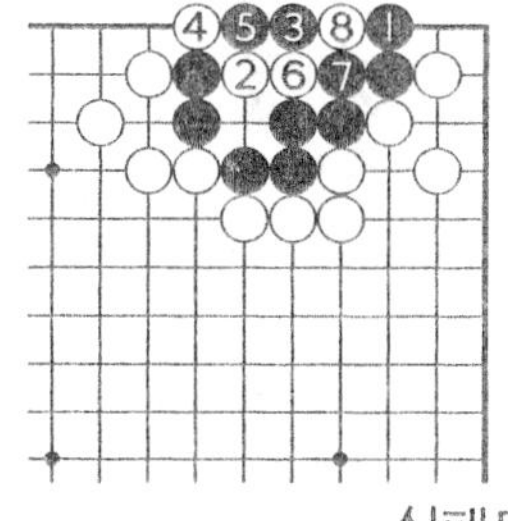

실패도(패)

〈제17형 4 도〉 정해도 흑 1 이 요착. 백 2 에는 흑 3 에서 5 까지 연단수. 참조=동형 3 도.

실패도 흑 1 은 이맥. 참조=동형 7 도.

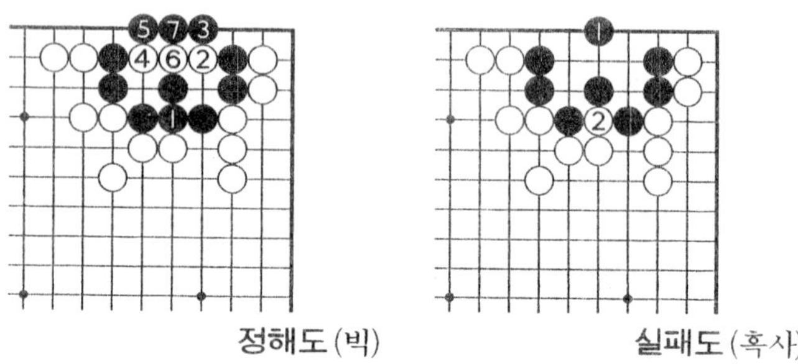

정해도(빅)　　　　실패도(흑사)

〈제17형 5 도〉 정해도 흑 1 이하 7 까지 쌍방 최선의 응접으로 빅.

실패도 흑은 본도에는 적합하지 않다.

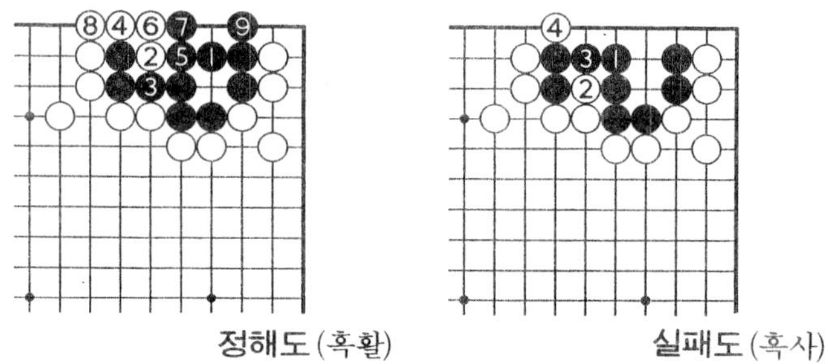

정해도(흑활)　　　　실패도(흑사)

〈제17형 6 도〉 정해도 흑 1 이 요착. 이하 3 에서 9 까지 두 눈을 확보한다.

실패도 흑 1 은 악수. 백2,4로 흑사.

7도 흑선

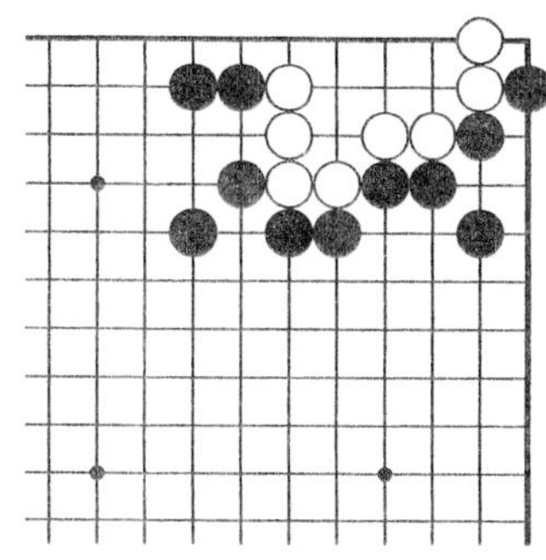

＊8도 사는 모양

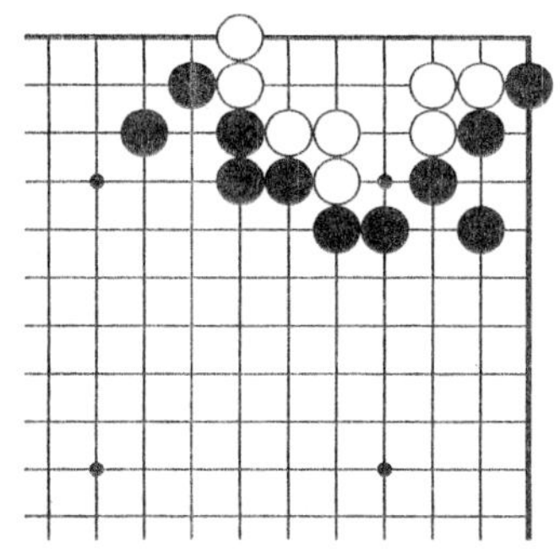

9도 사는 모양

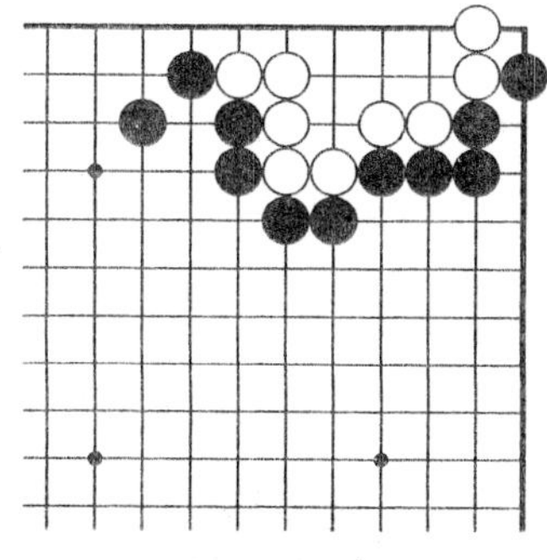

10도 흑선

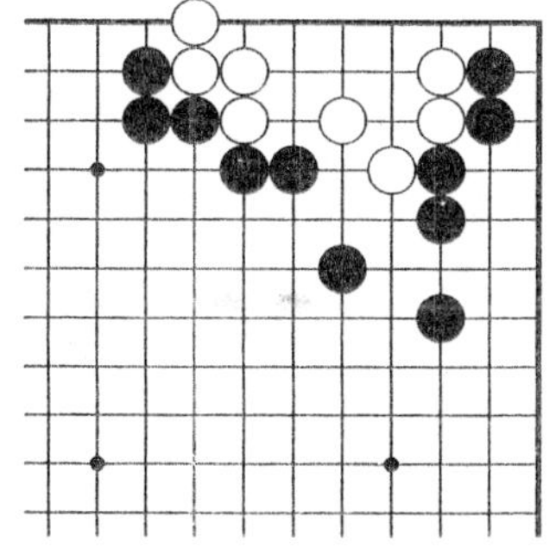

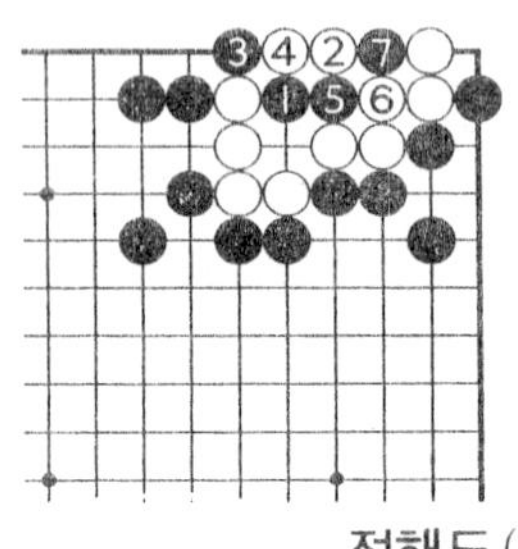

정해도 (백사)

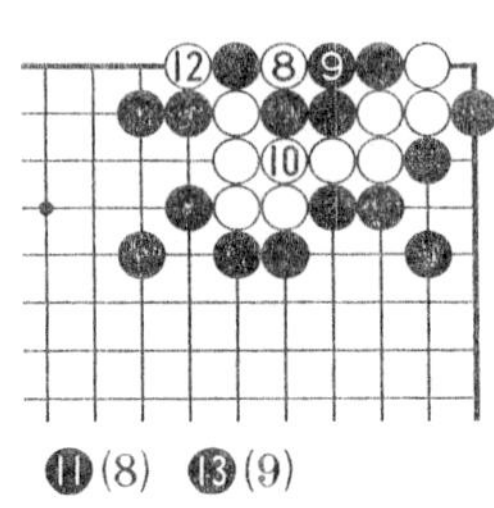

⓫(8) ⓭(9)

정해계속 (백사)

〈제17형 7 도〉 정해도 흑 1 에서 7 까지 움직여 백은 활로가 없다. 참조=동형 4 도.

정해계속 흑11로 12는 백 8 이하의 패.

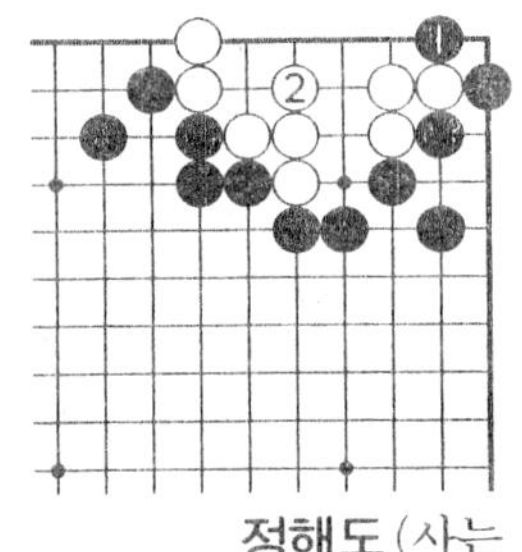

정해도 (사는 모양)

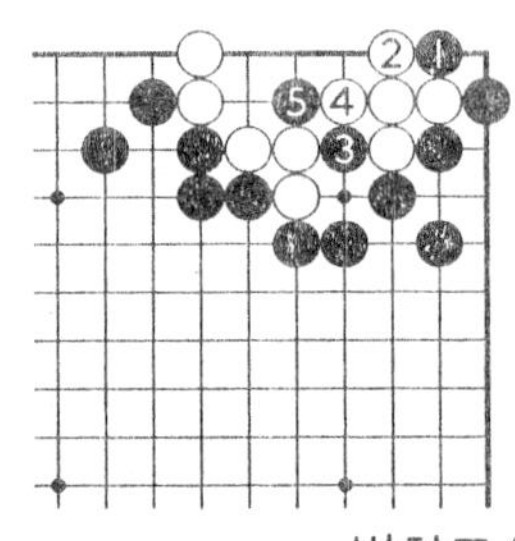

변화도 (백사)

〈제17형 8 도〉 정해도 흑 1 에는 백 2 가 요착. 백의 사는 모양. 참조=제 8 형 3 도.

변화도 백 2 는 나쁘다. 흑 3,5 가 수순.

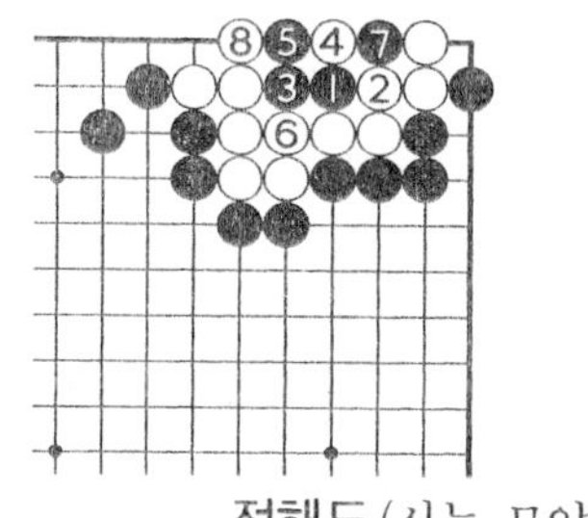

정해도(사는 모양)

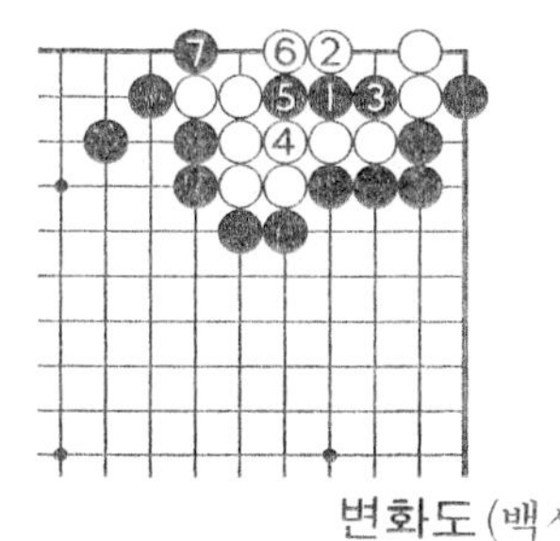

변화도(백사)

〈제17형 9 도〉 정해도 흑 1 에 백 2 이하 8 의 응접으로 백은 살아있는 모양.

변화도 백 2 는 악수. 흑 3 에는 7 까지 백사.

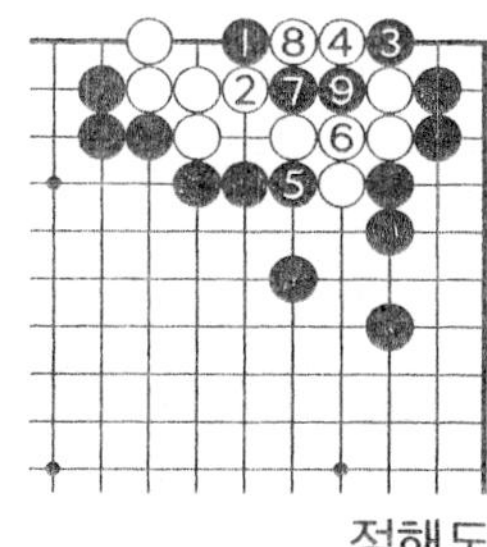

정해도(백사)

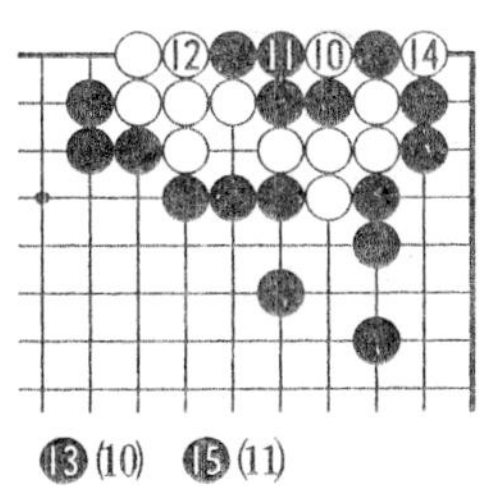

⑬(10) ⑮(11)

정해계속(백사)

〈제17형10도〉 정해도 흑 1 로 7 은 백 2,흑 1,백 9,흑 8,백 5 로 산다. 참조=동형11도.

정해계속 흑 3 이 교묘. 백은 활로가 없다.

11도 흑선

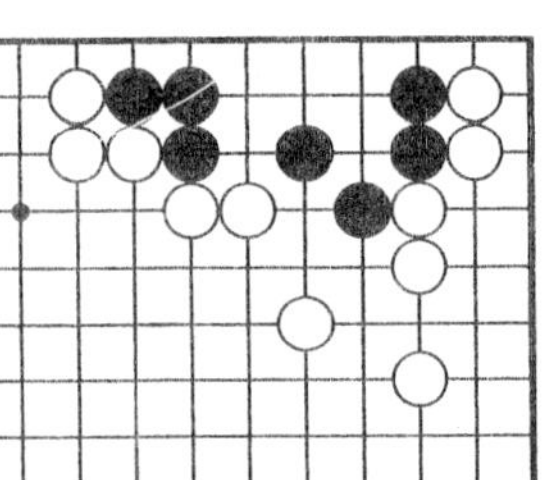

12도 흑선

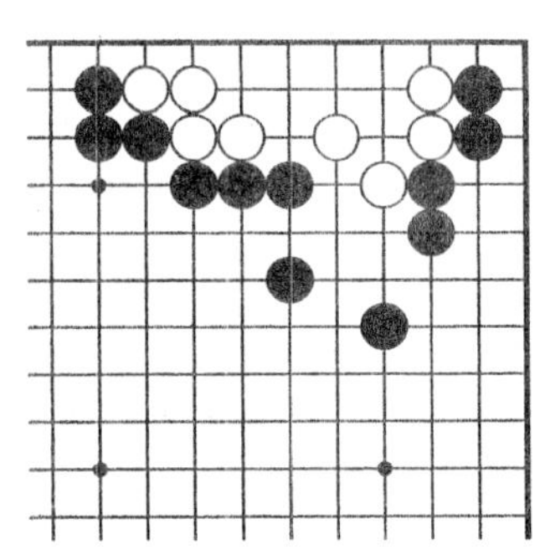

13도 흑선

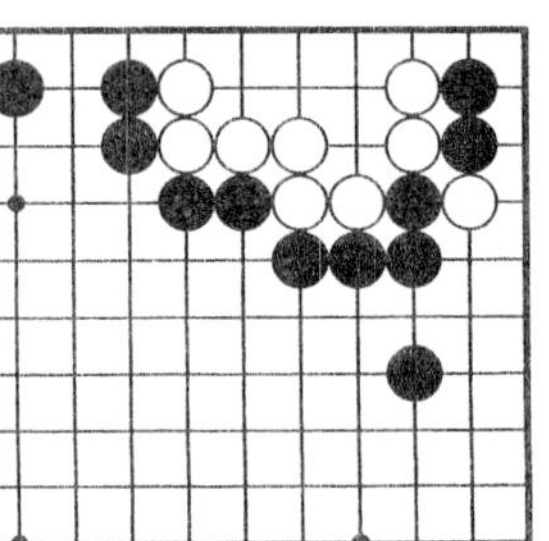

14도 흑선 (빅)

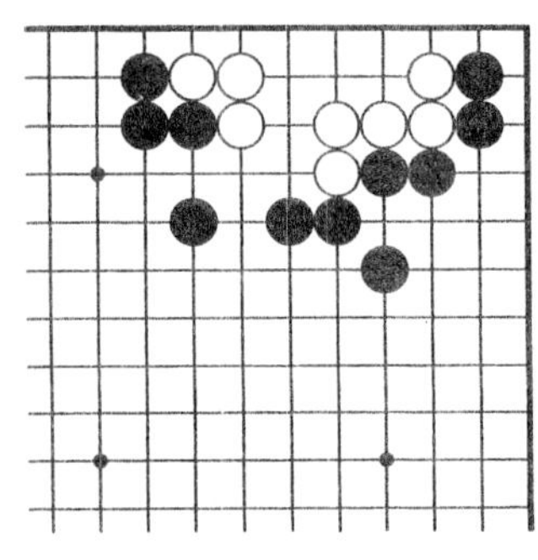

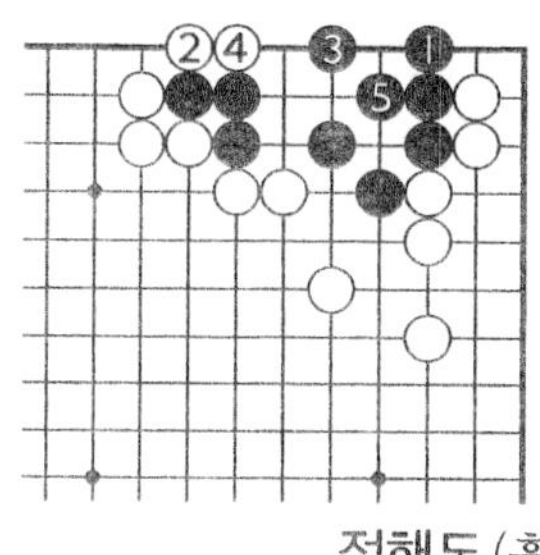

정해도(흑활)

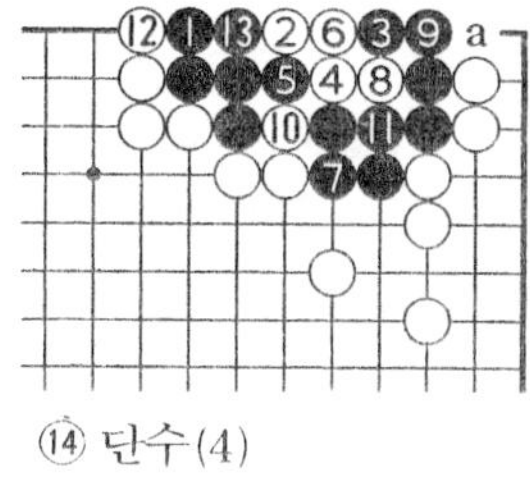

⑭ 단수(4)

실패도(흑사)

〈제17형11도〉 정해도 흑 1 이 요착. 백 4 로 5 는 흑 4 로 산다. 참조=동형10도.

실패도 흑 5 로 6 은 백 5, 흑10, 백a 로 흑사.

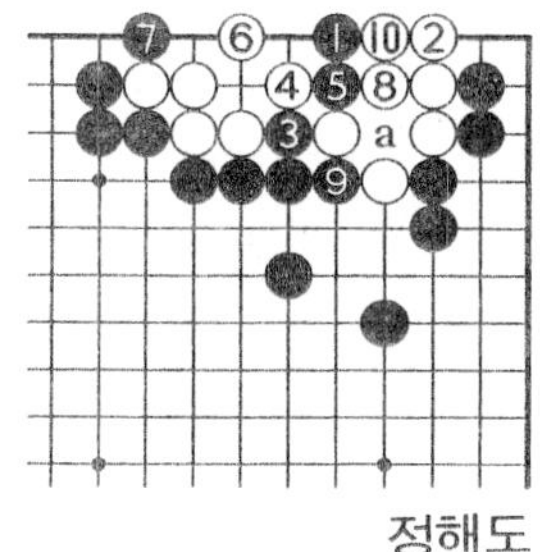

정해도(패)

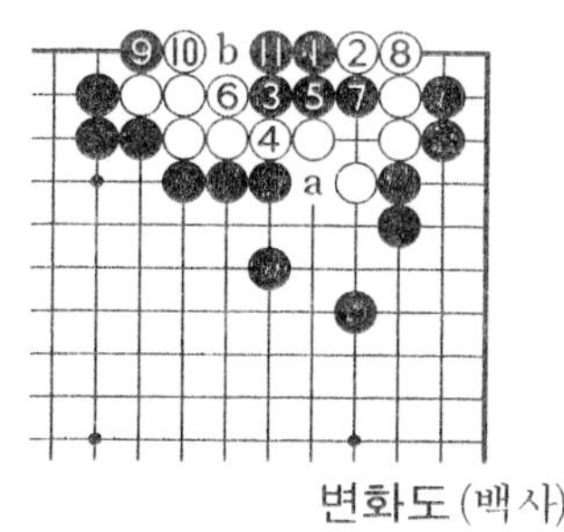

변화도(백사)

〈제17형12도〉 정해도 흑 1 이 급소. 흑 1 로 8 은 백10, 흑 4, 백 3, 흑 5, 백a 이하의 빅.

변화도 백 6 으로 7 은 흑a, 백 9, 흑b 로 백사.

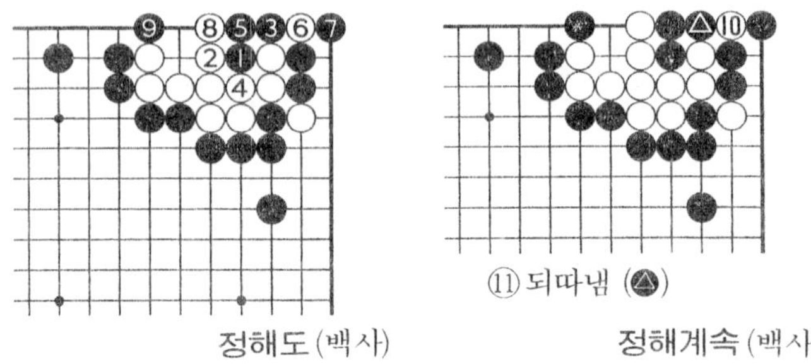

정해도 (백사)　　정해계속 (백사)

〈제17형13도〉 정해도 흑 1 에서 9 까지 자충.
정해계속 이하 11까지 백은 사는 수 없다.

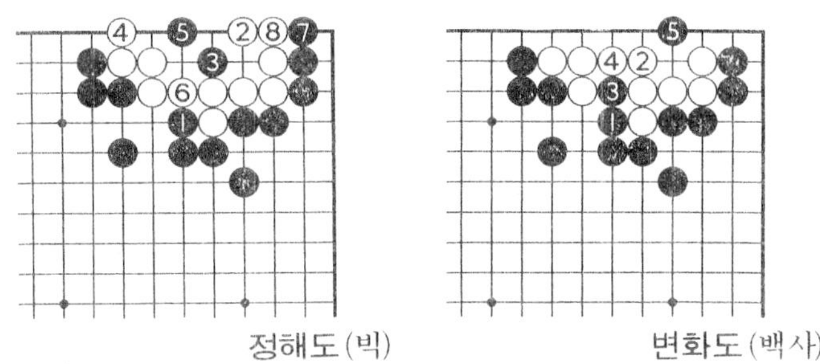

정해도 (빅)　　변화도 (백사)

〈제17형14도〉 정해도 흑 1 이하 8 까지 쌍방 최강의 응접으로 빅. 참조=제36형 1 도.

변화도 백 2 는 응수착오. 흑3,5로 백사.

15도 흑선

16도 흑선

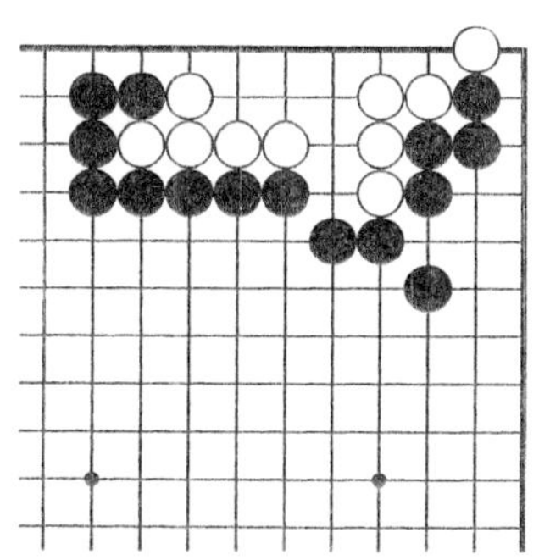

17도 흑선

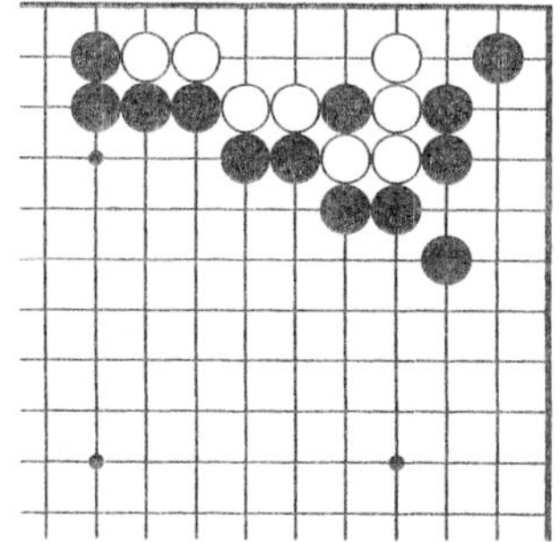

18도 흑선

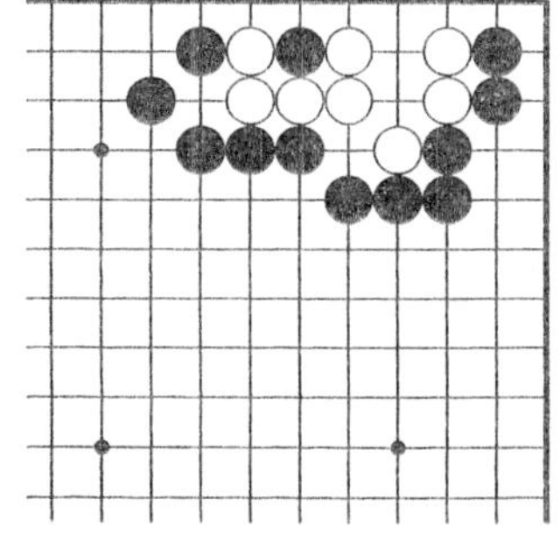

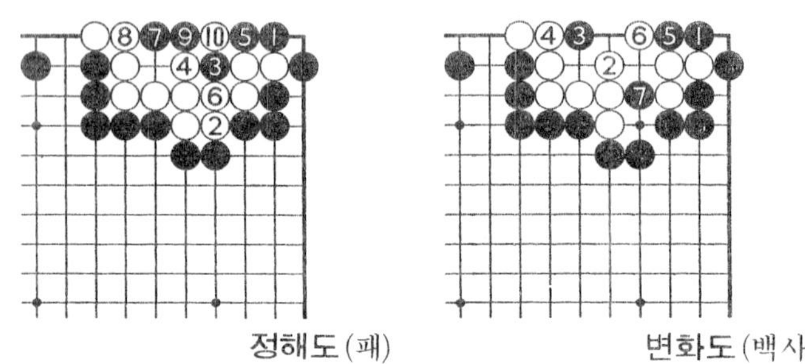

정해도(패) 변화도(백사)

〈제17형15도〉 **정해도** 흑 1 이 급소. 백은 최선의 응수. 결과는 10까지 패.

변화도 흑 1 에 백 2 는 흑 3 에서 7 까지 백사.

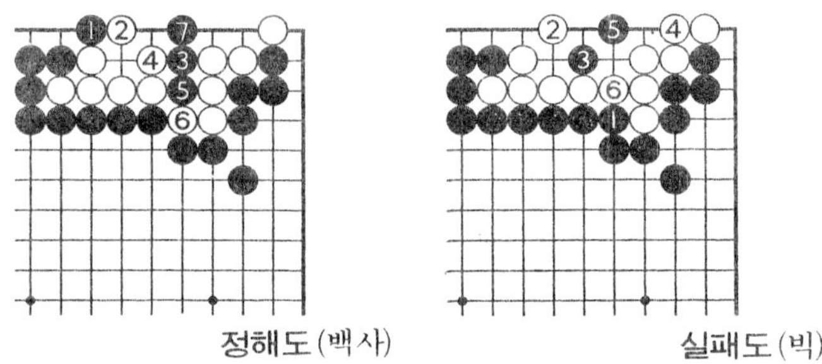

정해도(백사) 실패도(빅)

〈제17형16도〉 **정해도** 흑 1 이하 7 의 수순으로 양자충. 참조=제36형 1 도.

실패도 흑 1 은 공략착오. 백 2 가 교묘한 수.

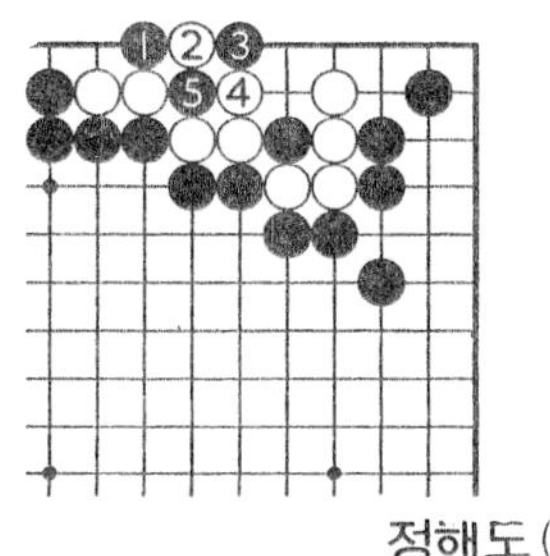

정해도(패)

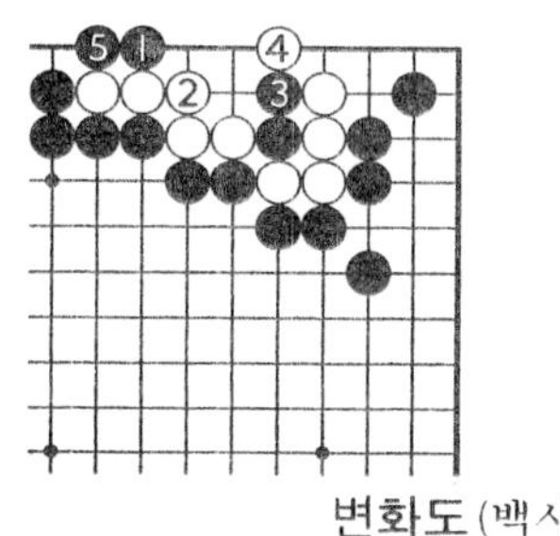

변화도(백사)

〈第17형17도〉 **정해도** 흑1,3이 호수순. 백은 2,4의 패로 응수.

변화도 흑 1 에 백 2 는 흑3,5로 백사.

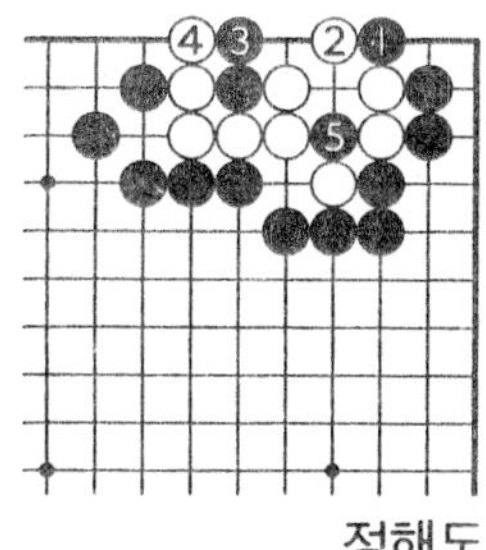

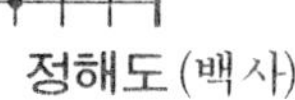

정해도(백사)

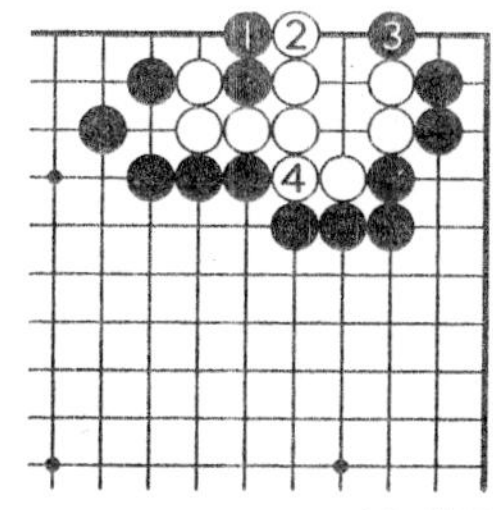

실패도(백활)

〈第17형18도〉 **정해도** 흑 1 부터 공격하는 것이 정착. 흑 3 과 5 는 수순을 바꾸어도 됨.

실패도 흑 1 은 수순착오. 백2,4로 산다.

19도 흑선

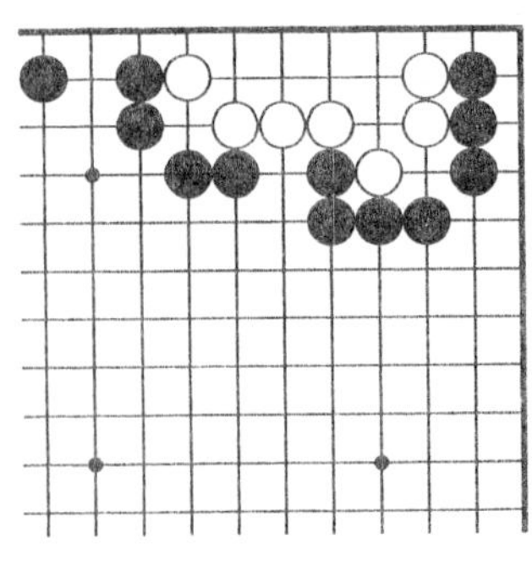

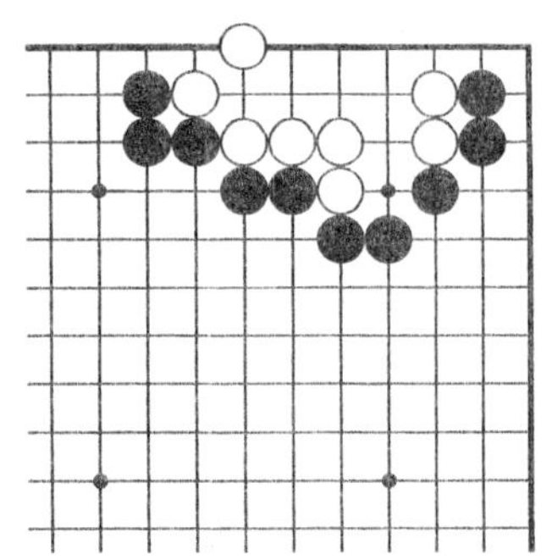

*21도 흑선

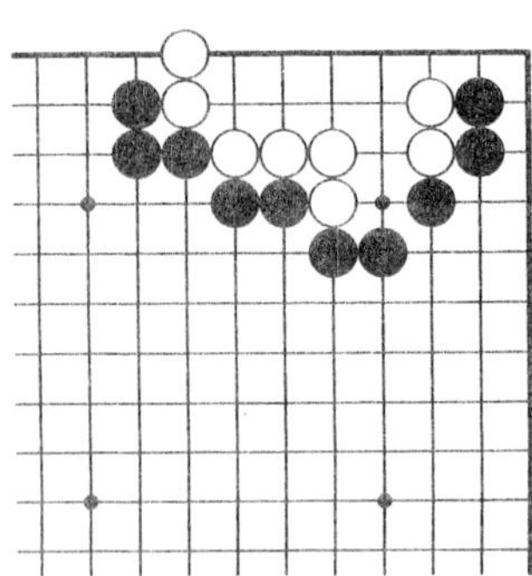

22도 흑선

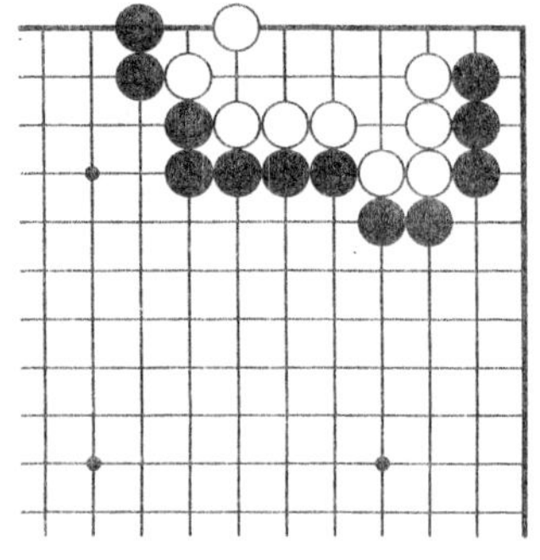

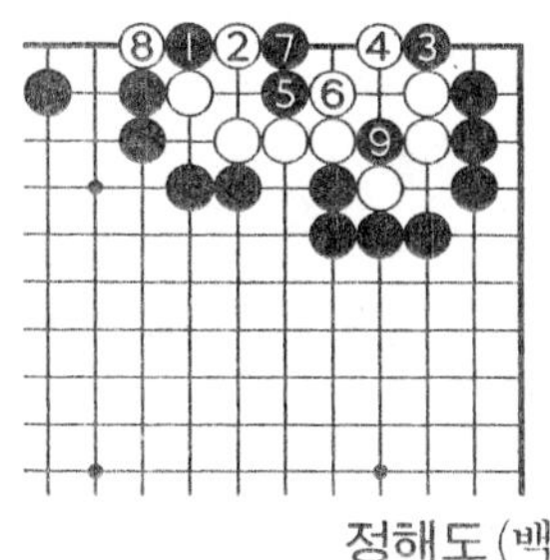
정해도(백사)

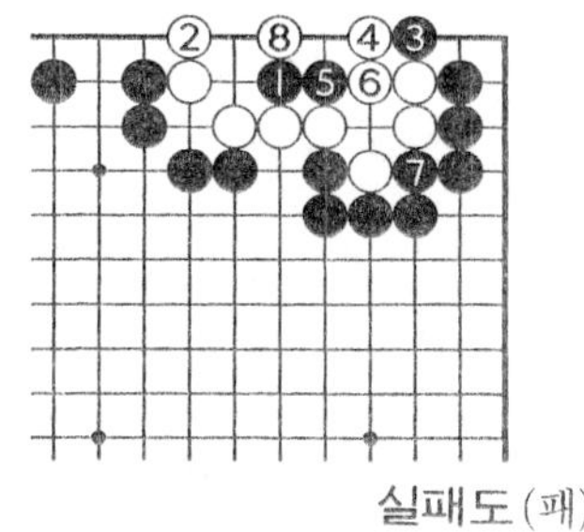
실패도(패)

〈제17형19도〉 정해도 흑 1 이하로 사는 수 없음.
실패도 흑 1 은 수순이 나쁘다. 백 2 이하 패.

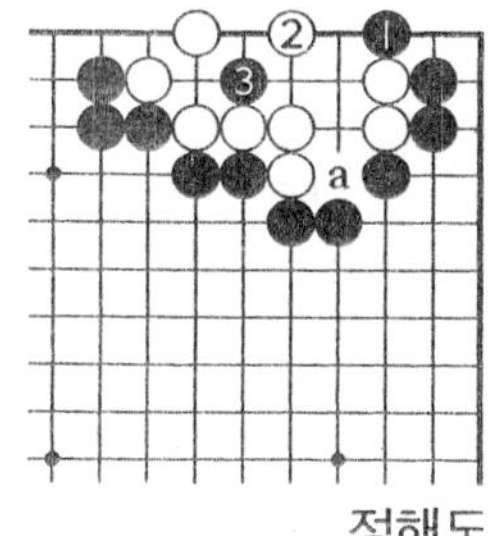
정해도(백사)

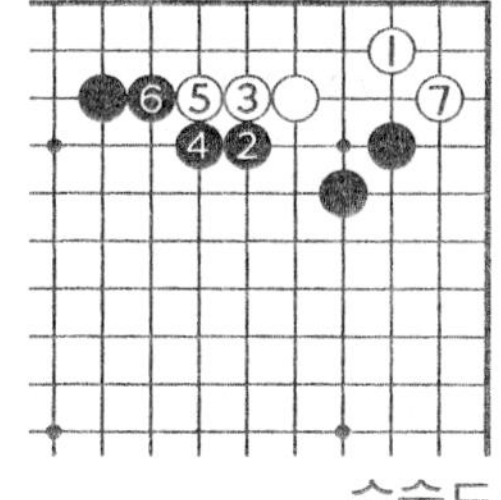
수순도(정석)

〈제17형20도〉 흑1,3의 연타로 백사. 백a 는 이적수. 참조=동형21도, 제 8 형 7 도.
수순도 백 7 은 생략할 수 없다. 무리.

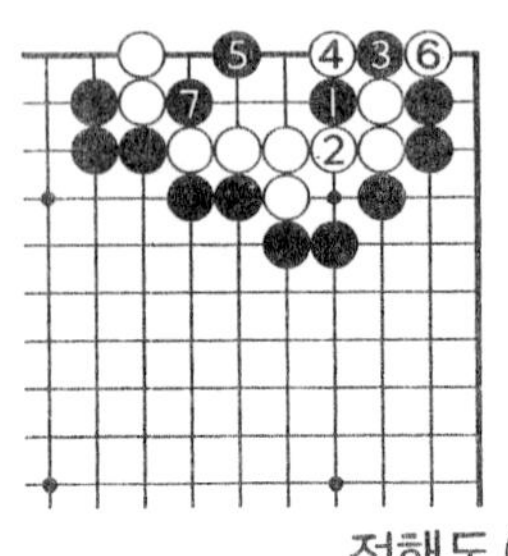

정해도(백사)

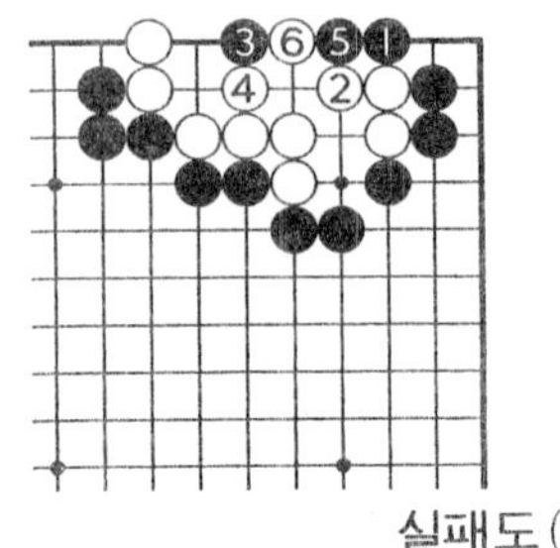

실패도(패)

〈제17형21도〉 정해도 흑1로 7에 이어도 백사. 참조=동형 20도, 제8형7도.

실패도 흑1은 악수. 패를 피할 수 없다.

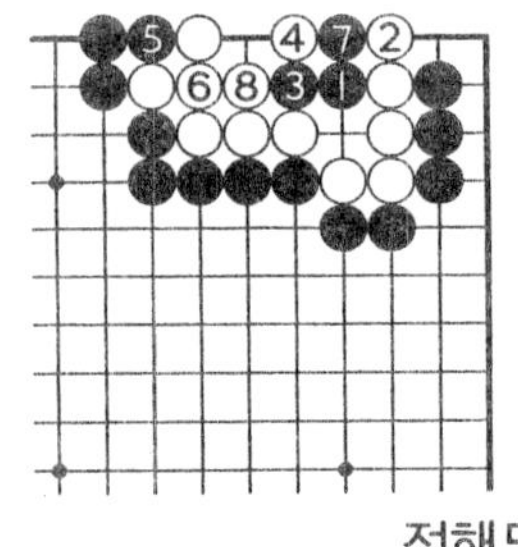

정해도(패)

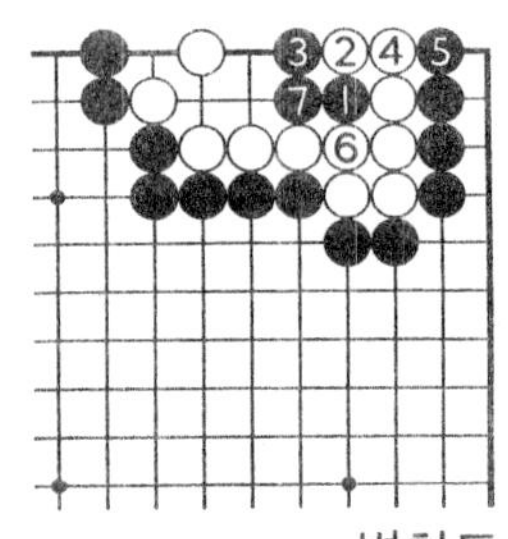

변화도(백사)

〈제17형22도〉 정해도 흑1이 급소. 백은 2에서 8로 패를 응수한다.

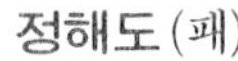

변화도 백2는 응수착오. 흑7까지 백사.

23도 흑선

24도 흑선

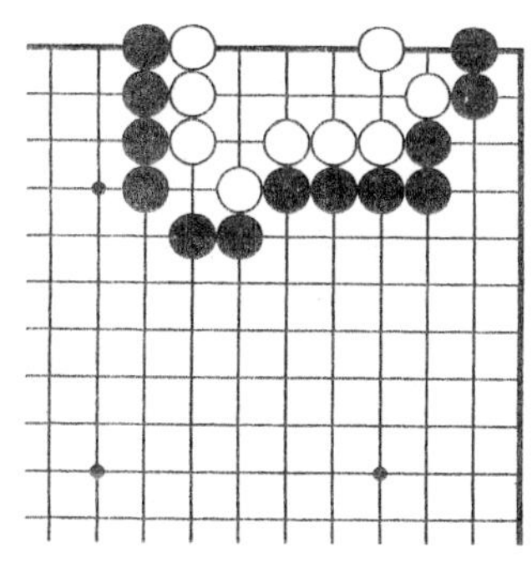

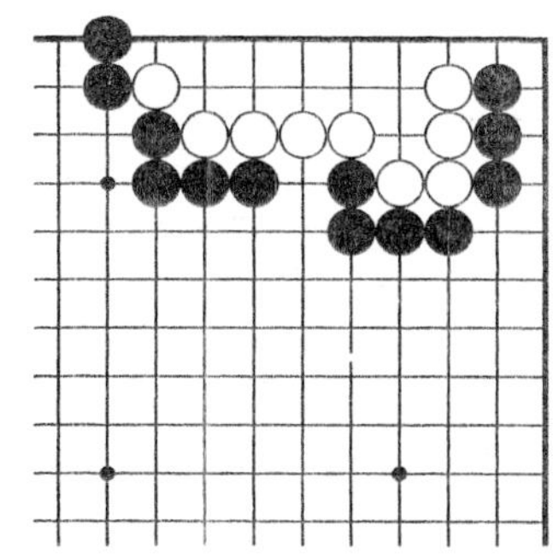

〔제18형〕

＊1도 흑선

2도 흑선

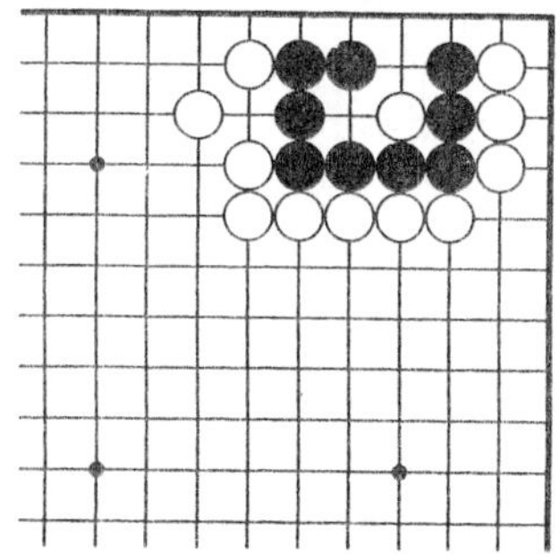

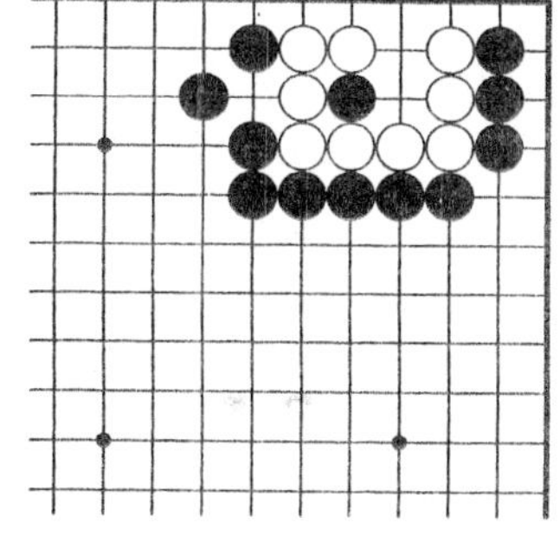

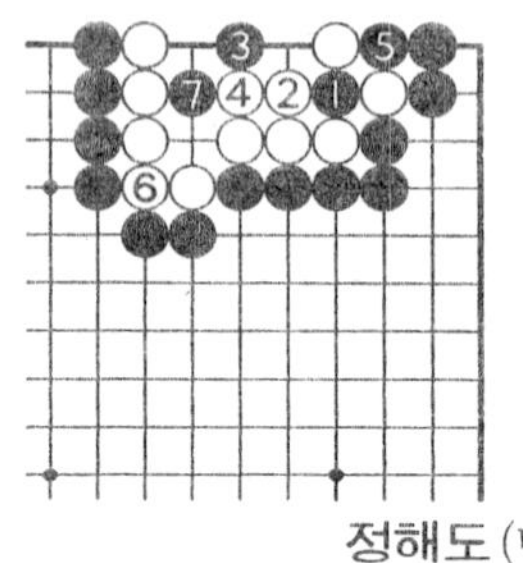
정해도(백사)

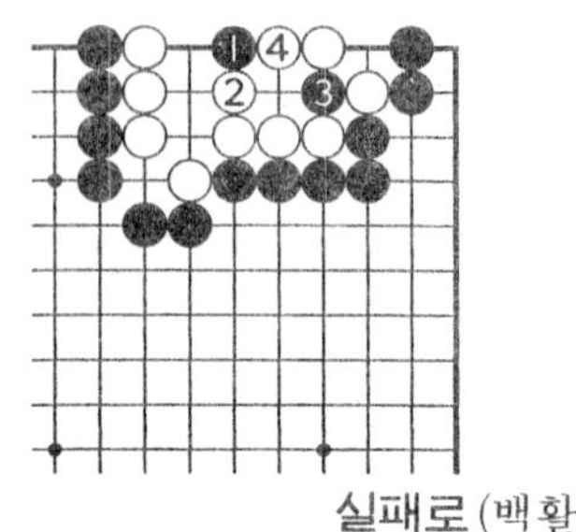
실패로(백활)

〈제17형23도〉 **정해도** 흑**1,3**이 수순. 모양의 허술함을 찌른다. 이하 흑**7** 까지 백사.

실패도 흑**1** 은 수순이 나쁘다. 백**2,4**로 산다.

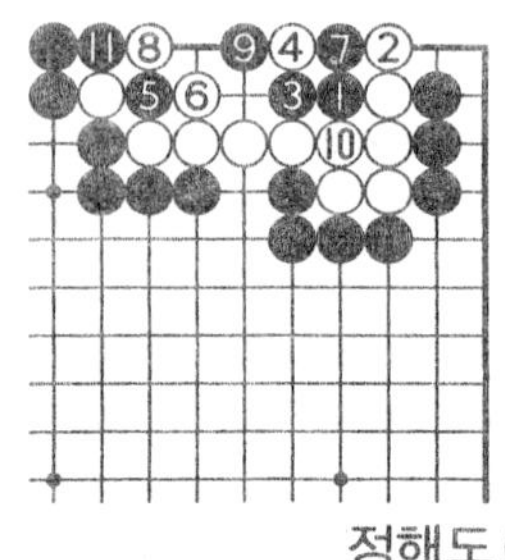
정해도(백사)

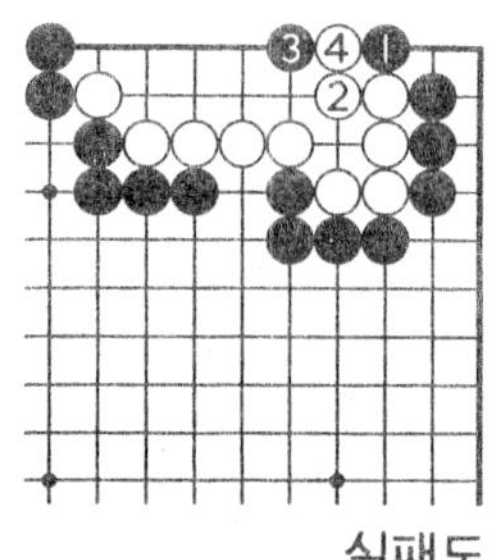
실패도(백활)

〈제17형24도〉 **정해도** 흑**1** 이하 **11**의 수순으로 안됨.

실패도 흑**1,3**은 공략착오. 백 **4** 로 산다.

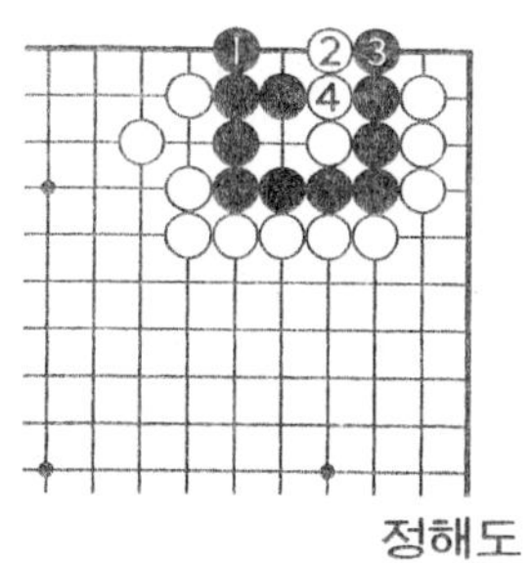

정해도 (빅)

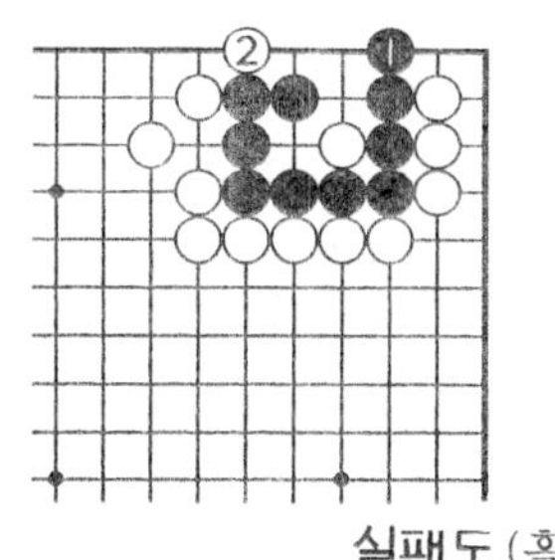

실패도 (흑사)

〈제18형 1 도〉 **정해도** 흑 1 이 요착. 백 4 까지 빅. 참조=동형 2 도.

실패도 흑 1 은 방향착오. 백 2 로 흑사.

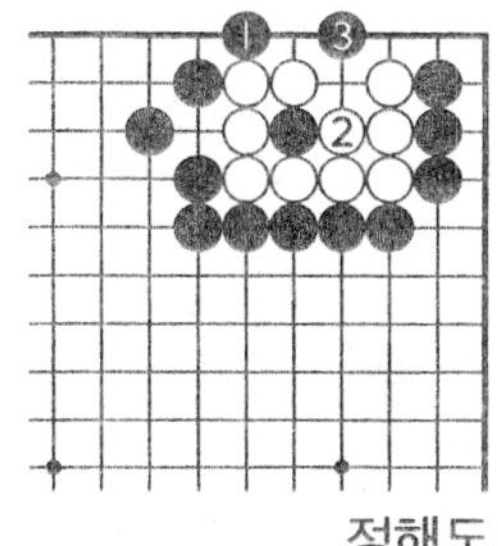

정해도 (백사)

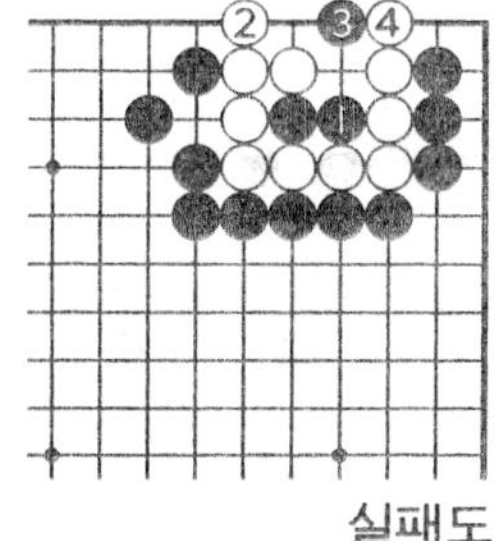

실패도 (백활)

〈제18형 2 도〉 **정해도** 흑 1 이 정착. 백 2 에는 흑 3 으로 눈을 빼앗는다. 참조=동형 1 도.

실패도 흑1,3은 빅이 난다.

*3 도 죽는 모양

*4 도 흑선

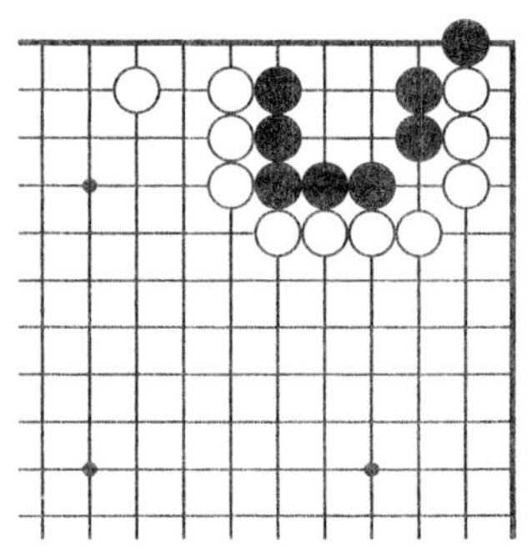

5 도 흑선

6 도 흑선

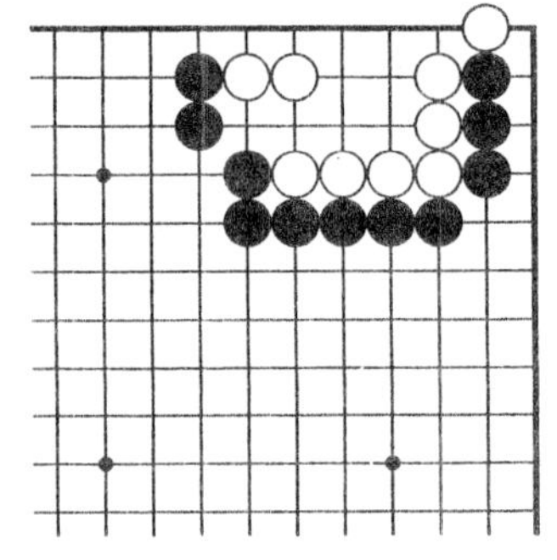

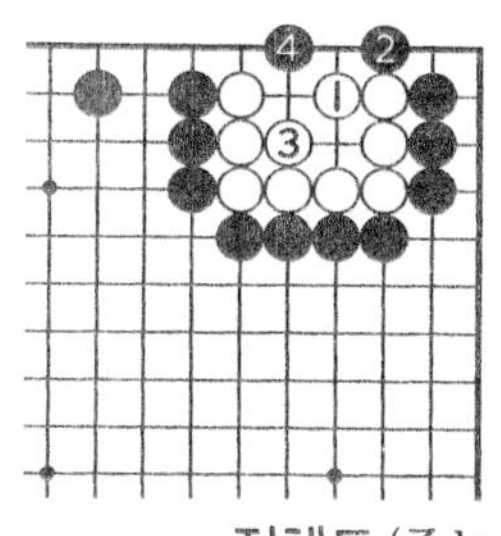
정해도(죽는 모양)

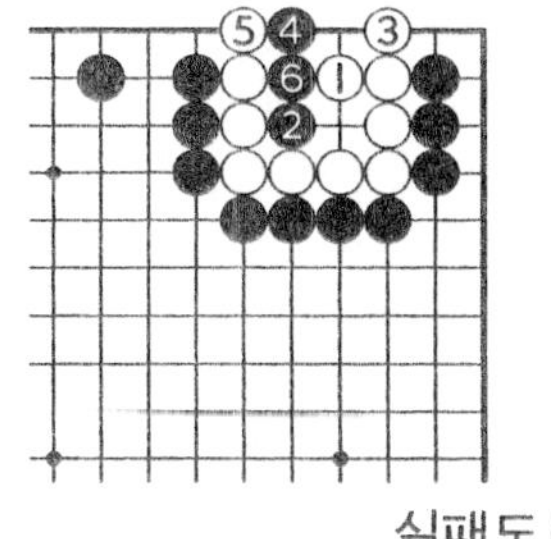
실패도(빅)

〈제18형 3 도〉 정해도 본도는 죽은 모양을 나타냄. 백1,3은 효과가 없다. 참조=동형 4 도.

실패도 흑 2 는 3,5로 빅.

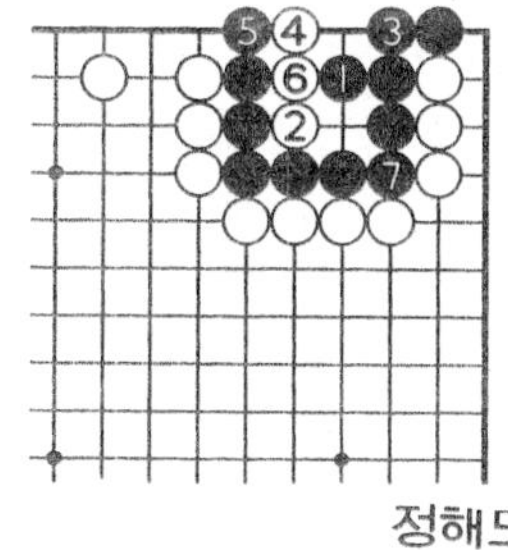
정해도(빅)

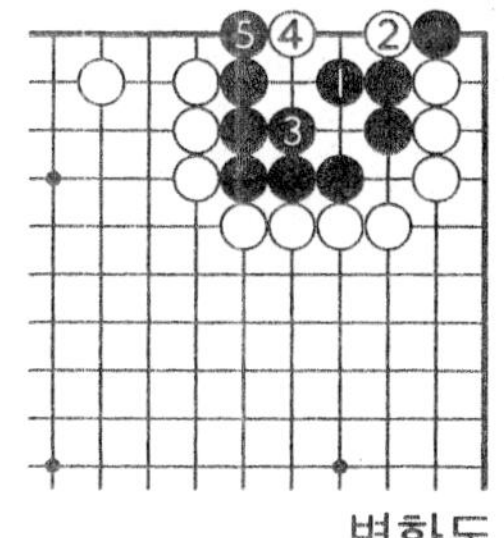
변화도(흑활)

〈제18형 4 도〉 정해도 흑 1 이 요착. 백 2 에는 3 에서 7 까지 빅. 참조=이맥15도 이하.

변화도 흑 1 에 백 2 는 3,5 로 산다.

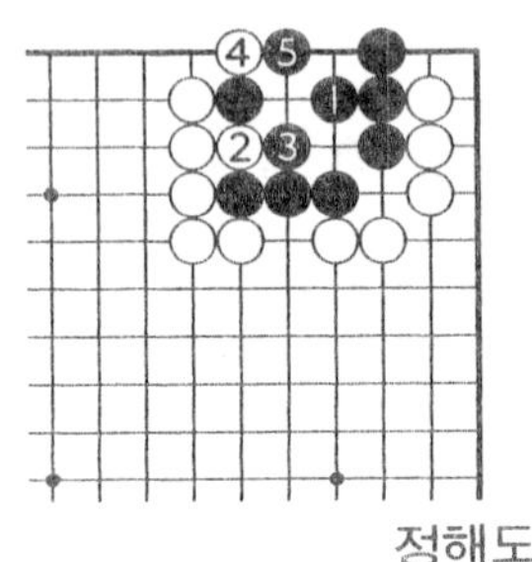

정해도(패)

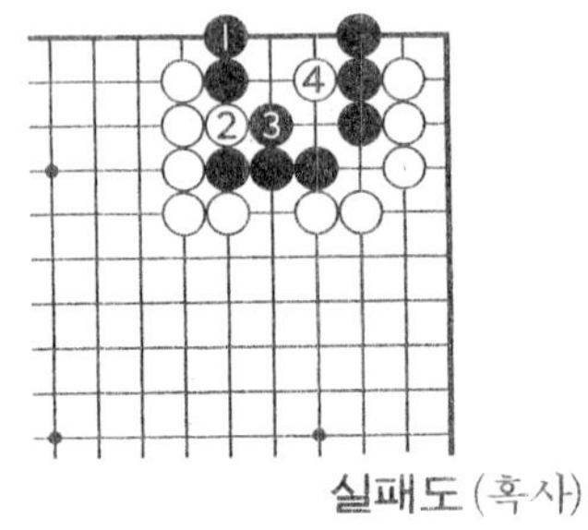

실패도(흑사)

〈제18형 5 도〉 정해도 흑 1 이 요착. 결과는 백 4,흑 5 의 패. 실패도 흑 1 은 악수. 평범하게 2,4로두면 흑사.

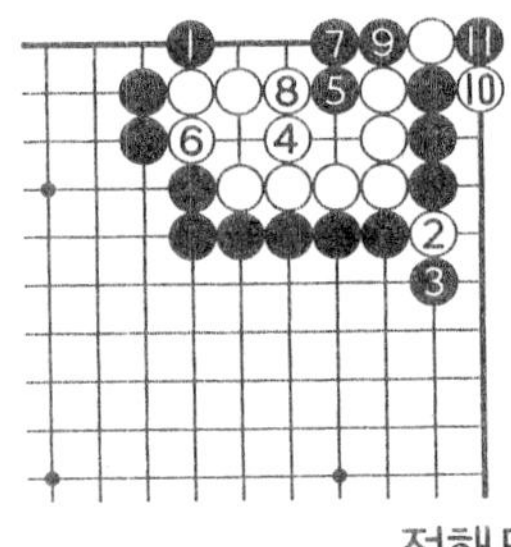

정해도(패)

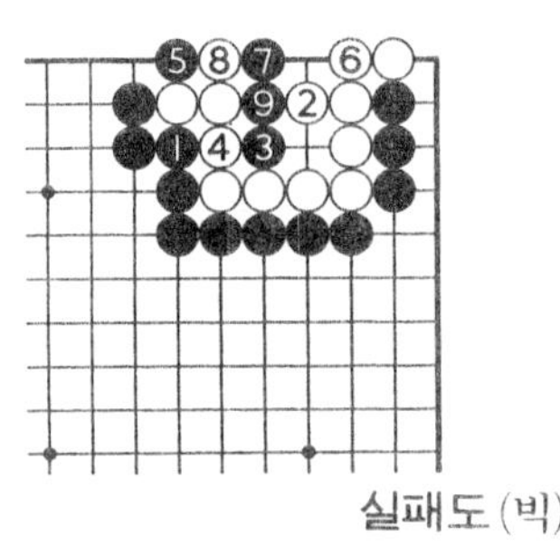

실패도(빅)

〈제18형 6 도〉 정해도 백 2 가 교묘. 백10의 저항으로 귀에서 패가 난다.

실패도 흑 1 에서 9 는 빅이 난다.

7도 흑선

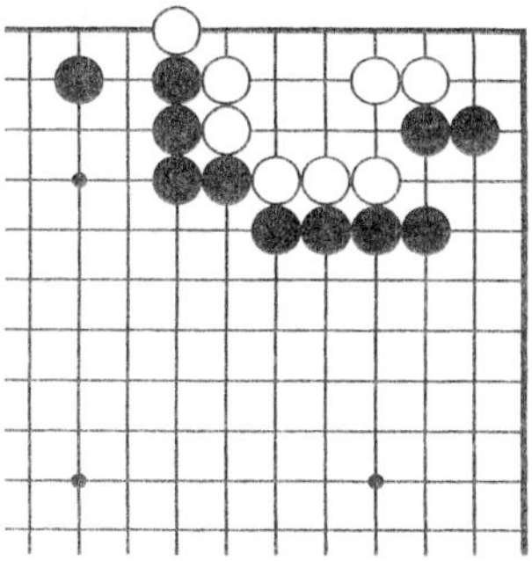

*8도 흑선

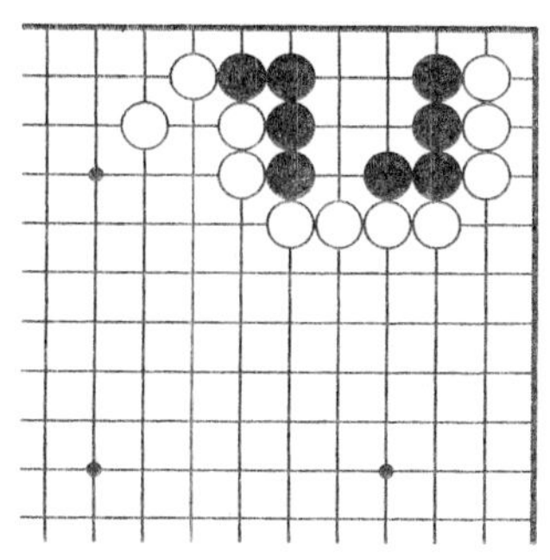

*9도 흑선

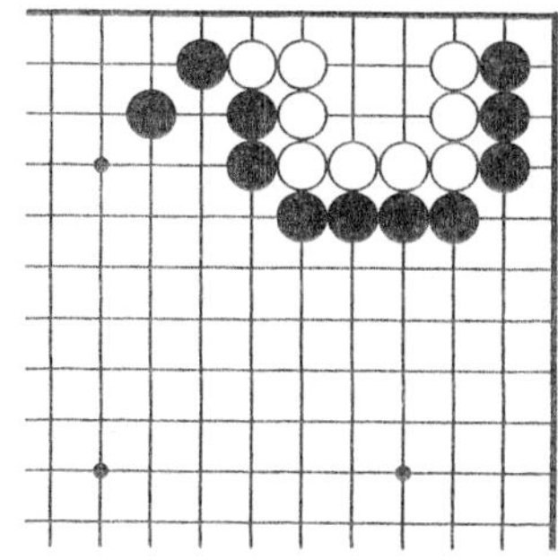

〔제19형〕

1도 흑선

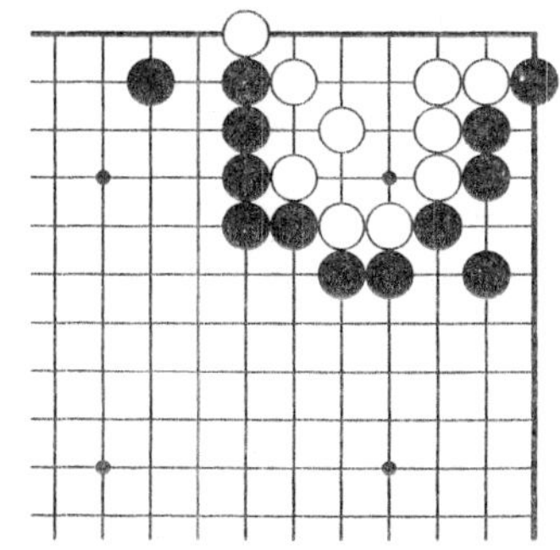

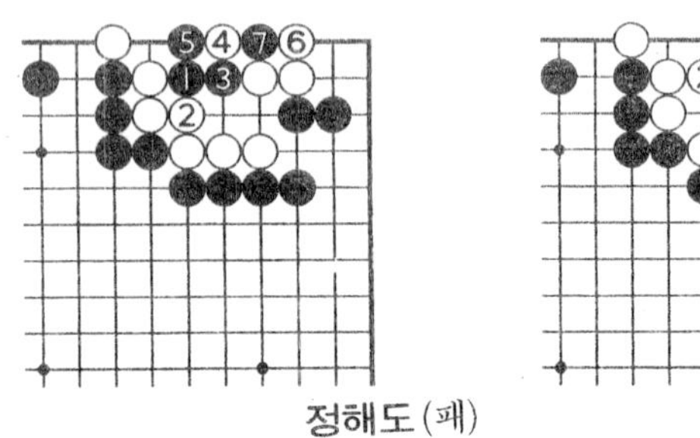

정해도 (패)

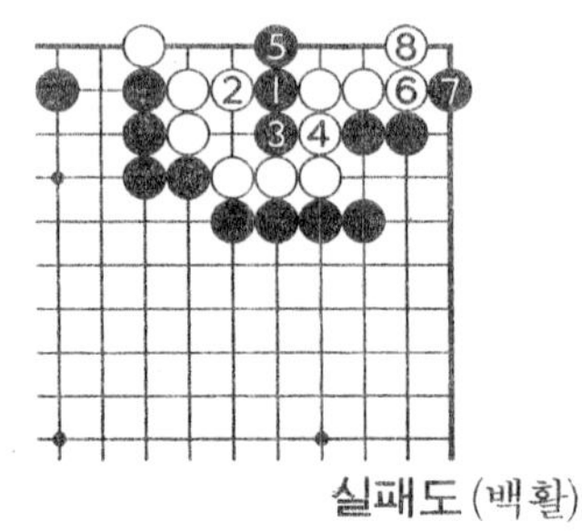

실패도 (백활)

〈제18형 7 도〉 흑 1 이하 7 까지 쌍방 최선의 응접. 패가 난다.

실패도 흑 1 은 수순착오. 백 2 에서 8 로 산다.

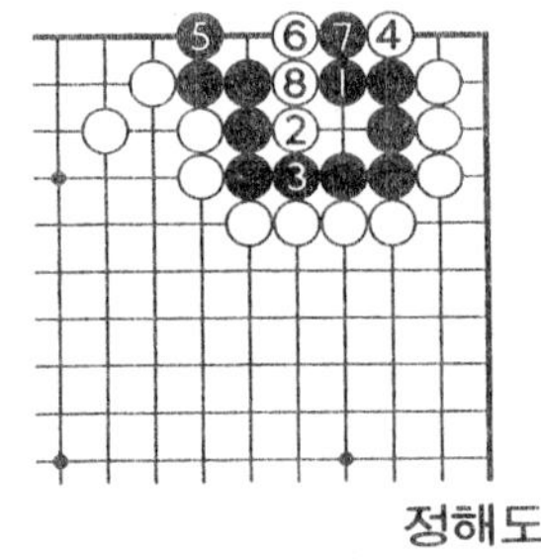

정해도 (빅)

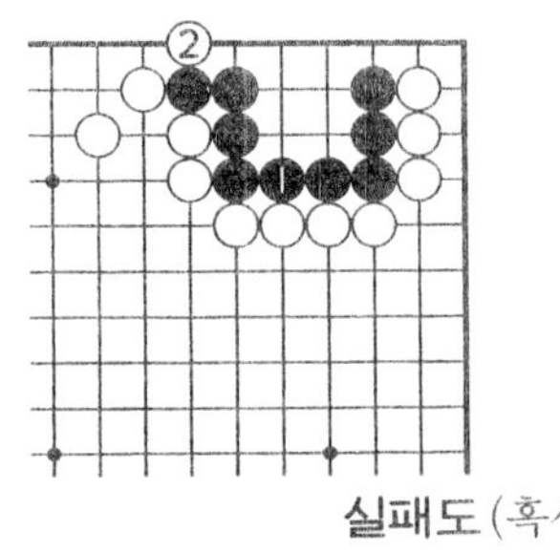

실패도 (흑사)

〈제18형 8 도〉 정해도 흑 1 이 요착. 백 8 까지 빅. 참조=동형 4 도. 9 도.

실패도 흑 1 은 악수. 백 2 로 흑사.

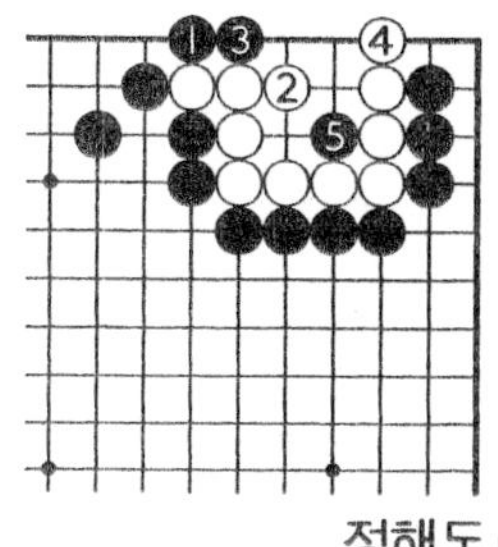
정해도(백사)

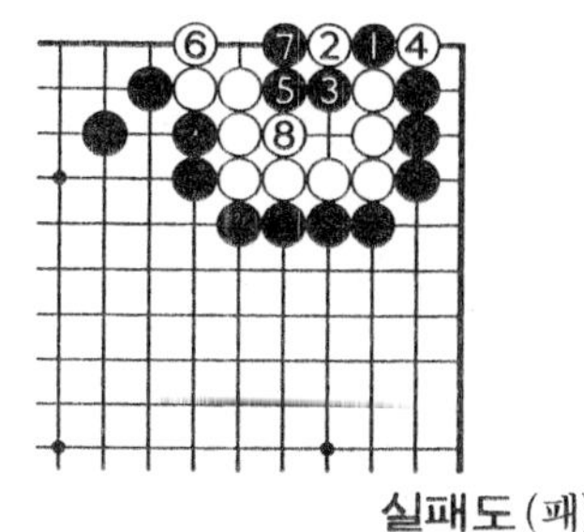
실패도(패)

〈제18형 9 도〉 흑 1 에서 5 까지의 수순으로 눈을 빼앗는다. 참 조=동형 4 도.

실패도 흑 1 은 방향착오. 패가 난다.

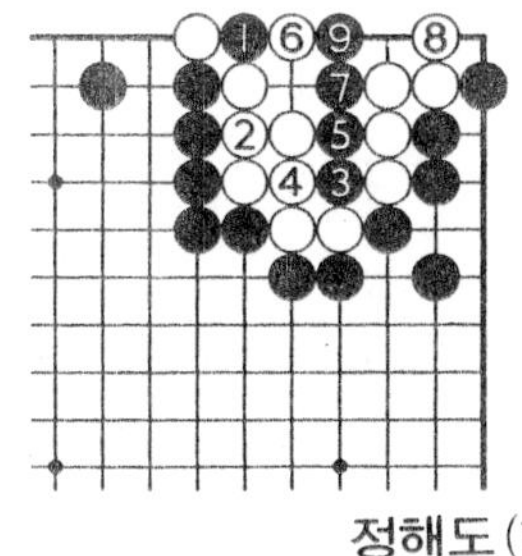
정해도(백사)

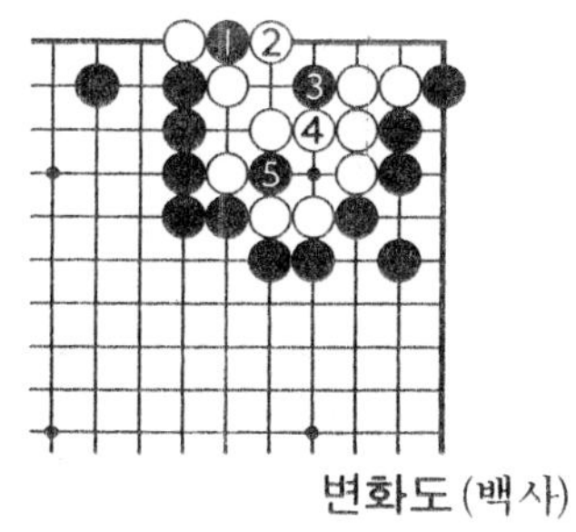
변화도(백사)

〈제19형 1 도〉 정해도 흑 1 에서 9 까지 움직여 자충.

변화도 흑 1 에 백 2 는 흑3,5가 수순.

2도 흑선

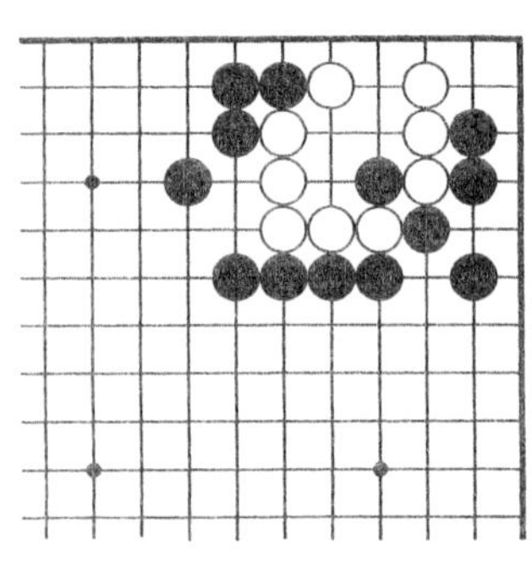

3도 흑선

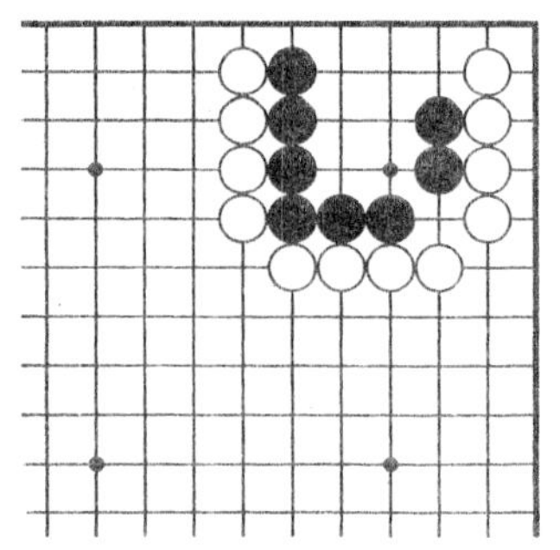

4도 흑선

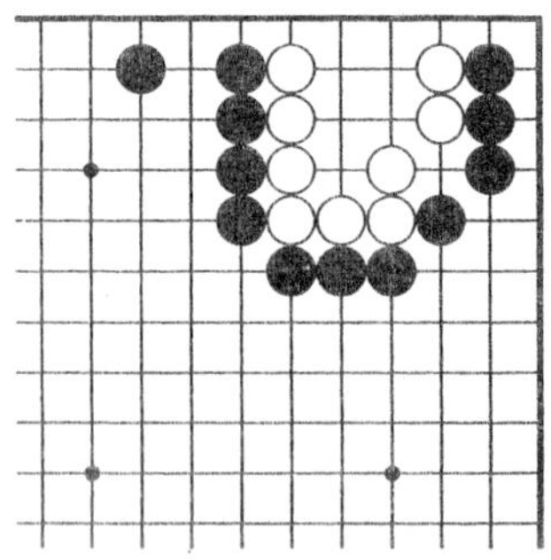

5도 흑선

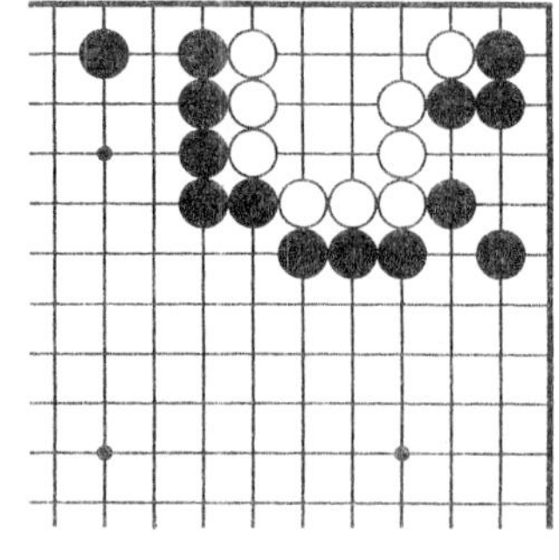

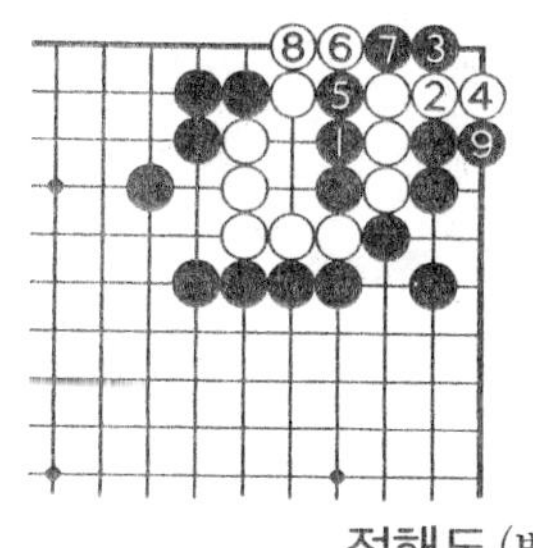
정해도 (백사)

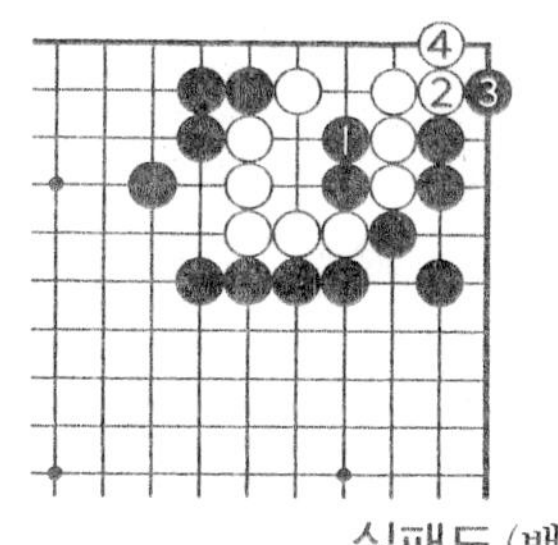
실패도 (백활)

〈제19형 2 도〉 **정해도** 흑 1 이하의 수순. 백은 활로가 없다. 흑 3 이 교묘.

실패도 흑 3 은 무책. 백 4 로 산다.

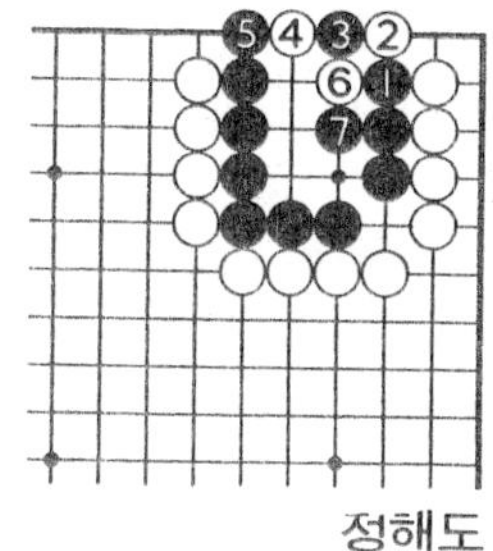
정해도 (흑활)

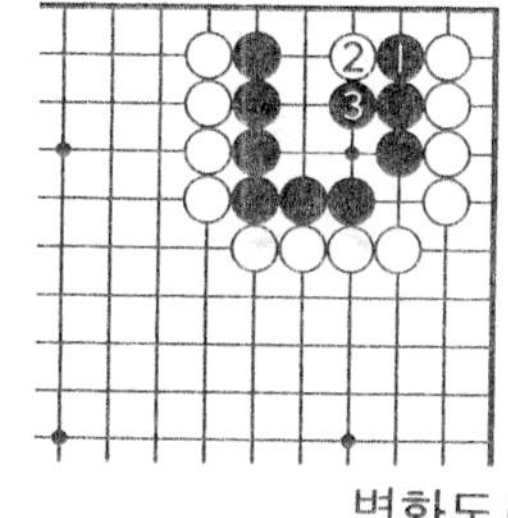
변화도 (흑활)

〈제19형 3 도〉 **정해도** 흑 1 로 삶을 구하는 것이 정수. 백 2 에는 흑 3 에서 7 까지 연단수의 맥.

변화도 백 2 에는 흑 3 에 응수한다.

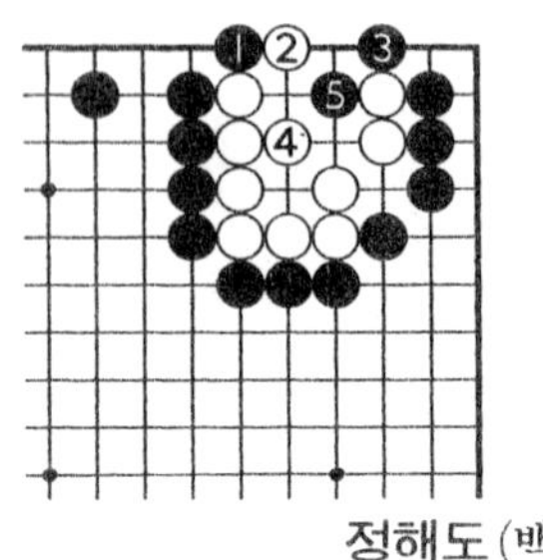
정해도 (백사)

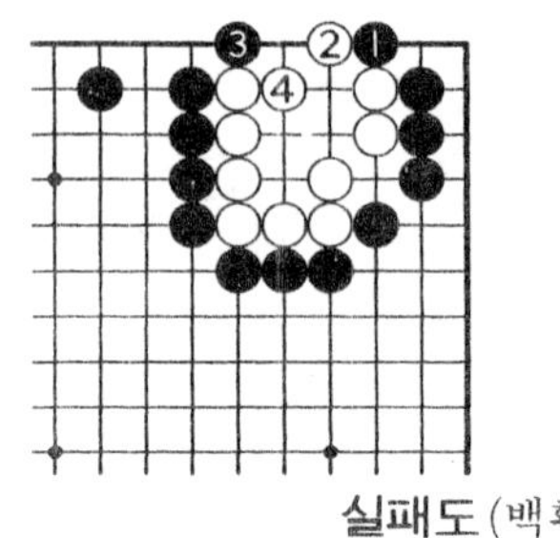
실패도 (백활)

〈제19형 4 도〉 정해도 흑1,3의 수순이 중요. 백2,4로 동형 반복.

실패도 흑 1 은 수순착오. 백2,4로 산다.

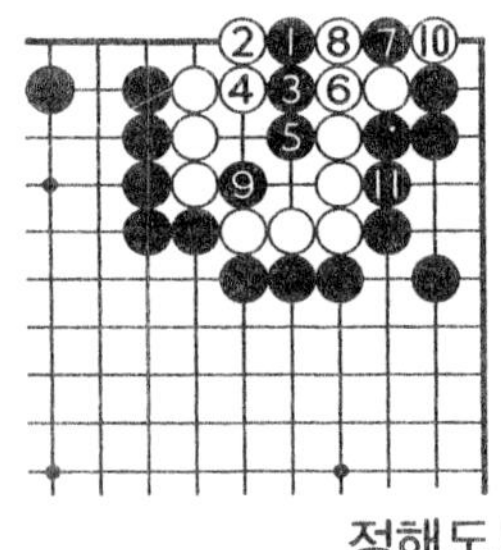
정해도 (백사)

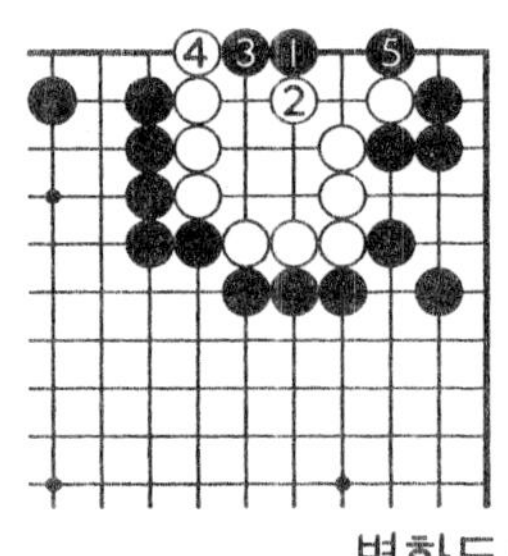
변화도 (백사)

〈제19형 5 도〉 정해도 흑 1 이하 11까지 자충. 흑 1, 7 도 가능.

변화도 흑 1 에 백 2 는 흑 3 에서 5 까지 백사.

6 도 흑선

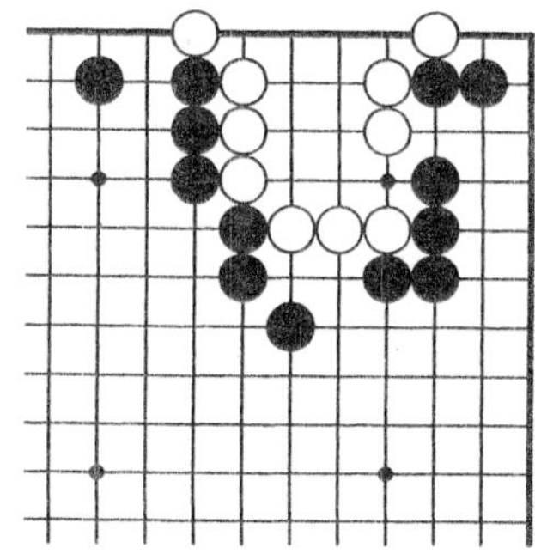

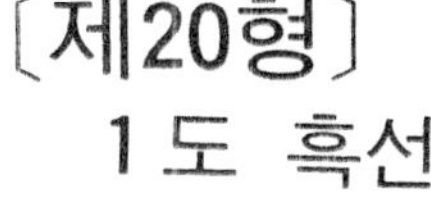

1 도 흑선

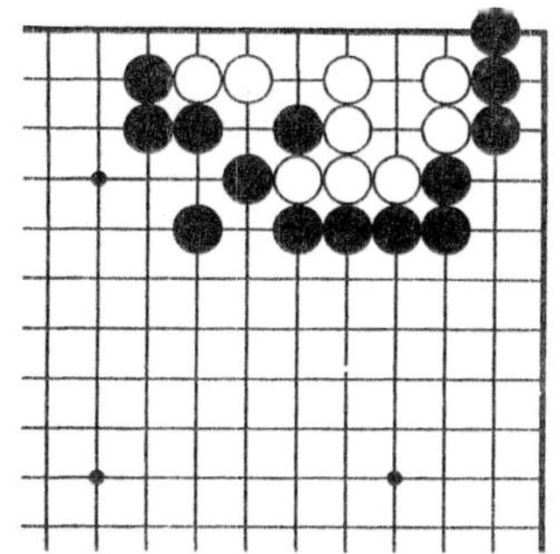

2 도 흑선

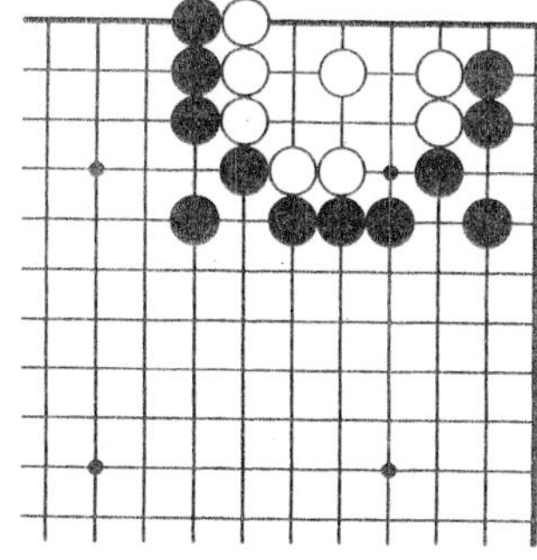

3 도 흑선

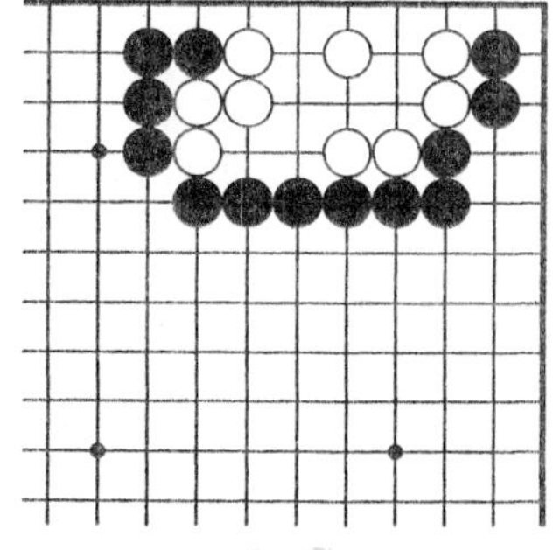

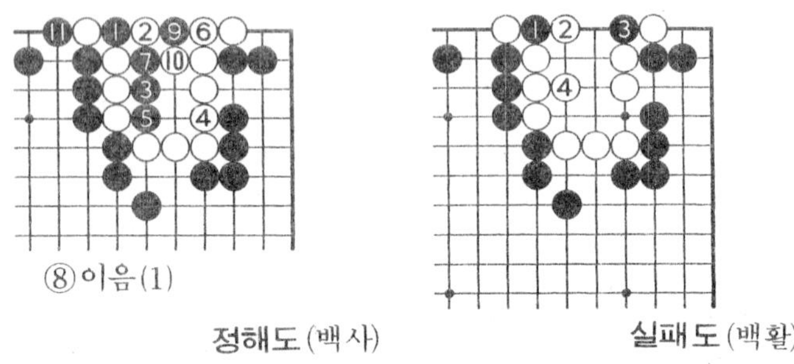

정해도(백사) 실패도(백활)

〈제19형 6 도〉 정해도 흑 1 에서 11까지 사는 수가 없다.

실패도 흑 3 은 악수. 백 4 의 요점을 허락한다.

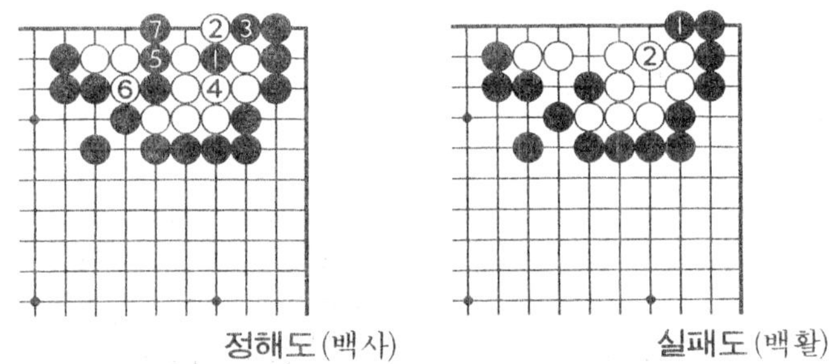

정해도(백사) 실패도(백활)

〈제20형 1 도〉 정해도 흑 1 이 교묘. 백 2 에는 흑 3 에서 7 까지 백의 자충.

실패도 흑 1 은 무책. 백 2 의 교환은 다음 수가 없다.

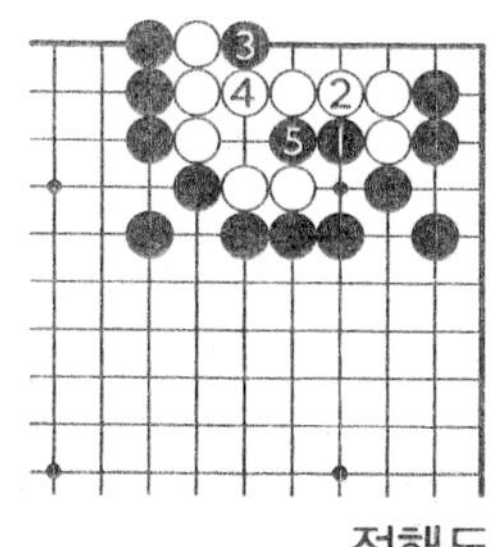

정해도 (백사)

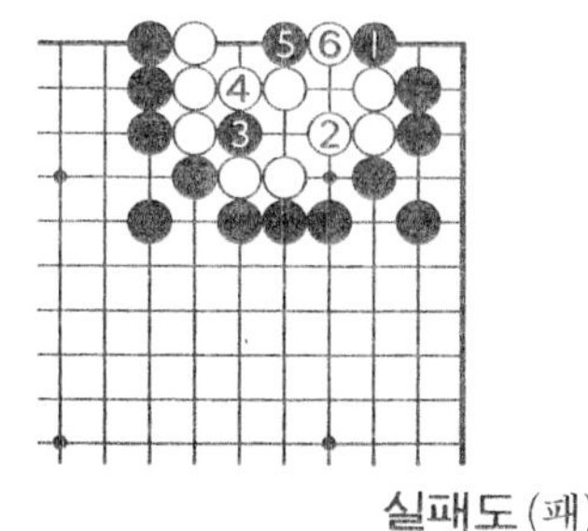

실패도 (패)

〈제20형 2 도〉 **정해도** 흑1,3,5가 호수순. 백은 활로가 없다.
실패도 흑 1 은 악수. 패를 피할 수 없다.

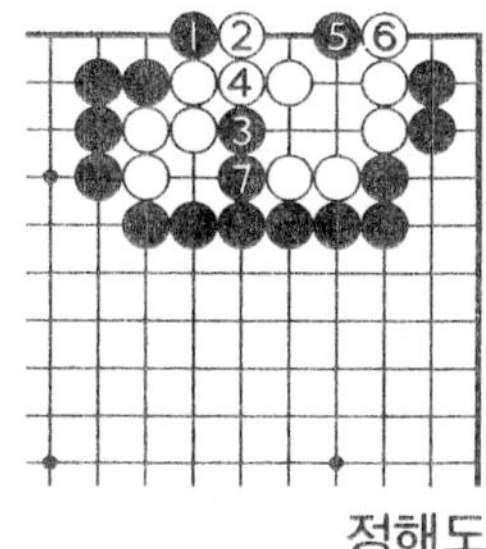

정해도 (백사)

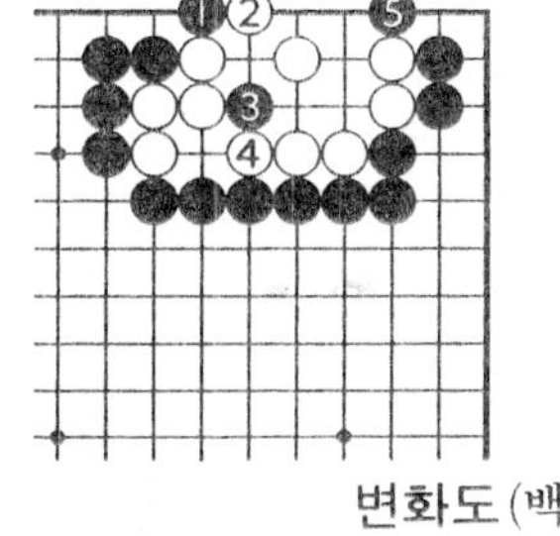

변화도 (백사)

〈제20형 3 도〉 **정해도** 흑 1 에서 7 까지 모양의 허술함을 찌른다.

변화도 흑 3 에 백 4 는 흑 5 로 백사.

*4도 흑선

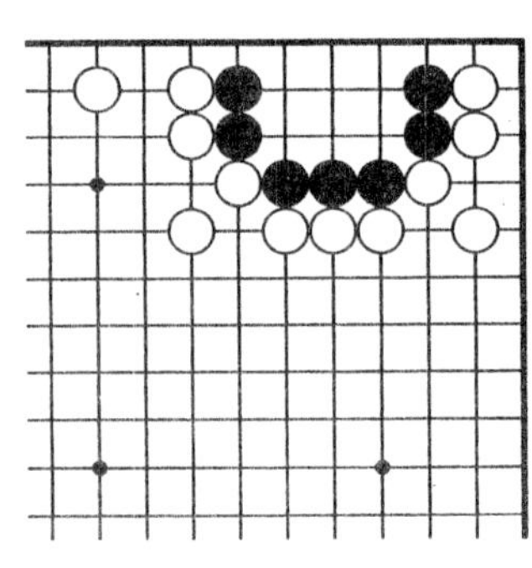

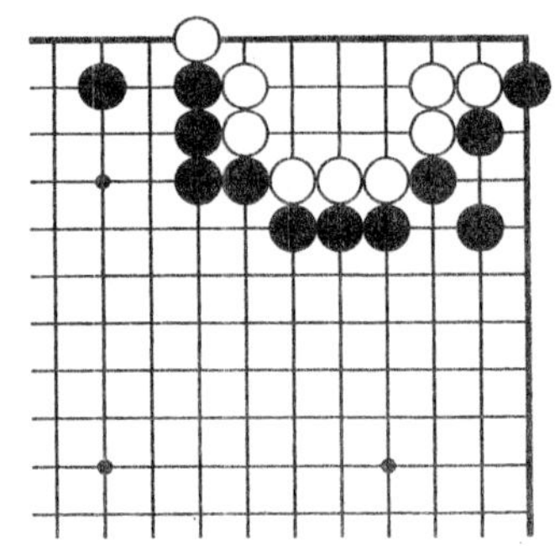

6도 흑선

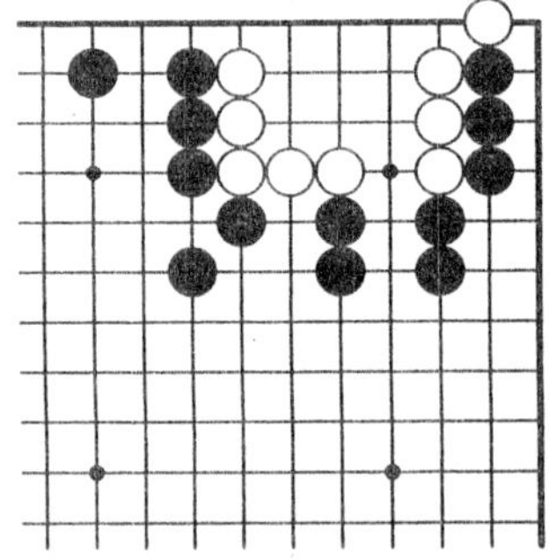

7도 흑선 (빅)

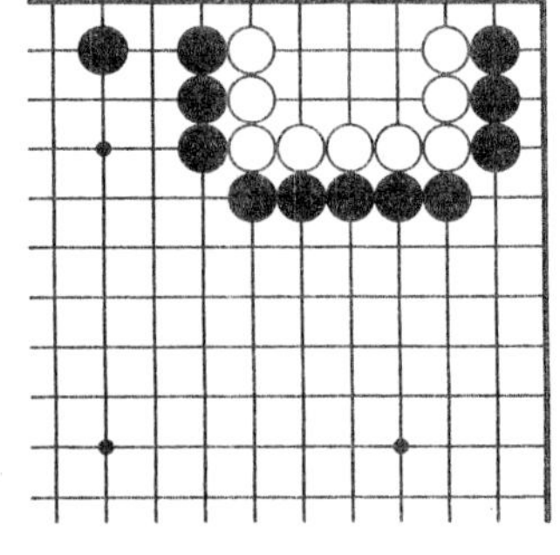

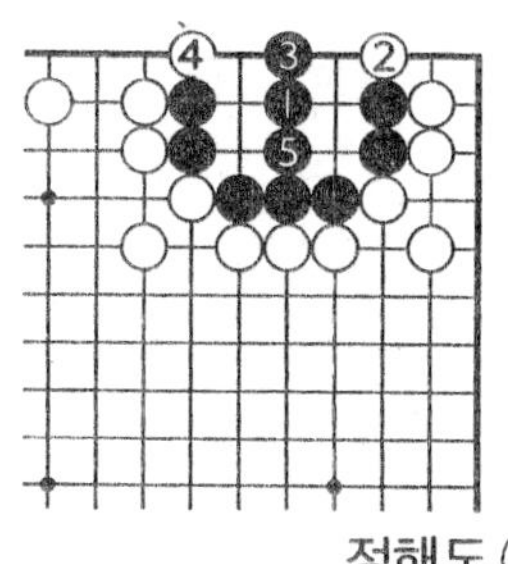

정해도 (흑활)

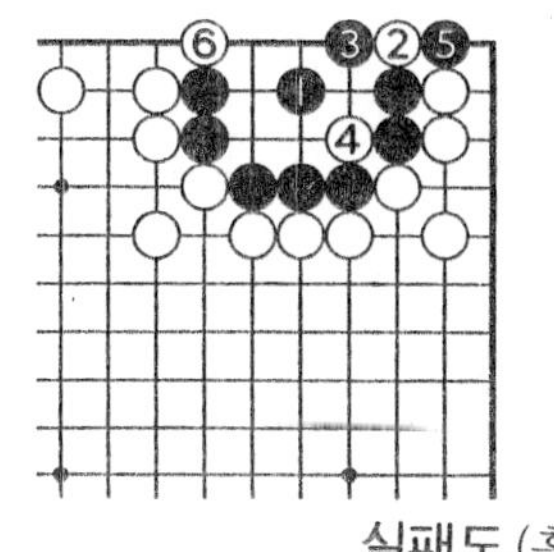

실패도 (흑사)

〈제20형 4 도〉 정해도 흑 1 이 요착. 이하 8 까지 두 눈을 확보. 수순중 흑 3 도 급소.

실패도 흑 3 은 악수. 백4,6으로 흑사.

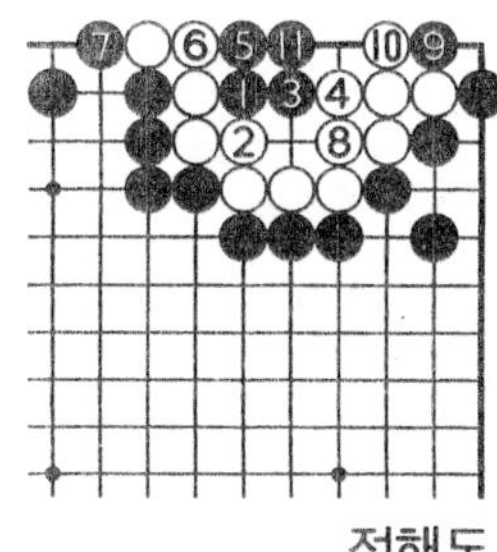

정해도 (백사)

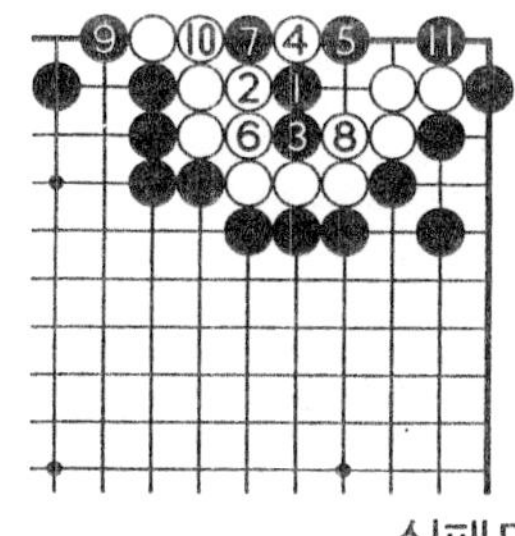

실패도 (패)

〈제20형 5 도〉 정해도 흑 1 이 급소. 백 2 에는 흑 3 에서 11 까지 자충.

실패도 흑 1 의 수는 본도에서는 적합하지 않다.

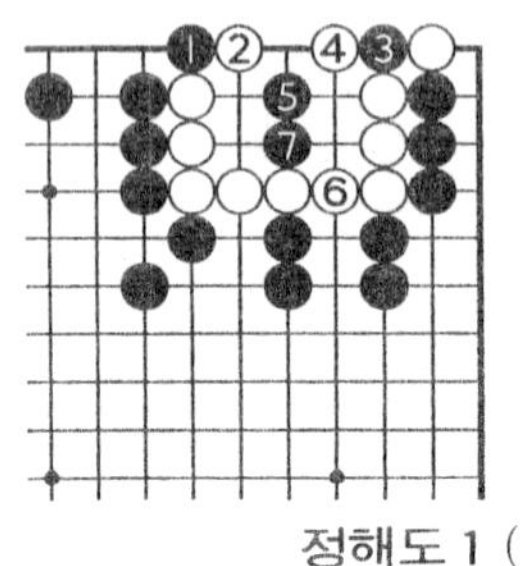

정해도 1 (백사)

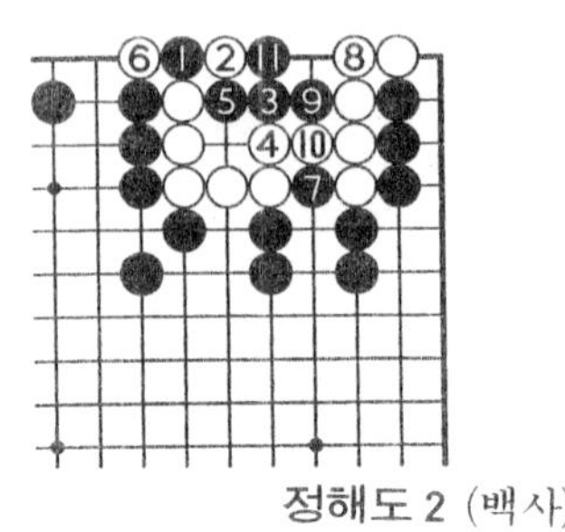

정해도 2 (백사)

〈제20형 6 도〉 정해도 1 흑 1 에서 7 까지 움직여 백은 활로가 없다.

정해도 2 본도의 수순도 성립한다.

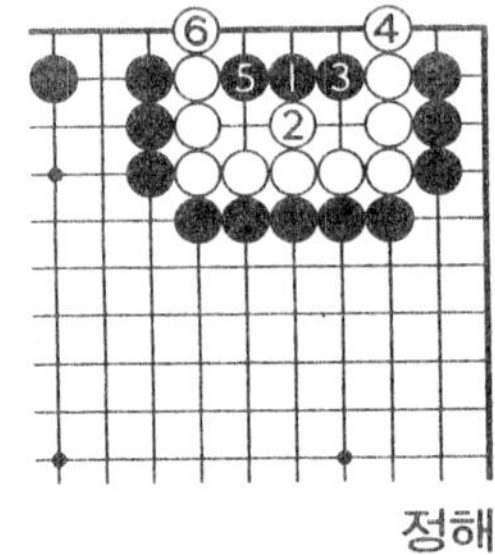

정해도(빅)

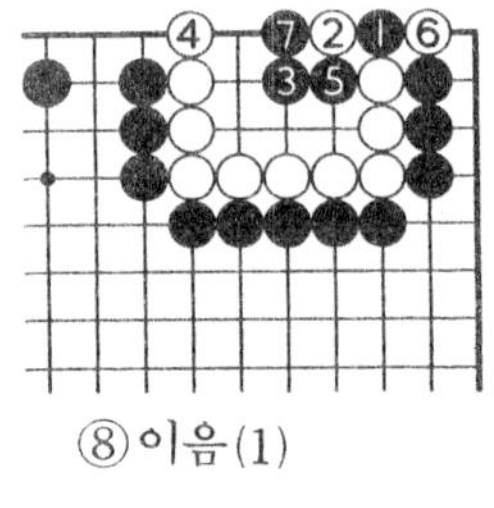

⑧이음(1)

변화도(빅)

〈제20형 7 도〉 정해도 흑 1 이하 6 까지 쌍방 최선의 응접. 빅이 난다.

변화도 흑 3 으로 5 는 백 6, 흑 7, 백 3 으로 산다.

귀와 변의 사활작전

2019년 7월 15일 인쇄
2019년 7월 30일 펴냄

옮긴이/ 프로바둑연구회
펴낸이/ 최 상 일
펴낸곳/ 태 을 출 판 사
서울특별시 중구 동화동52-107 (동아빌딩내)
등록/1973년 1월 10일(제4-10호)

*잘못된 책은 구입하신 곳에서 교환해 드립니다.

■주문 및 연락처
우편번호 100-456
서울특별시 중구 동화동 52-107 (동아빌딩 내)
전화 / 2237-5577 팩스 / 2233-6166
ISBN 89-493-0331-0 13690